アジア地域文化学叢書 7

中国シルクロードの変遷

シルクロード調査研究所 編

中国シルクロードの変遷　目次

まえがき

早稲田大学には、松田壽男・長澤和俊・櫻井清彦教授以来のシルクロード研究の伝統がある。特に一九九〇年代からは、新疆ウイグル自治区での現地調査を行い、トルファン・ヤールホト古墳群の日中合同調査などを着実に進めてきた。二〇〇〇年からは早稲田大学内のプロジェクト研究所としてシルクロード調査研究所を立ち上げて活動してきた。その後もCOEに協力して研究活動の一端を担ってきた。そのため本書は、COEにおける事業推進担当者としての研究成果であると同時に、七年間に及ぶシルクロード研究所の研究活動の総括という意味合いをもっている。

本書は、COEプログラムで本研究所が担当した西北地域における地域文化の成立と変容に関する論考を主体に構成し、第一部では、新疆の地域文化と中原文化との交流について、時代順に六編の論考を配置した。

後藤健「新疆ウイグル自治区における地域文化の形成―天山山麓地域を中心として―」は、新疆ウイグル自治区の青銅器時代から初期鉄器時代の墓制をもとに地域文化の形成について考察した論文である。

アクバル　ニヤーズ「トルファン地域における車師時代遺跡の考察」は、先の後藤論文と時代・地域ともに一部重なるが、現地で長年にわたって調査に携わっている地元研究者の視点から考察が進められている。

岡内三眞「トルファン五銖銭と中原五銖銭」は、トルファン・ヤールホトの車師前国時代墓（紀元前一世紀）の五銖銭にはじまり、中原との比較検討を試み、五銖銭の分類と編年、シルクロード上での流通を検討した論考である。

中條英樹「馬具からみた新疆ウイグル自治区の文化交流」は、馬具を対象にし、青銅器時代から漢代にかけての新疆をはじめ北方ユーラシア、朝鮮半島南部の事例を検討して、相互の文化交流を論じている。

持田大輔「トルファンにおける中原系墓制の伝播と変遷」は、北涼高昌郡時代から唐代までのトルファン・ヤールホト古墳群、アスターナ古墳群の墓制を検討し、中原系墓制の導入と在地化、中原系要素と在地要素の変遷を明らかにし、その歴史的背景について考察した論考である。

米澤雅美「ホータン出土彩色四神木棺にみる十世紀の中原と西域」は、西域南道のオアシス都市、ホータンで出土した四神木棺と、中原地域や遼の類例を引きながら源流の探索を試み、その背景を探っている。

第二部では、中国中原文化や、周辺地域の諸文化について検討し、東西・南北交渉を検討した五本の論考を収めた。

菊地有希子「中国の卜骨とその伝播について」は、中国・朝鮮半島・日本に見られる卜骨について検討し、東アジア間交流を背景とした製作技術や精神文化の伝播過程を推定している。

宮里修「朝鮮式細形銅剣の成立過程再考—東北アジア琵琶形銅剣の展開のなかで—」は東北アジア各地の琵琶形銅剣の変遷を詳細に分析し、朝鮮半島における地域文化の形成と連動した朝鮮式細形銅剣の成立過程を検討した論考である。

山田俊輔「角杯に見るユーラシアの東西交流」は、ユーラシア全域に見られる各種の角杯とその分布を手がかりに、ステップルート、オアシスルート、海上ルートなど東西交流ルートと東アジアにおける交流の関係性を論じている。

近藤二郎「古代オリエントにおけるラピスラーズリ交易」は、紀元前四千年～前二千年の古代オリエントにおけるラピスラーズリの交易を取り上げ、シルクロード成立以前における東西交渉の存在とその様相について検討している。

山形眞理子「ベトナム出土の漢・六朝系瓦」は、オアシスルートの西北地域とは対極の中国西南方のベトナムで出土する漢・六朝系の瓦を取り上げ、海のシルクロードを媒介とした中国王朝の南方への進出について検討を行っている。

本書の執筆陣は、シルクロード調査研究所の研究員、客員研究員をはじめ、助手や博士後期課程在籍の大学院生など、本研究所の活動に関わってきたメンバーである。その専門は決してシルクロードのみにとどまらず、日本、朝鮮、中国、オリエント、東南アジアなど多岐にわたっている。この様々な顔ぶれと多様な研究テーマこそが本研究所の特色であり、活力源である。それは中国西北地区のみに限らず、中原、周辺諸地域など、広くユーラシアを扱った本書の構成にもよく現れていると言えよう。

（岡内三眞）

第一部

西北地域の文化

新疆ウイグル地区における地域文化の形成
―天山山脈山麓地域を中心として―

後藤　健

はじめに

ユーラシア大陸のほぼ中央に位置する新疆ウイグル自治区は、古来より「西域」と呼ばれ、ユーラシア大陸の文化交流のルートであるシルクロードの要衝であった。前漢期の状況について『史記』『漢書』など中国側の文献に記録が残されているが、それ以前の時期については分からない。『漢書』西域伝の記述によれば、当時は三十六国の小国が群在し、比較的発達した社会が形成されていたことがうかがわれる。この時点では中国との交流はさほどなく、この地域の文化や社会は独自に発展したか、あるいはそれ以外の地域からの影響をうけた可能性があるが、いずれにしろ前漢期に突然このような状況が出現したのではない。したがって、その成り立ちのプロセスとその内容を明らかにすることが重要である。しかし、研究の進展が十分でなく、その状況があまりよく分かっていない。そこで本論では、文献に登場する以前の時期の新疆における地域文化の形成とその内容を、比較的発掘資料の豊富な天山山脈山麓地域について、物質的文化の側面から検討することを目的とする。

一、青銅器～初期鉄器文化の時期・地域区分

新疆における先史時代については一九八〇年代以降に発掘調査の事例が増加し、地域的な考古学文化の設定や、時期区分、地域区分などが行われてきた。考古学文化としては、東部のハミ地域において、イエンブラック墓地の発掘資料を中心としてイエンブラック文化が設定されている（新疆維吾爾自治区文化庁文物処等一九八九、陳戈一九九一）。また、トルファン盆地ではスバシ遺跡を標識として天山山脈の南北にまでわたるスバシ文化が設定されている（陳戈二〇〇一b、二〇〇二b）。その西部に隣接する和静地域においてはチャウフ溝口の各墓地の資料を標識としてチャウフ文化が設定された（新疆文物考古研究所一九九九a、陳戈一九九三、二〇〇一a、c）。さらに西北部のイリ地域ではイリ河流域文化が想定されている（陳戈二〇〇二a）。地域によってはある程度まとまった資料群に基づき、その地域における特徴的な考古学文化の実態が比較的明確に捉えられるようになってきている。それによって、新疆全域の先史時代の文化についても包括的にとらえ、地域区分や時期区分を設定する論考も増加してきている。

穆舜英は彩陶の器形、文様から一、ハミ（天山北路、イエンブラック、バリコン南湾）、二、天山南山谷地、三、和静～輪台（チャウフ溝口、チュンバク）四、イリ、の四組七類の分類を行っている（穆舜英・祁小山編一九九八）。土器のみならず地理的環境や、各種の遺物をとらえ合わせて区分を行った例として、安志敏は、青銅器時代から初期鉄器時代にかけての新疆の文化を一、タリム盆地東縁、二、ハミ盆地、三、トルファン盆地、四、カラシャール盆地、五、天山中部山谷、六、バリコン高原、七、アルタイ草原、八、イリ河谷、九、パミール高原、一〇、昆侖山南麓、という十の文化に区分している。また放射性炭素年代測定の結果を利用して時期区分を行い、前期（紀元前二〇〇〇～一五〇〇年）、中

期（紀元前一五〇〇～一〇〇〇年）、後期（紀元前一〇〇〇～三〇〇年）の三期区分を行っている（安志敏一九九六）。叢徳新は七地域に区分している（叢徳新二〇〇二）。

最新の資料を含め、全体的な地域、時期区分を行ったのは韓建業である。韓は新疆全体を一、タリム盆地北縁小区、二、トルファン盆地-中部天山北麓小区、三、ハミ盆地-バリコン草原小区、四、イリ河流域小区、五、タリム盆地南縁小区、六、石河子烏蘇小区、七、パミール小区、八、アルタイ小区、九、ロプノール小区、一〇、タルバガタイ小区の十地域に分類している（韓建業二〇〇五）。また放射性炭素年代測定の結果を利用して、青銅器時代（第一段階、一期）紀元前一九〇〇～一三〇〇年、初期鉄器時代（第二段階、二期）紀元前一三〇〇～一一〇〇年、（第二段階、三期）紀元前一一〇〇～八〇〇年、（第二段階、四期）紀元前八〇〇～五〇〇年、（第三段階、五期）紀元前五〇〇～一〇〇年という三段階五期の時期区分を行った。地域区分は若干の差はあるが、傾向としては共通しているといえよう。

これらはおもに紀元前二〇〇〇年以降の青銅器出現後の考古学文化について取り扱ったものである。それ以前の時期を含めた時期区分としては、一九七〇年代までは新疆の先史時代は細石器を主体とする細石器文化、彩文土器を主体とする彩陶文化、磨製石器を主体とする礫石文化の三

表１　新疆の青銅器～初期鉄器時代の編年と地域区分

小地域＼時期区分	青銅器時代	初期鉄器時代	初期鉄器時代	初期鉄器時代	初期鉄器時代
	第一段階	第二段階	第二段階	第二段階	第三段階
	第一期	第二期	第三期	第四期	第五期
	紀元前一九〇〇～一三〇〇	紀元前一三〇〇～一一〇〇	紀元前一一〇〇～八〇〇	紀元前八〇〇～五〇〇	紀元前五〇〇～一〇〇
ハミ盆地-バリコン草原	天山北路文化	イエンブラック文化	イエンブラック文化	イエンブラック文化	イエンブラック文化
トルファン盆地-中部天山北麓	克爾木斉類型	半截溝類型	スバシ文化	スバシ文化	スバシ文化
アルタイ	克爾木斉類型				
ロプノール	古墓溝類型				
タリム盆地北縁	新塔拉類型	チャウフ溝口文化	チャウフ溝口文化	チャウフ溝口文化	チャウフ溝口文化
タリム盆地南縁	新塔拉類型	チャウフ溝口文化	チャウフ溝口文化	チャウフ溝口文化	チャウフ溝口文化
イリ河流域	アンドロノヴォ文化		イリ河流域文化	イリ河流域文化	イリ河流域文化
パミール	アンドロノヴォ文化	香宝宝類型	香宝宝類型	香宝宝類型	
タルバガタイ	アンドロノヴォ文化				
石河子-烏蘇	水泥廠類型			イリ河流域文化	イリ河流域文化

類型に区分し、いずれも新石器時代あるいは銅石併用時代と捉える観点が一般的となっていた。しかし、地表で採集された資料がほとんどであり、詳細な内容やその具体的な年代についてはさほど明確ではなかった。その後増加した発掘資料および放射性炭素年代側的の結果より、先史時代に対する検討が進み、青銅器時代と初期鉄器時代という新たな区分案が設定される（陳戈一九九〇）。そのような状況を踏まえ、陳戈は旧石器時代、中石器時代、新石器時代、銅石併用時代、青銅器時代、初期鉄器時代という時代区分を設定した。また張川は旧石器時代、細石器時代、金属器時代という区分を設定している（張川一九九七）。新石器時代に関しては、彩文土器に関してはそのほとんどが青銅器を伴うことから、新石器時代に属すものではないとする見解が一般的で、一部が新石器時代に属する可能性がある以外は確実な例はないと考えられている。実際に遺跡での例を検討すると、新疆の先史文化を特徴づける彩文土器はほとんどが金属器を伴っており、これらがいわゆる新石器時代の所産であるとは判断しがたい。中国の他の地域と比較すると、新疆では新石器段階の実態は依然不明瞭な状態にある。この段階が存在するかどうか、、今後の資料の増加を待って検証する以外にない。したがって、本稿が対象とする時代も紀元前二〇〇〇年以降の時期となる。

この時期についてはは可能な限り最新の資料を踏まえて地域、時期区分を行った韓建業の区分案が、現状では最も妥当であると判断できる。したがって、本稿ではこの編年案に基づき、検証を進めていく（表1）。対象とする地域は、比較的発掘資料がそろっているハミ盆地-バリコン草原地域、トルファン盆地-中部天山北麓地域、タリム盆地北縁、イリ河流域の四地域である（図1）。

二、墓地資料にみる各地域の様相

現状では発掘が行われているのはほとんどが墓地の資料である。したがって、墓地の資料を中心に、天山山脈山麓地

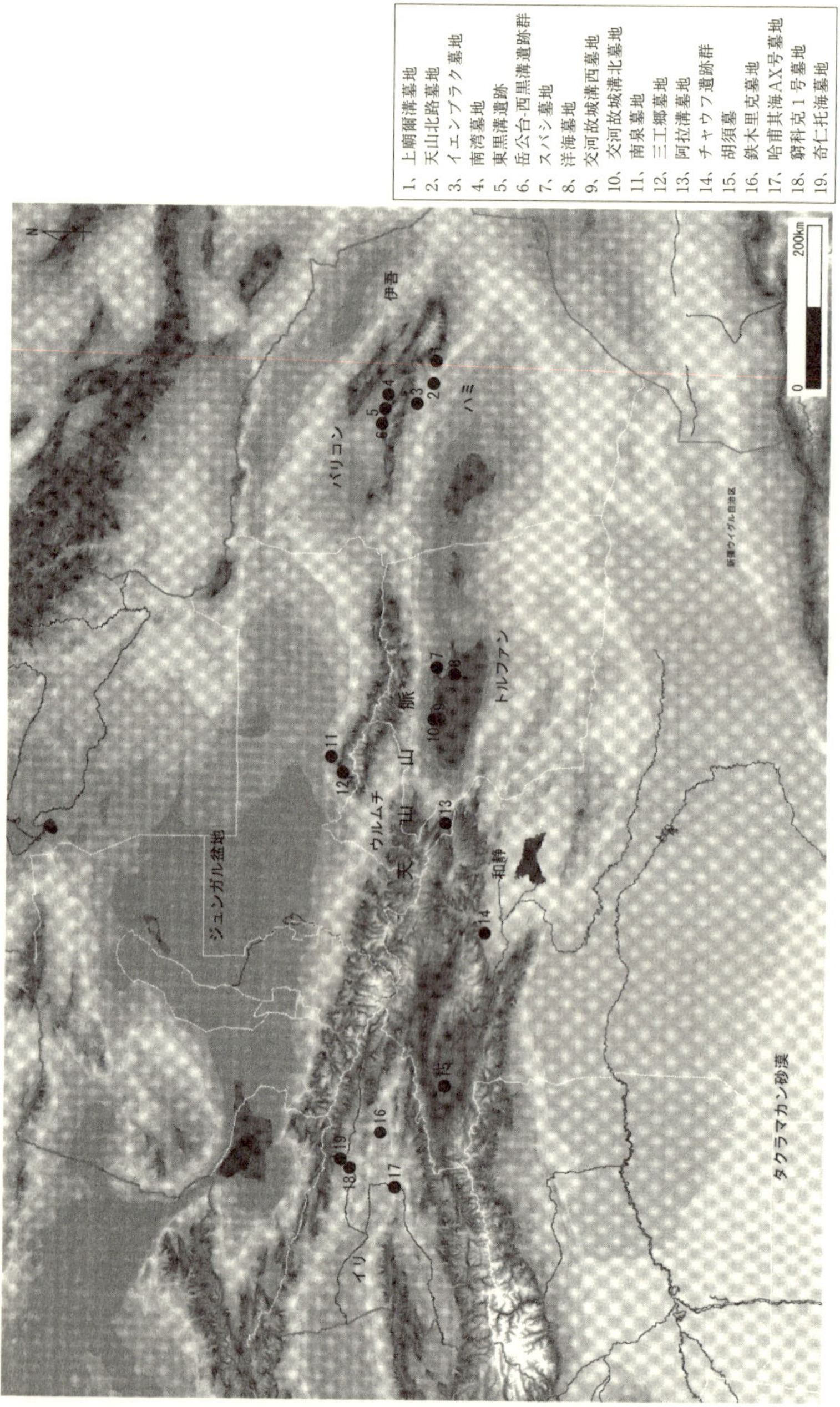
1、上廟爾溝墓地
2、天山北路墓地
3、イエンブラク墓地
4、南湾墓地
5、東黒溝遺跡
6、岳公台-西黒溝遺跡群
7、スバシ墓地
8、洋海墓地
9、交河故城溝西墓地
10、交河故城溝北墓地
11、南泉墓地
12、三工郷墓地
13、阿拉溝墓地
14、チャウフ遺跡群
15、胡須墓
16、鉄木里克墓地
17、哈甫其海AX号墓地
18、窮科克1号墓地
19、奇仁托海墓地
伊吾
ハミ
バリコン
トルファン
天山山脈
ウルムチ
和静
ジュンガル盆地
タクラマカン砂漠
イリ
0
200km

図1　本稿で取り扱う主な遺跡分布図

域の四地域について、地域的な特色を検証してみたい。

A、ハミ盆地・バリコン草原地域

新疆ウイグル自治区の東端に位置し、ほぼ中央を東天山山脈が北東から南西へ延び、山脈とその間の盆地が入り組むことにより、多様な環境を包括する。天山山脈の影響により、各地での気候の変異が大きい。

一九八六年にイエンブラック墓地の調査によって七十六基の墓が発掘され、この一群の資料により、イエンブラック文化が設定された（新疆維吾爾自治区文化庁文物処等一九八九）。一九八八年にはハミ地区文物普査隊が組織され、ハミ地域の踏査を行っている。一九九三年にはハミ地区の遺跡を網羅して掲載した『哈密文物志』が刊行され、遺跡を簡潔に報告している（哈密文物志編纂組一九九三）。イエンブラック文化に属する資料はその後も発見されているが、いずれも発掘および報告は部分的なものである。ほかに、一九八八～一九八九年に哈密駅の南約五〇〇メートルに位置する林雅墓地（天山北路墓地）において調査が行われている。ここでは約二五〇〇基の墓が発掘され、天山北路文化が設定されている。バリコンカザフ自治州では、一九八一～一九八二年に、新疆ウイグル自治区博物館文物隊が南湾遺跡の調査を行った。これらの調査により、ハミ地区の基本的な先史文化の内容が明らかになりつつある（呂恩国・常喜恩・王炳華二〇〇一）。

墓の分布を見ると、この地域では、中央を横断する東天山山脈の山麓を中心として遺跡が分布している。地勢や遺跡の分布からバリコン地域、伊吾地域、ハミ地域に大きく分けられる。これらの地域は、ハミ盆地南方のゴビを除いて、墓、組石遺構[1]、岩画が同一の遺跡内、あるいはきわめて近接した地点に混在するという、共通した特徴を持っている。そのような遺跡は四〇遺跡を越える（後藤二〇〇四）。

西北部のバリコン地域では天山の北麓に墓が集中する。山裾部に立地する墓地が多く、平野部ではさほど確認されていない。高山部には基本的に遺跡が存在しない。発掘が行われているのは岳公台—西黒溝遺跡群（西北大学考古専業・哈密地区文管会二〇〇四）、東黒溝遺跡（西北大学文化遺産與考古学研究中心等二〇〇六）と南湾墓地であるが、詳細は不明である。多くは一期に属し、平野部の遺跡はやや時期が下がるようであるが、断定はできない。

東北部の伊吾地域では、伊吾溝の流域に墓が集中している。丘陵や段丘などに多く、平坦地に立地することは少ない。一期の遺跡がやや多いが、詳細は不明である。

南部のハミ地域では、天山南麓部と、山脈から比較的離れた盆地内部に墓の分布が分かれる。天山南麓では、西部はバリコン地域と同様に山裾に墓が立地し、渓谷の谷口付近に多い。東部では、山地の奥深い部分にも一部分布する。南方の盆地では、多くが水系に沿って山からかなり離れた平坦地に立地している。盆地部では組石遺構、岩画が確認されておらず、その立地や遺構の種類からも、山麓部とは異なる独立した一地域を形成している。

墓制の時期的変化を見ると、一期の墓の形態については詳細が不明である。天山北路墓地の墓は、約七百基の墓が集中する集団墓地で、その形態は平面長方形を呈する竪穴土壙墓である。また日干しレンガ室墓も存在する。埋葬は単人屈肢葬が主となる。天山北麓の南湾墓地では（図2-1）、形態は同様であるが、丸木を組んで構築した木の枠を葬具として使用している。やはり単人屈肢葬で、頭位は東南方向である。

二期〜四期にかけては、基本的にハミ盆地南部のイエンブラック文化の資料のみが明らかになっている。数量的にまとまっているのはイエンブラック墓地で、墓の切りあいなどから時期区分が試みられている。竪穴二層台墓が流行し、日干しレンガ積みによる壁の構築が流行する。また竪穴土壙墓も存在している（図2-2、3）。墓口には木や葦で蓋をする。多人合葬と単人葬が見られ、一般に側身屈肢葬である。やや時期が新しくなると仰臥伸展葬が出現する可能性がある。(2) 頭位は一定してはいないが、北向きか南向きがほとんどで南北方向が基本である。

五期では、天山北麓では東黒溝遺跡の例がこの時期に属する可能性がある。地上構造のみしか確認できないが、基本的に平面円形の石堆を持つ。大型と小型の規模の差があり、明確な墓の規模の格差が出現している。天山南麓では、上廟爾溝墓地（新疆文物考古研究所等二〇〇四）の例が挙げられる（図2-4）。地表に石囲、石堆があり、墓室は多くは長方形竪穴石室で、墓口は石、木などで蓋をする。埋葬形式は五期以前と大差がないが、頭位は東向きが多くなり、東西方向が基本となる点が異なる。

B、トルファン盆地-中部天山北麓地域

文献の記載によると、紀元前三世紀の初頭、車師と呼ばれる人々が東部天山山脈の南北で広範囲に活動し、その中心はトルファン盆地であった。当時は北方の匈奴が強大な勢力を誇っており、西域の各国に影響を及ぼしていた。トルファン盆地は匈奴の西域進出の要衝で、前漢の武帝の治世に匈奴との激しい勢力争いが行われ、「五争車師」と呼ばれている。この戦闘は紀元前九九年から紀元前六〇年まで続くが、最終的には匈奴の内乱による弱体化で前漢王朝が車師の地を帰属することに成功する。この時に車師人の領地を地勢に合わせて「車師前后及山北六国」の計八国に分割し、そのうちの車師前国はトルファン盆地に位置し、一種の独立王国として交河故城に首都を置いていた。紀元前四八年になると前漢王朝は車師前国に戊己校尉を設置し、高昌壁に屯田をおく。その後、中原王朝が移り変わるにつれ、支配の主体が変化していく。

墓の多くは天山山脈の周辺に分布するが、南部のトルファン盆地や北部のジュンガル盆地など、盆地の平原部にも存在している。二期に半截溝類型、三〜五期にスバシ文化という編年が設定されているが、墓の大半はスバシ文化に属する。墓地は、山麓から盆地部にいたるまで万遍なく確認されている。基本的に渓谷に沿って分布することが多く、西南部の阿拉溝と魚爾溝沿いでは特に顕著である。しかし、天山北麓では多くは山裾部に立地し、一つの渓谷に沿って低地から高地へと墓地が分布することは稀であり、北麓と南麓では墓地の分布に若干の差が見出せる。特に南部では山のかなり奥深くまで入りこんで墓地を構築している地域が多い。推定時期がかなり長期間にわたるため、これらの墓地の動態についてははっきりしない。採集されている遺物などから判断すると前述の通り多くはスバシ文化に属し、三期以降に特に天山南部で遺跡が増加したと考えられる。

岩画は数がそれほど多くなく、天山の中央部では墓地に近接して岩画が確認されている例がいくつかあるが、それ以外では、かならずしも墓地の周囲に岩画が存在していない。数的には若干天山北麓の方が多い。居住址はほとんど確認されておらず、墓との関係も明確ではない。したがってハミ盆地-バリコン草原地域とは異なっている。

墓制については、一期、二期の墓については現状では不明である。三期のスバシ文化になると墓が増加し、四期でも大きな変化はない（図2-5、6）。地域によって若干違いがあり、トルファン盆地のスバシ墓地（新疆文物考古研究所等二〇〇二a）、洋海墓地（新疆文物考古研究所・吐魯番地区文物局二〇〇四a、二〇〇四b、二〇〇四c）などでは地上に構造物を伴わない。墓室は主に長方形竪穴土壙、竪穴二層台墓である。竪穴偏室墓はやや遅れて出現すると推測される。竪穴土壙墓の底部には木質の葬具や葦など敷き、墓口は木、葦などで蓋をし、その上から泥や石で封をしている。葬式は側身屈指、仰臥屈肢、仰臥伸展があり、単人葬と多人葬、一次葬と二次葬がある。また多層埋葬も見られる。頭位は東向きが多い。

五期ではバリエーションが増加する。東部では地上施設を持つ墓が少ない。墓室は長方形竪穴墓と長方形竪穴偏室墓（図2-7）が存在する。竪穴偏室墓は一般に偏室の開口部に丸木を立てて封をする。墓口には樹枝、干草等で蓋をする。西部では石堆墓が多く見られ、石棺墓（図3-3）も確認されている（新疆文物考古研究所一九九九b）。天山北麓では墓壙の無い墓、ひげつきクルガン（図3-6）なども存在する（新疆文物考古研究所一九九六）。埋葬形式は仰臥伸展葬が流行し、頭位は西向きが増加する。

また大型の墓が出現する。トルファン盆地では、墳丘墓に円形のレンガ壁を巡らせ、殉馬坑・殉駝坑が付随する形式の墓が出現する交河故城溝北墓地（聯合国教科文組織駐中国代表処・新疆文物事業管理局・新疆文物考古研究所一九九八）ではその規模が相当巨大なものとなる（図3-9）。西部の阿拉溝墓地（図3-8）では、墓室の規模が非常に巨大で木槨を葬具として持つ墓が出現する（新疆社会科学院考古研究所一九八一）。

C、タリム盆地北縁地域

タリム盆地北縁地域はその名の通り、東西に非常に広範囲にわたるが、ここでは資料が比較的多い最東部の和静県一帯に限定して分析する。この地域では岩画は現在の所報告例がない。遺跡の大半は天山南麓とボステン湖に囲まれた平野部に分布する。最も遺跡が集中しているのはチャウフ溝の谷口周辺（新疆文物考古研究所一九九九a）で、一大遺跡群を為しており、チャウフ溝口遺跡群と呼称しておく。この地域では組石遺構が確認されており、これらは居住址と推定されている。完全に墓と居住址が隣接しているわけではないが、相互の距離は比較的近く、採集された遺物などからみておよそ同時期と推測されている。ほかにバイラチール墓地、ハプチハン墓地などが発掘調査されているが（新疆文物考古研究所等一九九九a、一九九九b、二〇〇一）、いずれもチャウフ溝口文化に属すと推定されており、文化的な共通点が強いことが明らかである。

この地域の東部では天山山脈南麓の山裾部に遺跡が集中しており、多くは渓谷の谷口に位置している。チャウフ溝口文化に属するかどうかは明らかではないが、水系との関わりが深い点などでは共通している。時期的変遷はさほど明らかではない。

一期の墓の実態は不明である。二期から四期のチャウフ溝口文化では、チャウフ溝口の各墓地を元に四期の時期区分がなされている（新疆文物考古研究所一九九九a）。墓は地上に石囲や土堆、石堆をもつ。石囲は三角形から円形、楕円形へと変化し、最後に石堆墓が出現する。墓室は一室が多いが、多墓室も見られる。また長円形袋状の石室墓が流行する。ほかに竪穴土壙墓や日干しレンガ墓もあり、被葬者を直接石堆下に置き、墓壙を持たない場合もある。墓道や幼児附属坑、殉馬坑などが附属することも多い（図2-8〜10）。墓口は石板で蓋をすることが多く、丸木を渡す場合もある。墓底には草、席、石片、木等を敷く。仰臥屈肢葬が流行し、側身屈肢と仰臥伸展葬も見られる。単人葬のほか多人合葬もあり、多層埋葬が比較的多い。頭位は南北方向が基本となる。

五期は三号墓地の一部がこの時期の可能性がある（新疆文物考古研究所　一九九九a）。多くは石堆墓で、竪穴偏室墓が主となり、木棺も見られる。編室の開口部に丸木で封をする例が見られる。葬式は仰臥伸展葬へと変化し、頭位も東西方向が卓越するようになる（図2-11）。

D、イリ河流域

イリ河流域は新疆の西北部に位置し、上流は高山で植生がよく、中下流は河川の両岸が開けた地形となり、その周囲を天山山脈に取り囲まれている。南は天山山脈、北は博羅科努山で、中央部は伊犁河谷となっている。イリ河、喀什河、鞏乃斯河、特克斯河などの水系がある。

イリ地域では、居住址が確認されている遺跡では、墓が同一の箇所に構築されているが、資料が少なく全体的な傾向の把握は難しい。遺跡の大半を占める墓地は、この地域に満遍なく分布している。多くは山脈の山裾部に立地しており、高山部には基本的に分布しない。一部の墓地は山裾を離れた平野部に立地するものもある。また多くは渓谷の谷口に立地しており、水系との関わりは深い。

西南部の和静県に属するユルドゥズ高原では若干様相が異なる。この地域は海抜二五〇〇メートル以上の高地であり、高原部で墓が散見される（張玉忠一九九六）。多くは高原部に位置しており、山裾のすぐそばに墓を構築するというわけではない。したがって、イリ地域の西部とは異なり、その東に隣接する和静地域とも異なっていて、独自の地域を形成していると見ることができよう。

大半の墓については所属時期が明確ではないので、時期的な動態については検討することができない。盆地部の墓が若干新しいかもしれないが、それも現状では断定できるほどではない。

岩画は窮科克遺跡での例が報告されている。この地域でも墓地と岩画の関係が密接であると推測されるが、その他の例が確認されていないため、やはり地域全体としての傾向は現時点では明らかではない。

墓制は、一期では詳細が分からない。三期は窮科克一号墓地（新疆文物考古研究所二〇〇二）の資料を、四期は奇仁托海墓地（新疆文物考古研究所二〇〇四）の資料を基準とする。三期では、大多数の墓は地表に円形の土石堆や石囲を持つ。墓域の縁辺に円形の祭壇を配し、チャウフ四号墓地との類似性が見られる。一般に一つの墳丘に一つの墓室であるが、多室墓もある。多くは隅丸長方形の墓室で、竪穴墓と竪穴偏室墓に分けられる。竪穴墓には二層台がある場合もあり、墓口を円木で蓋をする。偏室墓は斜めに丸木や石板で蓋をする場合がある。石壁で石室を構築する場合もあり、また木架などの葬具もある。地表上に石棺を直接置く場合もあり、殉馬坑もある。単人の仰臥伸展葬が多く、屈肢葬と二次葬は少ない。頭位方向は基本的に西向きとなる（図2-12～13）。

五期では円形の土石堆と石囲があり、墓室は一室から多室墓まで様々である。墓室には一～二人が埋葬される（図2-14）。多くが長方形竪穴で、石棺もあり、二層台上に丸木を設置することもある。また偏室墓も増加する。一次葬は仰臥伸展が基本で、二次葬も多い。やや地域が離れるが、ユルドゥズ高原ではひげつきクルガンが確認されている（図3-7）。

小結

以上四地域での墓地資料について分布と墓の構造を中心に検討してきた。各地域では地形的に差はあるが、多くの場

図２　天山山脈北麓地域の墓制の変化

1、南湾墓地95墓
2、イエンブラク墓地75号墓
3、イエンブラク墓地30号墓
4、上廟爾溝墓地８号墓
5、洋海１号墓地113号墓
6、洋海２号墓地2205号墓
7、洋海３号墓地315号墓
8、チャウフ５号墓地15号墓
9、チャウフ４号墓地24号墓
10、チャウフ２号墓地212号墓
11、チャウフ３号墓地９号墓
12、窮科克１号墓地９号墓
13、奇仁托海墓地７号墓
14、鉄木里克墓地２号墓

合は高い山脈とそれに囲まれる盆地、平野から構成される。遺跡はおよそ海抜一〇〇〇～二〇〇〇mの間に集中し、立地についても一部の例外を除き、多くは共通している。墓は山麓地帯の谷沿いに集中し、平野部には少ない。平野部はゴビや砂漠となっている地域が多く遺跡の発見自体が困難であるため、資料が少ないのは当然かもしれないが、それほど砂漠の内部へ入り込まない地点でも遺跡が多くないことから、やはり山脈寄りを選ぶ傾向にあったと考えられよう。そしてほとんどが近隣に渓谷、河川など水を利用しやすい環境であることも共通している。

三期から五期にかけて墓が全域で増加し、主に山脈から平野へと移り変わる山裾部に立地する遺跡が多くなる。地勢の違いなどによって多少の変異はあるものの、基本的には地域間でかなり共通している。しかし、地域内でも完全に一致した特徴をもつわけではなく、若干の差が存在している。特に盆地、平野部と山麓部では、墓の構造や分布などに相違点が存在する場合がある。地勢の差や、墓を構築する資材の入手の容易さなどが要因として推定できよう。

墓制はかなり複雑だが、次第に地域間で共通する要素が出現する。それらは初期鉄器時代の二期以降に徐々に現れてくる。二期～四期では多くの地域で屈肢葬が流行するが、イリ河流域から中部天山北麓ではしだいに仰臥伸展葬が主となる。天山南北麓では石堆、石囲の地上施設をもち、墓室には石室や石棺墓が流行し、ハミ盆地では竪穴土壙あるいはレンガ室墓が流行する。

五期では墓は石囲、石堆墓が基本で、竪穴偏室墓が流行し、仰臥伸展葬が基本となる。例を挙げると、動物の犠牲は四期までは大半が羊骨の一部のみを墓壙に納める方式が主流だが、五期には馬を一匹そのまま墓壙内に納める例が地域を越えて出現する（図3-1）。また、石棺墓（図3-2～3）、偏室墓開口部の丸木による封（図3-4～5）、ひげつきクルガン（図3-6～7）などは西のイリ河流域から東のトルファン盆地西部まで分布が見られ、墓制の上での共通性が天山山脈沿いに強くなっていることが明白である。墓の構造だけでなく、仰臥伸展葬の増加や頭位の西および東西方向の優越など、被葬者の取り扱いについても地域的差が解消されていく傾向にある。いくつかの要素はイリ河流域が時期的に古いと考えられ、西から東へと波及していった可能性がある。

このように天山山脈沿いでは地域を越えた共通点が埋葬施設、埋葬形態などに見られ、細かな形態の差や葬俗の差は当然存在するものの、基本的には共通化する傾向にあるといえよう。特にイリ河流域と中部天山地域では類似性が高まると判断できる。

三、社会の変化

新疆では紀元前二〇〇〇年以降に比較的広範囲にわたって独自の考古学文化が本格的に展開するようになる。しかし、長期間の新石器時代をへて発展してきたものではなく、その出現は現状ではやや唐突な感があり、地域で自立的に発達したというよりは外的な刺激によって形成された可能性が高い。各地域の相違は当然存在するが、前述のように次第に共通性が増加していく傾向にある。地域間交流を直接示す資料も確認されている（後藤二〇〇五）。様々な点での共通性を考慮すると、地域間の交流は新疆先史社会の形成にも重要な機能をはたしていたと考えられる。

墓地はどの地域でも基本的には数十基あるいは百基を超える墓が集中する集団墓地である。チャウフ溝口遺跡群の墓地を例にとると、墓地の継続期間は約五〇〇年間におよぶが、この間に本質的な変化は見出しがたい。二期から四期にかけては他の地域も同様の傾向にある。しかし五期になると明らかな変化が起きる。特に顕著なのはトルファン盆地-中部天山北麓地域で、阿拉溝墓地三〇号墓（図3-8）は、大規模な墓壙を持ち、木棺・木槨を葬具として使用し、多数の金製品が出土している（新疆社会科学院考古研究所一九八一）。その規模や副葬品から見ても四期までの墓とはかなりの格差が存在し、五期にある程度の階層分化が起きていたと考えてよいだろう。やや時期が遅れるが、溝北墓地では、複数の殉葬坑、殉馬坑をともなう大規模な墓が数基発見されている（図3-9）。出土遺物も金銀製品などが含まれ質的

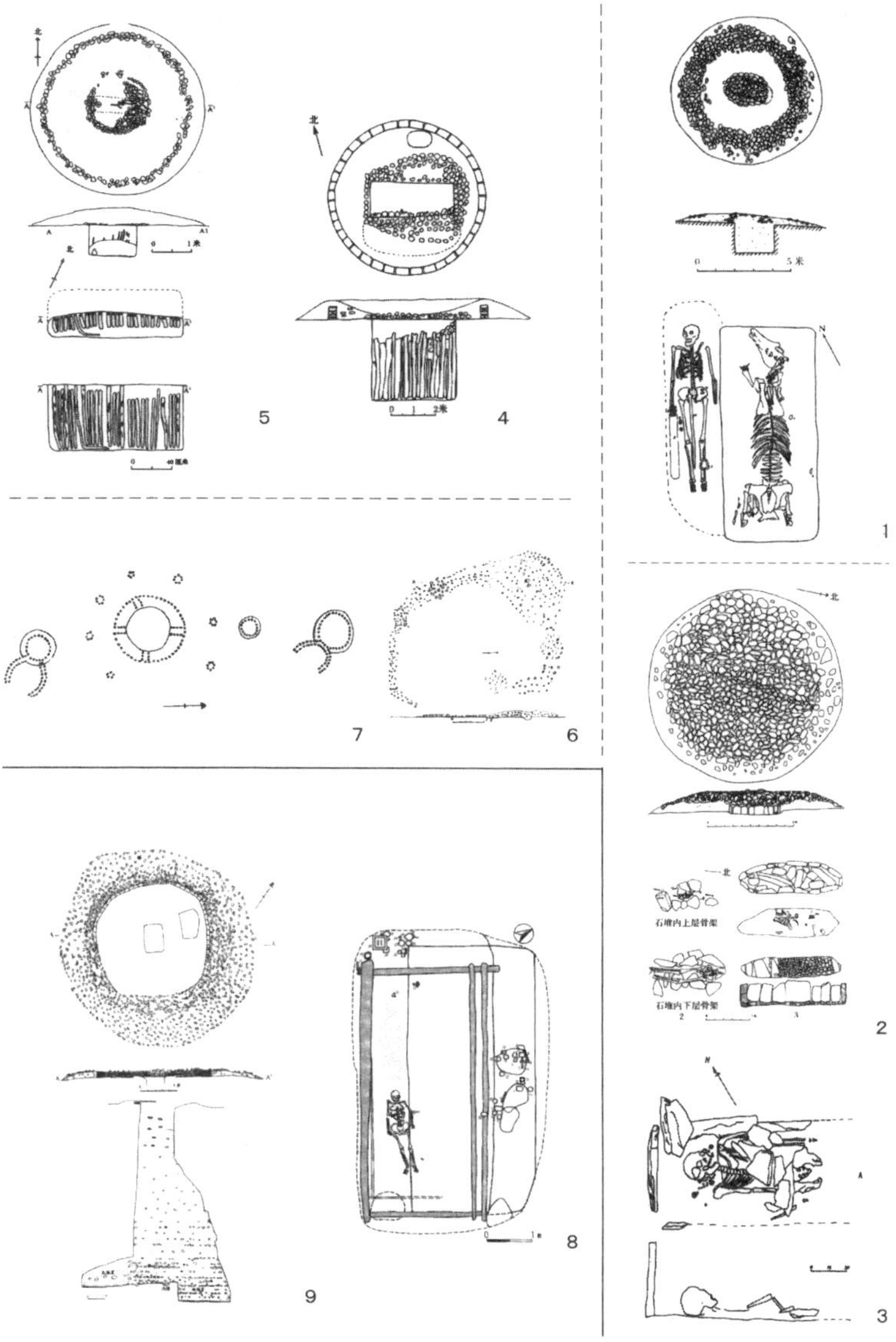

図3　5期における各地域の墓制の変異と共通性

1、奇仁托海墓地116号墓　　2、窮科克1号墓地2号墓
3、三工郷1号墓　　4、洋海2号墓249号墓
5、哈甫其海AX号墓地1号墓　　6、南泉墓地1号墓
7、ユルドゥズ高原墓　　8、阿拉溝墓地30号墓
9、交河故城溝北16号墓

に優れたものである。その南に位置する溝西墓地JⅣ区墓地は墓の構造自体は小規模なものだが、出土遺物は溝北墓地に匹敵するような多数の金製品や前漢鏡などがあり、被葬者は一般の人間とは区別されよう。階層化の進行が想定でき、交河故城周辺の墓地の被葬者は最上位の階層であった可能性が高い。他の地域では、それほど明確な例は今のところ確認できていないが、イリ河流域では五期以降に属すると考えられる土墩墓は墳丘の規模が数十メートルに達するものが多く存在し、墓室などの構造はほとんど分からないものの、四期までの墓とは明らかに構造上の格差が存在している。またバリコンの東黒溝墓地でも墓の規模に明らかな格差が見られ、天山山脈沿いの地域全般で五期以降に階層化が進行した可能性が高い。

西域は前漢代より匈奴と漢王朝の勢力争いの地の一つであり、幾度となく覇権を争いあっている。特に新疆東部では争いが激しく、前漢から後漢にかけてかならずしも情勢は安定せず、漢王朝と匈奴の主権がめまぐるしく移り変わった。現地の人々は当然この情勢の影響を強く受け、外部勢力との接触によって風俗、社会組織、文化など様々な面で多大な変化が発生したと推測される。新疆の初期鉄器時代後半の墓制に見られる変化は、このような外的刺激による変化が要因の一つと仮定できる。

おわりに

新疆の各地域における考古学文化は、一期から五期にかけて様々な面で共通性を増す傾向にある。一期の諸地域の文化は、新疆外部の地域からの影響、特に西部の中央アジアと東部の中国河西回廊の影響を強くうけて成立した可能性が高い。そして二期以降に次第に相互的な影響を及ぼすようになり、五期になると地域的な特徴が完全に消滅するわけではないが、共通性が高くなる。また五期には階層化という最も大きな変化がおきる。この時期は中原からの文物の流入が明確になり、歴史的には匈奴や漢王朝の進出が本格化してくる時期にあたり、それらの影響も無視はできない。ただし、細かな要因等についての検証はいまだ不十分である。

新疆はそれ自体が地形的な制約によって一つの閉じた地域となっている。そのような地域の中で、外部地域からの様々な影響を受け、それらを取り込んで独自の地域文化を成立させるに至った。その後の新疆内部での相互的な影響の結果、新疆全体に比較的共通するような文化的要素が確立される。その中でも特に天山山脈の南北麓地域が主体として重要な役割を果たしている可能性が高く、中央部を走るこの山脈が東西方向の一つの大動脈であった。そして当初はおそらく西から東への影響が強かったと考えられるが、その理由についてはまだ不明な点が多い。また、中国の中原王朝の影響がおよんでくるようになるが、五期において、すぐにその影響が多大な変質をおよぼすわけではなく、本格的な影響を受けるのはその後の時代である。ただしその時期の状況についても、資料的制約からごく一部の地域でのみしか現状では明らかにしえない。今後さらにそのプロセスの解明を推し進めていく必要がある。

謝辞

本稿は早稲田大学二十一世紀ＣＯＥアジア地域文化エンハンシング研究センターにおける調査・研究の成果に基づいている。調査については早稲田大学シルクロード調査研究所岡内三眞所長に多大なるご支援をいただいた。記して感謝いたします。

註

（1）石材を用いて構築した建造物で、墓ではないものについて、本稿では組石遺構と総称しておく。
（2）イエンブラック墓地については、その報告において三期の時期区分がなされているが（新疆維吾爾自治区文化庁文物処等一九八九）、その後新たに編年案が構築され（王博・覃大海一九九〇）、墓の時期が編年によって相当異なってしまっている。仰臥伸展葬が見られる墓についても、編年によって時期の位置づけが異なるので、必ずしも最も新しいとは言えない。編年の検証は現状の資料ではやや困難であるので、ここでは可能性を示すにとどめておく。

参考・引用文献

後藤　健
　二〇〇四「新疆ウイグル自治区哈密地域における先史時代遺跡の考察」『史観』第一五〇冊
　二〇〇五「新疆ウイグル自治区における先史時代の社会」『社会考古学の試み』、同成社
安志敏
　一九九六「塔里木盆地及其周囲的青銅文化遺存」『考古』一九九六年第一二期
烏魯木斉市文物管理所
　二〇〇二「烏魯木斉県高崖子牧場文物簡報」『新疆文物』二〇〇二年第三、四期
王博・覃大海
　一九九〇「哈密焉不拉克墓葬的分期問題」『新疆文物』一九九〇年三期
賀新
　一九八七「新疆巴里坤県南湾九五号墓」『考古與文物』一九八七年第五期
韓建業
　二〇〇五「新疆青銅時代-早期鉄器時代的分期和譜系」『新疆文物』二〇〇五年第三期
常喜恩

一九八五「巴里坤南湾墓地第六六号墓清理簡報」『新疆文物』一九八五年第一期
新疆維吾爾自治区博物館
一九八八「尼勒克県哈拉図拜烏孫墓的発掘」『新疆文物』一九八八年第二期
新疆維吾爾自治区文化庁文物処等
一九八九「新疆哈密焉不拉克古墓地」『考古学報』一九八九年第三期
新疆維吾爾自治区文物普査辦公室・伊犁地区文物普査隊
一九九〇「伊犁地区文物普査報告」『新疆文物』一九九〇年第二期
新疆維吾爾自治区文物普査辦公室・烏魯木斉市文物普査隊
一九九一「烏魯木斉市文物普査資料」『新疆文物』一九九一年第一期
新疆維吾爾自治区文物普査辦公室・昌吉回族自治州文物普査隊
一九八九「昌吉回族自治州文物普査資料」『新疆文物』一九八九年第三期
新疆維吾爾自治区文物普査辦公室・吐魯番地区文物普査隊
一九八八「吐魯番地区文物普査資料」『新疆文物』一九八八年第三期
新疆維吾爾自治区文物普査辦公室・哈密地区文物普査隊
一九九一「哈密地区文物普査資料」『新疆文物』一九九一年第四期
新疆考古所東疆隊・王炳華
一九八四「新疆哈密拉甫喬克発現新石器時代晩期墓葬」『考古與文物』一九八四年第四期
新疆社会科学院考古研究所
一九八一「新疆阿拉溝竪穴木椁墓発掘簡報」『文物』一九八一年第一期

一九八五「新疆新源鞏乃斯種羊場石棺墓」『考古與文物』一九八五年第二期
新疆文物考古研究所
一九九二「新疆哈密五堡墓地一五一、一五二号墓葬」『新疆文物』一九九二年三期
一九八八ａ「新疆新源鉄木里克古墓群」『文物』一九八八年第八期
一九八八ｂ「察布査爾県索墩布拉克古墓葬発掘簡報」『新疆文物』一九八八年第二期
一九九六「新疆阜康市南泉“胡須”墓」『新疆文物』一九九六年第一期
一九九七「一九九六年新疆吐魯番交河故城溝西墓地漢晋墓葬発掘簡報」『考古』一九九七年第九期
一九九九ａ『新疆察吾呼-大型氏族墓地発掘報告』、東方出版社
一九九九ｂ「阜康市三工郷古墓葬発掘簡報」『新疆文物』一九九九年第三、四期
一九九九ｃ「新疆察布査爾県索墩布拉克古墓群」『考古』一九九九年第八期
二〇〇二「尼勒克県窮科克一号墓地考古発掘報告」『新疆文物』二〇〇二年第三、四期
二〇〇四「伊犁州尼勒克県奇仁托海墓地発掘簡報」『新疆文物』二〇〇四年第三期
二〇〇五ａ「特克斯県葉什克列克墓葬発掘簡報」『新疆文物』二〇〇五年第三期
二〇〇五ｂ「特克斯県恰甫其海Ａ区ＸⅤ号墓地発掘簡報」『新疆文物』二〇〇五年第四期
二〇〇六ａ「二〇〇五年度伊犁州鞏留県山口水庫墓地考古発掘報告」『新疆文物』二〇〇六年第一期
二〇〇六ｂ「特克斯県恰甫其海Ａ区Ｘ号墓地発掘簡報」『新疆文物』二〇〇六年第一期
新疆文物考古研究所・吐魯番地区文物局
二〇〇四ａ「鄯善県洋海一号墓地発掘簡報」『新疆文物』二〇〇四年第一期
二〇〇四ｂ「鄯善県洋海二号墓地発掘簡報」『新疆文物』二〇〇四年第一期

二〇〇四c「鄯善県洋海三号墓地発掘簡報」『新疆文物』二〇〇四年第一期
新疆文物考古研究所等
一九九四a「哈密·巴里坤公路改線考古調査」『新疆文物』一九九四年第一期
一九九四b「鄯善県蘇貝希墓群三号墓地」『新疆文物』一九九四年第二期
一九九七「新疆哈密市寒気溝墓地発掘簡報」『考古』一九九七年第九期
一九九九a「和静哈布其罕一号墓地発掘簡報」『新疆文物』一九九九年第一期
一九九九b「和静拜勒其爾石囲墓発掘簡報」『新疆文物』一九九九年第三、四期
一九九九c「烏魯木斉柴窩堡林場Ⅱ号点墓葬」『新疆文物』一九九九年第三、四期
二〇〇〇「烏魯木斉市柴窩堡林場Ⅰ・Ⅲ・Ⅳ号点墓葬的発掘」『新疆文物』二〇〇〇年第一、二期
二〇〇一「和静哈布其罕二号墓地発掘簡報」『新疆文物』二〇〇一年第三、四期
二〇〇二a「新疆鄯善県蘇貝希遺址及墓地」『考古』二〇〇二年第六期
二〇〇二b「新疆鄯善三个橋墓葬発掘簡報」『文物』二〇〇二年第六期
二〇〇二c「新疆哈密市艾斯克霞爾墓地的発掘」『考古』二〇〇二年第六期
二〇〇四「一九九六年哈密黄田上廟爾溝村一号墓地発掘簡報」『新疆文物』二〇〇四年第二期
西北大学考古専業・哈密地区文管会
二〇〇四「新疆巴里坤岳公台-西黒溝遺址群調査」『考古与文物』二〇〇五年第二期
西北大学文化遺産與考古学研究中心等
二〇〇六「新疆巴里坤東黒溝遺址調査」『新疆文物』二〇〇六年第一期
叢徳新

二〇〇一「近年新疆地区早期考古学文化研究の成果と課題」『甦るシルクロード　予稿集』
張玉忠
一九八七「天山阿拉溝考古発現與研究」『西北史地』一九八七年第三期
一九九六「天山尤魯都斯草原考古新発現及相関問題」『新疆文物』一九九六年第一期
一九八九a「烏魯木斉市南郊発現石堆墓」『考古與文物』一九八九年第二期
一九八九b「伊犁河谷土墩墓的発現和研究」『新疆文物』一九八九年第三期
張川
一九九七「論新疆史前考古文化的発展階段」『西域研究』一九九七年第三期
陳戈
一九九〇「関于新疆地区的青銅時代和早期鉄器時代文化」『考古』一九九〇年第四期
一九九一「略論焉不拉克文化」『西域研究』一九九一年第一期
一九九三「新疆察吾呼溝口文化略論」『考古與文物』一九九三年第五期
二〇〇一a「察吾呼溝口文化的類型劃分和分期問題」『考古與文物』二〇〇一年第五期
二〇〇一b「新疆史前時期又一種考古学文化蘇貝希文化試析」『蘇秉琦與当代中国考古学』科学出版社
二〇〇一c「再論察吾呼溝口文化」『吐魯番学研究』二〇〇一年第二期
二〇〇二a「新疆伊犁河流域文化初論」『欧亜学刊』第二輯、中華書局
二〇〇二b「蘇貝希文化的源流及其與其它文化的関系」『西域研究』二〇〇二年第二期
穆舜英・祁小山編
一九九八『新疆彩陶』文物出版社

哈密文物志編纂組
一九九三『哈密文物志』、新疆人民出版社
聯合国教科文組織駐中国代表処・新疆文物事業管理局・新疆文物考古研究所
一九九八『交河故城-一九九三、一九九四年度考古発掘報告』、東方出版社
呂恩国・常喜恩・王炳華
二〇〇一「新疆青銅時代考古文化浅論」『蘇秉琦與当代中国考古学』、科学出版社

図版・表目録

図1、筆者作成

図2　賀新一九八七、新疆維吾爾自治区文化庁文物処等一九八九、新疆文物考古研究所一九八八a、一九九九a、二〇〇二、二〇〇四、新疆文物考古研究所・吐魯番地区文物局二〇〇四a、二〇〇四b、二〇〇四c、新疆文物考古研究所等二〇〇四の各遺構図平面図より作成

図3、新疆社会科学院考古研究所一九八一、新疆文物考古研究所一九九六、一九九九b、二〇〇二、二〇〇四、二〇〇六b、新疆文物考古研究所・吐魯番地区文物局二〇〇四b、張玉忠一九九六、聯合国教科文組織駐中国代表処・新疆文物事業管理局・新疆文物考古研究所一九九八の各遺構図平面図より作成

表1、韓建業二〇〇五、表九を一部改変

トルファン盆地周辺における車師遺跡の考察

アクバル・ニヤーズ

はじめに

トルファン地域は、天山山脈の一部であるボクドオラと天山から分岐したクルックタグに囲まれた地域である。南北約六〇km、東西約一二〇kmの長円形の低地で、内側にすりばち状の砂漠を配し、盆地の最低点にはアイデン湖が位置する。トルファン地域はユーラシア大陸でも内陸部に位置するため、海洋の影響を殆ど受けない、極端に乾燥した内陸性の盆地気候に属する。冬は寒気が厳しく、夏は摂氏四〇度以上になり、昼夜の温度差が非常に大きい。

トルファン地域は、紀元前二世紀に初めて前漢に知られるところとなった。その頃、トルファン盆地は車師の一部として車師王国（車師前部）と呼ばれ、ヤールホト故城、現在のヤールホト遺跡を都としていた。当時すでに、車師王国は中央アジア有数の交通の要地であり、タリム盆地の国々と密接に結ばれていた。東方のハミや北方のボグド、オラ連山を越える山道によって天山北方の遊牧勢力とも深い関係を持ち、また西域と中原を結ぶ交通の要衝であるため、漢王朝と匈奴が勢力争いを繰り広げた戦略上重要な土地であった。

本稿ではトルファン地域における車師遺跡の考古学文化に関して考察を行う。

一　車師遺跡の概要（図1）

一　スバシ（蘇貝希）古墓地

スバシ古墓地はトルファン地区鄯善県吐峪溝郷スバシ村に位置する。遺跡はスバシ村の南三㎞、火焔山の山腹に位置する弧状の台地にあり、周囲は断崖となっている。一九八〇年五月に最初の発掘が行われた後、一九八八年、一九九二年にも調査が行われている。これら調査によって住居址とⅠ、Ⅱ号墓地が発見された、一九九二年にはⅢ号墓地が発見され、遺跡と墓地に対する発掘調査を行っている。

Ⅰ号墓地：

Ⅰ号墓地は、吐峪溝西側の台地に位置する。総面積は約一五万七千五百二二㎡に達し、五二基の墓が発掘されている。地上に積み上げる石積みは、この墓地の明確な目印となっており、その下に墓壙を掘り込む。墓壙には竪穴土壙と竪穴偏室土壙の二種類がある。竪穴土壙墓二二基、竪穴偏室土壙墓一三基、構造不明の墓一七基が確認された。墓の底部に

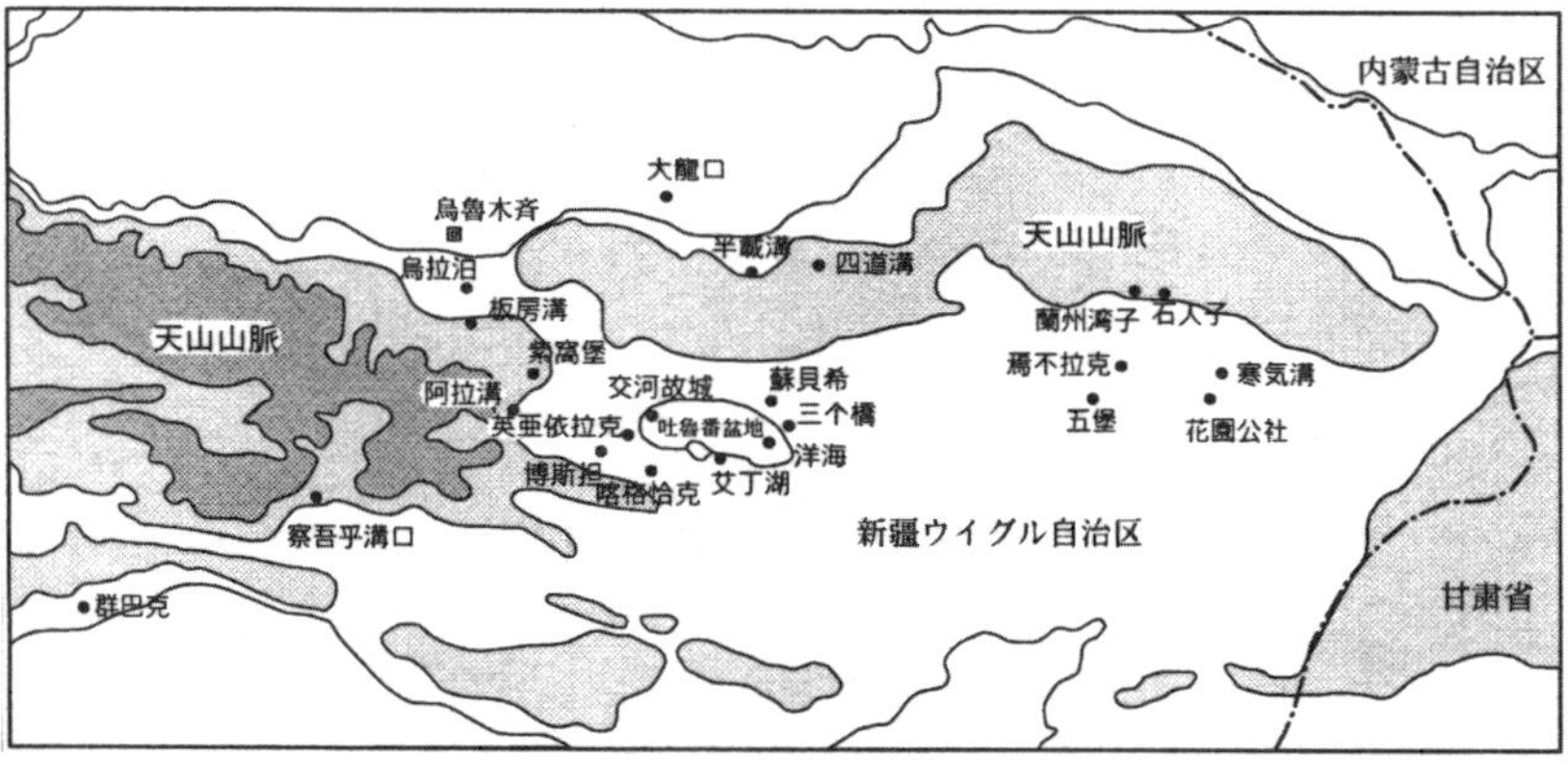

図1　諸遺跡の分布図

は砂石を敷き、その上に被葬者を埋葬している。墓室は葦によって蓋をし、その上に泥や砂石をかぶせている。

埋葬形態には、屈葬、伸展葬があり、単人葬や複数の埋葬も見られる。また墓の中に数層に分けて埋葬する例もある。

副葬品は土器が多く、単耳罐、双耳罐、盆、碗などの器種が見られる。彩陶は量的には少ない。

Ⅲ号墓地：

Ⅲ号墓地はⅠ、Ⅱ号墓地の北部約八〇mに位置する。スバシ古墓地で検出された住居址はⅢ号墓地の東側約八〇mに位置する。三〇基あまりの墓が調査されているが、盗掘が激しく、多くの墓は墓口が露出している。

墓の構造は、地上に封土を構築し、その下に墓壙を掘り込む。墓壙は基本的に竪穴土壙であり、竪穴偏室土壙は一基しかない。墓の底部には細かい砂を敷き、木質の葬具や草筵を置いて、その上に被葬者を埋葬している。墓室は土で埋め戻さず、木柱や草で蓋をし、その上に泥や石をかぶせている。

埋葬形態には、屈葬、伸展葬があり、単人葬、複数の埋葬も見られる。また墓の中に数層に分けて埋葬する例もある。乾燥した気候のため、被葬者の遺体が衣服をまとった状態で発見されることが多く、貴重な資料となっている。

副葬品は土器が多く、単耳罐、双耳罐、単耳壷、単耳杯、単耳鉢、単耳豆、帯流罐、帯流杯、釜、盆、碗などの器種が見られる。彩陶は量的には少ない。文様は波浪文、変体三角文、連続垂下文などがある。また青銅器や金製品も発見されている。金製品は紅銅製の方形獅子飾りに金箔をかぶせた物と円形の獅子飾りが発見されている。鉄器も少数出土している。

スバシ遺跡：

遺跡とⅢ号墓地は距離的に近い。地表には石器、土器片、毛織物片などが多数散布し、日干しレンガによる建築基礎が三基残る。建築は平面が方形で多数の部屋が連なる。門は南向きで、部屋の角には灰坑、炉が見られる。また柱穴も確認されている。一号住居址では東隅から土器焼成窯と考えられる遺構が発見されている。また遺物としては石皿、石杵、石錘、紡錘車などの石器が出土し、土器には釜、罐、鉢、碗、壷などの器種が出土し、彩陶が比較的多い。墓の形式、副葬品の形態や文様などはいずれも類似している。C一四年代測定では一号住居址が二三一〇±八五BP、I号墓地一三号墓の木棺底部が二三九五±八〇BP、Ⅲ号墓地一五号墓の蓋木が二一八〇±八〇BPという数値がでており、いずれの数値も大差はない。時期は紀元前五〜紀元前三世紀で、同一時期に属する集落遺跡であると考えられる。

二　ヤンハイ（洋海）古墓群

ヤンハイ古墓群は、一九八八年の大規模な盗掘が契期となり最初の発掘が行われ、八二基の墓が調査された。次いで二〇〇三年三〜五月ヤンハイ古墓群に対する正式な発掘調査が行われた。墓地は火焔山南麓の平らなゴビに位置し、鄯善県吐峪溝郷アスカル村から南へ五㎞の場所に位置する。

墓地は三カ所の台地に分布し、西の台地に位置するI号墓地、中間に位置するⅡ号墓地、南に位置するⅢ号墓地に分けられる。総面積は約五万四千㎡に達する。墓の構造は地上に封土を持たないA、B、C、D、Eの五型式に分けられる。

I号墓地：

I号墓地の規模は長さ三〇〇m、幅五〇m、面積一万五千㎡である。二〇九基の墓が発掘されており、三型式に分けられる。A型墓は計二九基で、楕円形の竪穴土壙となっている。すべて男性単人葬で被葬者は側臥屈肢の状態で埋葬される。副葬品は銅器が多く、木器、貝器も発見されている。土器は少ない。B型墓は計五五基である。二層台を持つ竪穴土壙で、埋葬形態には屈葬、伸展葬があり、単人葬、複数の埋葬も見られる。C型墓は計一二五基で、長方形の竪穴土壙となっている。埋葬形態には屈葬、伸展葬があり、単人葬、複数の埋葬も見られる。B型とC型の副葬品は彩陶と木器が主である。彩陶の数は約二〇〇点、紅衣黒彩で文様は各種の三角文、渦施文、網格文、水波文、曲線文、鋸歯文などがある。罐、壷、杯、鉢、豆、盆、碗などの器種が見られる。木器の数は約五〇〇点で、杯、鉢、盆、矢などの器種が見られる。銅器には斧、刀、矢、馬銜、管銜、銅貝、帯鈎などがある。

Ⅱ号墓地：

二一三基の墓が発掘されており、A型墓は見られない。B型墓は計七基であり、C型墓は計一六六基である。Ⅱ号墓地ではⅠ号墓地では見られない長方形の竪穴土壙をもつD型墓、地上に円形の封土をもつE型墓が確認されている。D型墓は計三七基で墓室の底部より墓口が大きい。E型墓は計三七基で、墓口を中心として周囲に日干しレンガを円形にならべて、墓室は竪穴偏室土壙となっている。Ⅱ号墓地の副葬品も彩陶と木器が主である。彩陶は約二九三点で、文様には三角文、渦施文、網格文、水波文、曲線文、鋸歯文などがある。器種には罐、壷、鉢、豆、盆、帯流杯などが見られる。木器には桶、鉢、盆、矢などが見られる。

Ⅲ号墓地：

現在まで八〇基の墓が発掘されている。A型墓は見られず、B型墓も一基しかない。一方C型墓は計二〇基、D型墓は計七基が確認されている。E型墓（竪穴偏室土壙）はもっとも多く、計五二基が確認されている。副葬品は無文土器と鉄器が主である。

三　ハゴチャ（喀格恰克）古墓地

古墓地はトルファン地区トクスン県北東約一七㎞のハゴチャ村のゴビに位置する。一八基の墓が発掘調査され、そのうち三基の墓は破壊されていた。墓の構造については地上に封土を持つかどうか不明である。墓室はすべて竪穴土壙墓である。副葬される土器は彩陶が多い。文様は逆三角文や波浪文などの文様が多く、罐、杯、鉢、盆、碗などの器種が見られる。器形は丸底器が主である。

四　アイデン（艾丁）湖古墓地

古墓地はトルファン市アイデン村北西約八kmに位置する。八二基の墓が発掘さている。一九八〇年五月に古墓群に対する発掘調査が行われ、五〇基の墓が発掘された。墓室はすべて長方形の竪穴土壙墓である。被葬者は仰臥屈肢の状態で埋葬され、頭位は西向きで、基本的に単人葬である。副葬品は土器が多く、鉄器、銅器、金器も見られる。土器には彩陶と無文土器の二種類がある。彩陶は三角文、渦施文、網格文、水波文、曲線文、鋸歯文などがある。器種には罐、壷、鉢、豆、盆、鼎などがある。

五　ヤールホト（交河）古墓地

ヤールホト古墓地は、交河故城から三道溝を隔てた西の台地に広がる大規模な墓地であり、故城に暮らした人々の墓域である。また溝西墓地とも呼ばれ、台地上に長さ三km、幅一kmの範囲にわたって約二千基におよぶ墓が造営されている。一九九四年より早稲田大学シルクロード調査隊は新疆文物考古研究所とともに共同調査を行ない、遺跡の精密な測量図を作成し、全ての墓のナンバリングを実施し、同時に発掘調査も行なった。

ヤールホト古墓地は、東西五km、南北一kmのゴビの台地上に、東西三km、南北約一kmの範囲内に二千基あまりの墓が分布している。墓は台地の東南部（ＪⅥ・ＪⅦ区）に見られ、そのうち二三基が発掘調査されている。墓壙には竪穴土壙と竪穴偏室土壙の二種類がある。埋葬形態には伸展葬があり、副葬品は土器を主体とする。器種には罐、壷、杯、鉢、豆、盆などが見られ、鉄器や銅器も発見されている。また一号墓から黄金製の王冠或いは首輪、黄金製の指輪、トルコ石を象嵌した黄金製ブローチ、南海産の貝飾り、漢鏡である星雲文鏡が出土した。また一六号墓から黄金製の頭飾り、黄金製のバックル、黄金製の足飾り、それにトルコ石製の首飾り、五銖銭などが出土した。黄金製のバックルはベルト飾りで、猛々しい牛を真正面から見すえたモチーフで、北方草原地帯で比較的多くの類例が見られる資料である。

六　ヤールホト（交河）溝北一号古墓地

墓地は台地上にあり、不規則な長方形である。墓の主要な部分は台地の中部と南部に集中している。これまでに発掘した墓の数は合計で五五基になる。墓の地上構造は、おおよそ円形の石堆をなす。墓の形態は長方形竪穴墓と竪穴偏室土壙墓の二種類に分けることができる。墓口には蓋木がある。屍床や木棺を使用し、木や草、ムシロを用いて墓の底の敷物とする。埋葬方法は、大部分が仰臥伸展葬で屈葬もある。単人葬や二人合葬、三人あるいは六人の合葬がみられるが、その中で二人合葬墓と三人合葬墓が墓全体の六〇％を占める。多くは夫婦合葬、または夫婦と未成年一人の合葬である。ウマやラクダを追葬する習俗が頻繁に見られる。

副葬品の材質は、土、骨、金、鉄、石、毛、漆、錦など十種類あまりに及ぶ。土器は全て轆轤を使用せず、大部分が無文の紅陶で、そのほかに灰陶や彩陶もみられる。彩陶の文様は三角形と、内側を斜線で埋める三角形内填斜道文、弧線文などである。土器の形式は、罐、釜、杯、盆、鉢などで、その中でも釜や杯、双耳罐あるいは三耳罐の器形に特色がある。骨器は出土遺物中で最も数量が多く、全出土数の約三〇％を占める。大部分が装飾品で、骨飾り、骨珠、骨環、骨彫刻などがあり、また骨釦と骨匕など、馬具として用いられたものも多くある。木器はすべて轆轤を使わず矢柄、締め具、火取り器、釦、蓋、刀子などがある。木器の出土総数は四〇点で、牧畜生産用具は一八点、木器の総数の約四五％を占める。鉄器の大部分は鋳造製品で鶴嘴斧、轡、帯鉤、鏃、環、装飾品など計三一点になる。その中で馬具や牧畜に関わるものは一六点で鉄器総数の五二％である。銅器は基本的に鋳造で、器種は鏡や帯釦、装飾品等である。金器は大部分が鍛造製の粒、環、装身具などである。

七　天山中部山谷

アラ（阿拉）溝、ユイアル（魚爾）溝、東風廠古墓群：
　古墓地はトルファン地区トクスン県南西天山山脈の山間に位置する。一九七六年～一九七八年にアラ溝東口、ユイアル溝鉄道駅で発掘が行われ、八五基の墓が確認された。また一九八四年、一九八五年にはアラ溝周辺にある東風廠古墓群が発見され、四一基の墓が発掘された。
　墓は、積石や石囲を伴う墳丘を地上につくり、地下構造は竪穴土壙、竪穴偏室土壙、竪穴石室、竪穴石棺など多様である。またアラ溝では大規模な墳丘を持つ竪穴木槨墓が発見されており、木棺や木槨、棺台などの葬具が多く使用されていた。
　副葬土器の器種は長頸単耳罐、単耳罐、単耳鉢、桶形杯、壷、盆などであり、豆や帯流杯も見られる。これらの土器は器種構成によって二期に分けられる、初期は彩陶を主とし、晩期は無文土器を主としている。器形などは、ほぼトルファン地域と共通している。文様自体も共通するものが多いが、アラ溝や東風廠などの土器の彩陶は、チャフコ墓地の彩陶と類似するものも見られる。銅器や鉄器も発見されている、特に動物文を施した各種の金製品も出土した。
烏拉泊古墓群：
　古墓群はウルムチ市まで約一〇㎞の天山山麓に位置する。一九八三年～一九八四年に新疆ウイグル自治区文物考古研究所により四六基の墓が発掘された。墓は地上に様々な形の石囲と積石の墳丘を持つ。墓室には竪穴石棺と竪穴土壙の二種類があり、竪穴石棺墓一九基、竪穴土壙墓二七基が確認されている。埋葬形態には、伸展葬、屈肢葬があり、単人葬、合葬も見られる。副葬品は無文土器が多く、罐、杯、鉢、盆、碗などの器種が見られる。器形は丸底器を主としている。また彩陶は量的には少ない、倒三角文や波浪文などトルファン地域に特徴的な文様が見られる。

八　天山東端及び北麓

天山東端及び北麓に位置する阜新、吉木薩爾、奇台、木壘などの地域である。主な遺跡は四道溝、大龍口、阜北農場などがある。

四道溝の墓葬は竪穴土壙墓と竪穴偏室墓の二種類がある。土器の器種は単耳罐、単耳杯、単耳桶形杯、双耳罐、釜、帯耳盆、盆、鉢、碗などである。銅器が発見されている。

大龍口の墓葬は墳丘があり、楕円形竪穴土壙の墓室をもつ小型の墓と大型の木槨墓、石囲を持つ積石墳丘墓がある。土器の器種は単耳罐、単耳杯、双耳罐、釜、板耳盆、鉢などである。銅鏡が発見されており、鉄器、金器、銀器なども少量出土している。

阜北農場は遺物が採集されているのみであり、単耳罐、単耳鉢、双耳罐、壷、板耳壷呈盆などが見られる。

この地域は遺跡によってやや差異がみられるが、土器では単耳罐、双耳罐、単耳杯などの器形が類似している。

二　考察

一　墓について

まず諸墓地の各形式構成の墓数をみる。スバシ古墓地Ⅰ号墓地は竪穴土壙墓二二基、竪穴偏室土壙墓一三基、構造不明の墓一七基、Ⅲ号墓地は竪穴土壙墓二九基、竪穴偏室土壙墓一基、ヤンハイ古墓群のⅠ号墓地は竪穴土壙墓一五四基、竪穴土壙二層台墓五五基、Ⅱ号墓地の竪穴土壙墓は一六六基、竪穴土壙二層台墓七基、Ⅲ号墓地は竪穴土壙墓二七基、竪穴偏室土壙墓五二基、ハゴチャ墓地とアイデン古墓地はすべて竪穴土壙墓で、ヤールホト古墓地は竪穴土壙墓一五基、竪穴偏室土壙墓八基で、アラ溝、ユイアル溝の墓数について資料はほとんど公表されていない。一部公表されたものによると竪穴石室墓は七八基で、また四基の竪穴木槨墓が発見されている。東風廠古墓群の墓はすべて竪穴石室墓である。烏拉泊古墓群は竪穴石棺墓一九基、竪穴土壙墓二七基、四道溝の墓葬は竪穴土壙墓三基、竪穴偏室墓一基である。大龍口の墓葬は竪穴土壙墓八基、竪穴木槨墓一基である。

各墓地のC一四年代測定値からみるとスバシ墓地では八号竪穴土壙墓三一四五±七五、M三竪穴偏室土壙墓二一二〇±八五という数値がでており、ハゴチャ墓地では七号竪穴土壙墓二六四〇±六五という数値がでており、ヤールホト古墓地では六号竪穴偏室土壙AD八二—二三七、七号竪穴土壙墓AD八五—二四一という数値がでており、アラ溝、ユイアル溝古墓地では一号竪穴石室墓二四一〇±八〇、BC四六〇、三〇号竪穴木槨墓二〇六五±八〇、BC一一五という数値がでており、四道溝遺跡では二四〇〇±六五、一五二七±七〇、AD六四二という数値がでている。

こうように見ると諸墓地の墓の構造は竪穴土壙墓、竪穴偏室土壙、竪穴土壙二層台、竪穴木槨墓、竪穴石室、竪穴石棺墓の形式がある。竪穴土壙墓は時期的に早く、各墓地で長期間に渡り継続する。竪穴偏室墓はヤンハイ古墓群のⅢ号墓地、烏拉泊古墓群、大龍口古墓群で見られ、これもまた継続するが、スバシよりもやや遅い。竪穴土壙二層台墓はヤンハイ古墓群Ⅰ号墓地、Ⅱ号墓地のみで見られ、時期的には竪穴土壙墓と竪穴偏室土壙より遅い。竪穴土壙二層台墓はヤンハイ古墓群が位置する地域に特徴的な墓の構造であると考えられる。竪穴木槨墓はアラ溝、ユイアル溝と大龍口であり、竪穴石室墓は東風廠古墓群とアラ溝、ユイアル溝であり、竪穴石棺墓は烏拉泊古墓群のみで確認されている。

二　各墓地出土土器の三期区分

一期：四道溝遺跡とヤンハイⅠ号墓地のB、C型墓及びインヤイラク墓地、アラ溝、ユイアル溝、東風廠墓地初期、木壘などで出土した土器を含む。主に砂を混ぜた紅陶で彩陶を持つものが多い。文様は三角文、渦施文、網格文、水波文、曲線文、鋸歯文など、逆三角文を主としている。器形は丸底、平底で器種は小口双耳丸底罐、高頸壷、丸底或いは

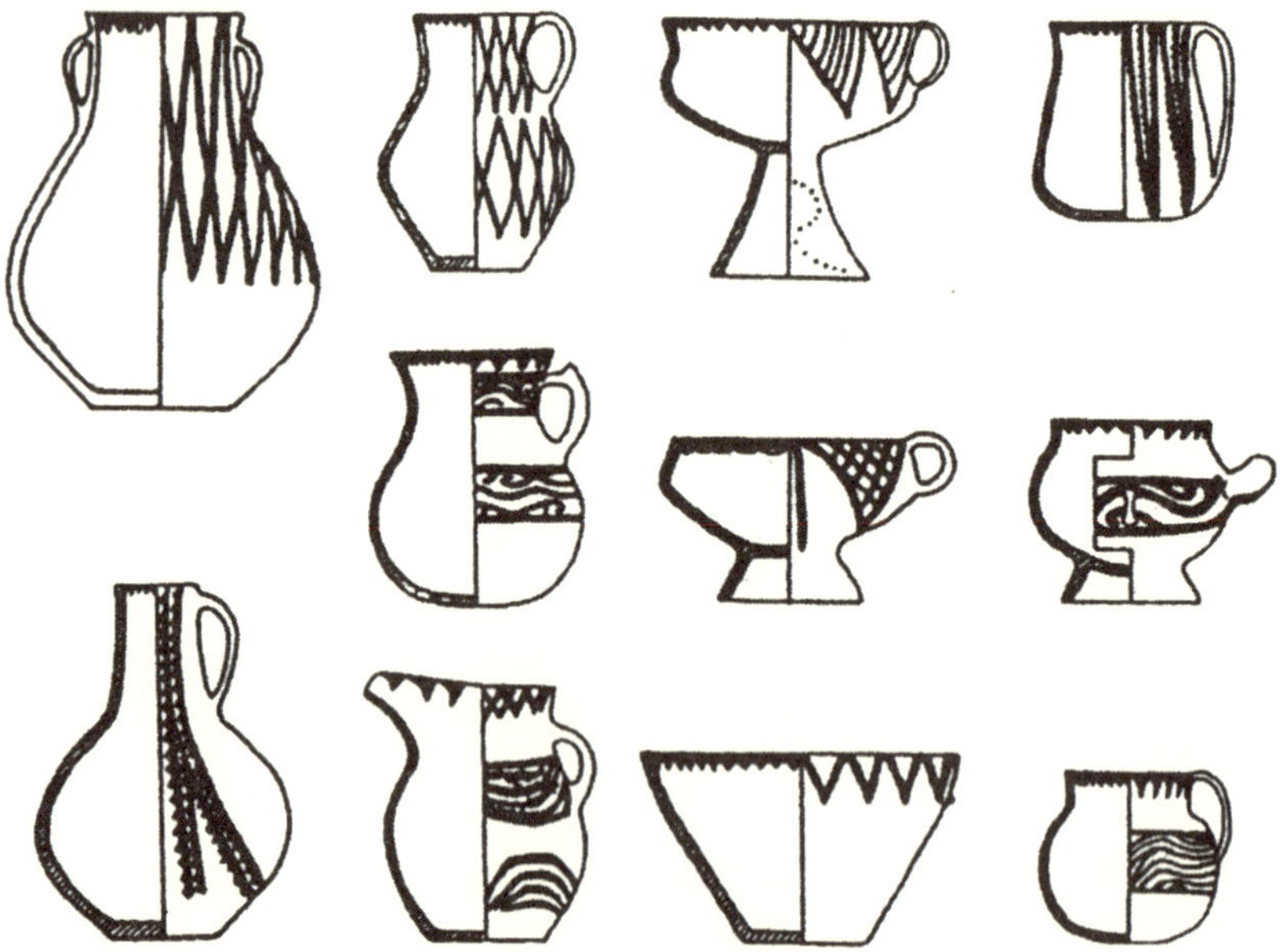

図 2　一期の土器

図 3　二期の土器

平底鉢、単耳垂腹杯、立耳杯、篦形器、単耳豆、単耳罐、帯流罐などである。

二期：四道溝とヤンハイⅠ号墓地のD型墓、スバシⅢ号墓地、スバシ遺跡、アイデン墓地、ハゴチャ墓地、大龍口墓地、鳥拉泊墓地などで出土した土器を含む。土器の特徴は一期の土器に類似しているが、しかし彩陶は量的に少ない傾向にある。器形の変化は顕著である。壷、杯、豆、罐は垂腹、折腹から円腹になり、無文土器の器形は丸底から平底になる。

三期：ヤンハイⅠ号墓地のD型墓、スバシⅠ号墓地、アラ溝、ユイアル溝、東風廠墓地、ヤールホト古墓地など出土した土器を包括している。砂を混ぜた赤色土器を持つ、大部分が無文土器で単耳の器形は多く見られる。単耳高頸壷、直腹杯、帯流杯などの器種がある。

三　殉馬葬からみた車師王国の支配地域

殉馬葬について、溝北墓地の中部にある二基の大型墓を例に説明する。地表面に石堆があり、直径はそれぞれ一五―四五mほどである。石堆の下には円形の日干しレンガによる囲いがあり、直径は全て一〇m前後である。囲いは、長さ〇・四六m、幅〇・二六m、厚さ〇・一〇m足らずの日干しレンガを用い、間に泥を充填して約〇・八〇―一・六mの高さに築いている。この中には一～二基の墓壙がある。そのうち〇一号墓の竪穴は、長さ四・七六m、広さ四m、深さ四・七mで、墓室は長さ五・四八m、幅二・一二m、高さ一・八八mである。また十六号

図４　三期の土器

墓の竪穴は、長さ二・五二m、幅一・八〇m、深さ九・一六mであった。大型墓の日干しレンガ囲いの外を一周巡って、十数個のさまざまな随葬墓がある。日干しレンガ囲いの北と西北には、基本的に十数個の殉馬坑が並び、一つの土坑には一般的に、殉葬馬が一―四頭ほどまちまちに埋葬される。墓地中で最大の墓には殉馬坑が一八基あり、殉葬馬（ラクダ）は三二頭におよぶ。他の墓では殉馬坑が一五基で殉葬馬は二一頭である。

これまでに述べてきたトルファン盆地オアシスの各遺跡中で、特にこれほど多くの数量のウマを殉葬する現象は、他では見られない。ただ副葬品中に、轡や革帯、鞍、帯釦などの馬具が含まれるのみである。また、溝北一号台地墓の墓葬として、狩猟道具の副葬の他、殉馬坑を伴うことが普遍的である。実際、トルファン盆地のオアシス地帯では気候が極めて乾燥しているため、草などの地を被う植物は非常に少なく、大規模な牧畜生産には適さない。一号台地墓から出現したこの普遍的な殉葬馬の習慣は、車師王国の支配地域がトルファン盆地に限らず、東部天山と天山北部一帯を包括していたと考えうる。

四　車師文化の行方について

車師文化の分布地域において、車師文化と比べて比較的新しい時期の遺跡に、溝西墓地中の魏晋墓と高昌故城西北のアスターナ、カラホージャ墓地中の魏晋墓、鄯善三個橋墓地の魏晋墓がある。これらの墓はすべて竪穴洞室墓で、その構造は（車師の墓と）まったく同じか、ほぼ同じである。前者が轆轤水挽きの灰陶で、後者が粘土紐作りによる紅陶という点においてかろうじて区別できる。これらの墓の副葬品で最も多いのは土器の碗と盆、鉢で、いずれも車師文化中にもっともよく見られるものである。このほか、これらの魏晋墓はしばしば車師の墓と同一の場所にある。こうした状況は、車師文化がトルファン盆地における歴史時代の魏晋文化に発展変化していったという推測を可能にする。トルファン盆地の漢代から唐代にいたる時期において、漢文化の影響が非常に大きいことを否定することはできない。例えば、斜坡墓道洞室墓、漢文書、絹織物などである。しかし漢文化がこの地においてたった一つの構成要素であったわけではない。漢文化を受け入れる同時に、当地の車師文化も依然として重要な役割を果たしていた。さらにトルファン盆地の歴史時代の文化は、当地の車師文化と外来文化における相互結合の基礎の上に形成されたといえる。

まとめ

以上のトルファン盆地と周辺地域の分析を通して概括できることは、車師王国初期（前一〇八年以前）の地域は非常に広大な領域を包括しており、おおよそ北は現在の天山以北の昌吉、吉木薩爾、奇台、木壘から、南は今のクルックターグ山間と山北の各地にいたる。その中心地区はトルファン盆地のヤールホト、ヤンハイ、スバシなどのオアシス地帯である。前一〇八年に漢王朝の軍隊の攻撃にあった後、トルファン盆地を中心にした車師前国と天山北麓を中心とした車師後国等の山北諸国がそれぞれ個別に形成された。車師王国の地域は初期に彩陶が流行し、後期には無文土器、竪穴土壙墓、竪穴土壙偏室墓を主体とする墓に変化する。車師文化の行方は、歴史時代の魏晋文化の一要素へと変化したといえる。

参考文献

（1）新疆文物考古研究所編一九九五年『新疆文物考古新収穫』新疆人民出版社
（2）新疆文物考古研究所主編一九九八『新疆彩陶』文物出版社
（3）新疆文物考古研究所一九九九『新疆察吾呼』東方出版社
（4）羊毅勇「交河故城溝北一号台地墓葬所反映的車師文化」『西域研究』一九九六年第二期

（5）藤田豊八一九四三『東西交渉史の研究』荻原星文館
（6）松田寿男一九五六『古代天山の歴史地理学的研究』早稲田大学出版部
（7）陳戈二〇〇一「新疆史前時期又一種考古学文化」『蘇秉琦与当代中国考古』科学出版社

トルファン五銖銭と中原五銖銭

岡内三眞

はじめに

新疆のトルファンは、シルクロードの要衝であり、古来、東西南北の文物が交易された都市・文明の十字路として名高い。現在も観光都市・世界遺産の史跡の街として繁栄をほこっている。新石器時代からトルファンオアシスに住み着いた人々が、集落からしだいに展開して都邑を形成し、やがてまとまったひとつの国家・車師前国を築いたのは、遅くとも紀元前三世紀のころのことである。

ユーラシア大陸の東には、中国を統一した秦の後をうけて前漢帝国が成立し、西には、ギリシャ文明の系譜をひくローマ帝国が存在していた。この両帝国に導かれるように、東西南北の各地から文物や文化を携えた人々が、東西に移動しつぎつぎと中継して手渡しながら交流したのである。紀元前三世紀〜紀元前二世紀ころになると、商品相互の物々交換のほかに、貨幣による取引や決済もすでに始まっていた可能性が高い。

その物証としては、新疆域内のシルクロード沿線各地で出土する前漢時代の半両銭や五銖銭などの貨幣、星雲紋鏡や銘帯鏡などの銅鏡、錦や羅の絹織物などを挙げることができる。西からの交易品としては、手の込んだ装飾のある金銀器やローマングラス、ローマ金貨などが東にもたらされている。

この論文は、紀元前二世紀前後のトルファン地域を取り上げ、トルファンと中原とで出土した五銖銭の型式分類と編年とをおこなった上で比較研究し、トルファン出土五銖銭の特徴と用途、当時の社会経済に占める位置などを明らかにすることを目的としている。

Ⅰ　五銖銭出土の遺跡

トルファンでは、交河故城の都市遺跡を中心にして、西北の交河故城溝北区一号台地墓（A）と、東南の交河故城南区墓地（B）から五銖銭がそれぞれ出土している（図1）。いずれも埋葬址の竪穴土壙墓から他の副葬品や土器と共に発見されているが、銅銭は五銖銭のみであり、他の貨幣を伴っていない。以下に出土遺構と伴出遺物について記述する。

1　交河故城溝北区一号台地墓『交河故城』

溝北区一号台地には、数基の大型竪穴土壙墓が存在する。そのうち三基が一九九四年に発掘調査され、そのなかの一号墓の陪塚であるｍｊ一号墓から一枚の五銖銭が検出された（図2左上）。この墓は盗掘を受けていたために、出土した副葬品は少なく遺物相互の関係も不明である。一体の埋葬に伴った遺物には、ふた瘤ラクダの金製飾り、グリフィンと虎の闘争文金製飾り、木製容器や土器、骨角製品、鉄器などがある。さらに骨でかたどった仿製の子安貝製品が一点

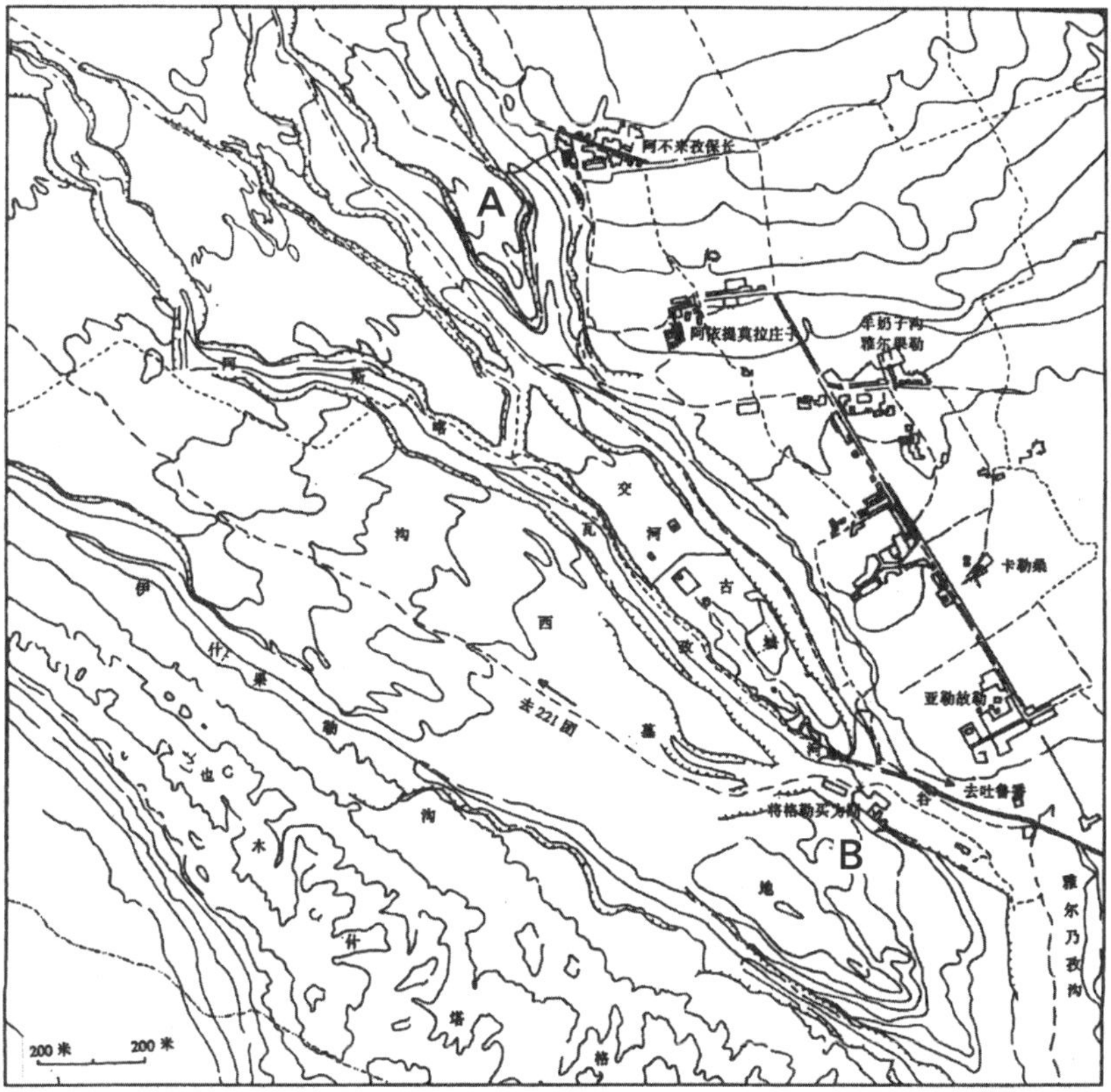

図1　トルファンヤールホト古墳群の分布

伴っている。代用貨幣としての子安貝がすでに存在していたのであろう（図２）。動物の犠牲壙や殉葬壙をもつ直径一〇ｍ前後を計る巨大な竪穴土壙墓は、王侯の墓であろう。わずかに遺存している遺物によっても王侯墓の多様な品物の副葬を想像できるが、盗掘に遭って原位置や伴出状況、組み合わせなどを探る手がかりが失われた点が惜しまれる。

この墓で遺存していた五銖銭は、一枚だけである。五の字は丸みを帯びて交叉し、銖の字の金偏は三角頭が小さく、朱の上部は角張っている。穿の上に横文があり、周郭は一定の幅がある。三、一ｇの重さや直径二、五㎝の規格からみても、前漢代の五銖銭である。

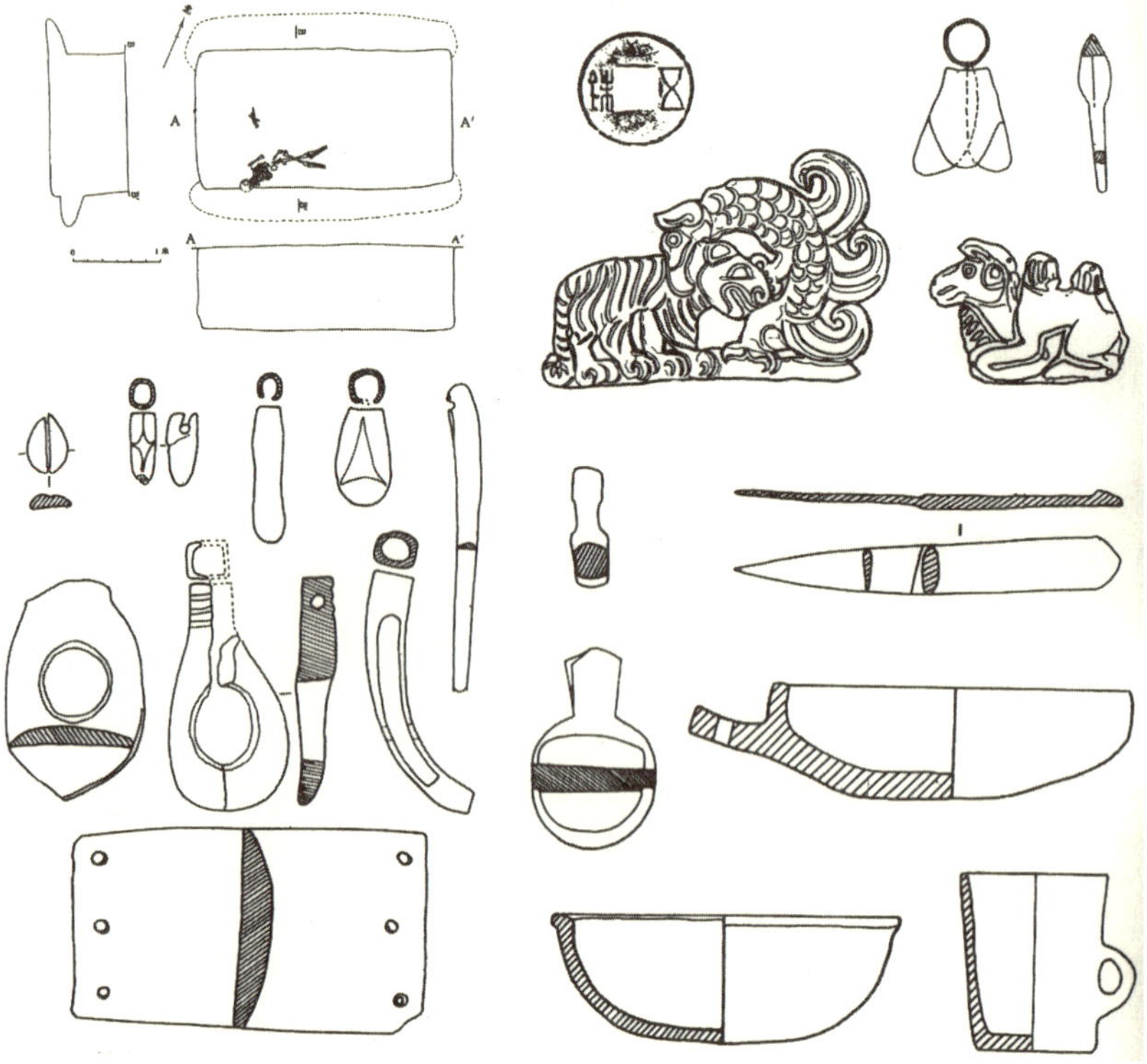

図2　1号墓陪冢mj1号墓と出土遺物

2　交河故城城南区墓地
『交河溝西』

城南区墓地では、三基の墓から合計一〇枚の五銖銭が出土している。五銖銭のみで他の貨幣を伴わない状況は、前に述べた溝北墓と一致している。これらの五銖銭を発掘するきっかけになったのは、五号墓における五銖銭の発見であった。当時の記録をたどりながら述べてみよう。

ａ）最初に発見されたのは、城南区ＪⅥ区五号墓地の五銖銭である。一九九六年九月六日、新たに車師前国時代の墓を調査するために、ヤールホトの遺跡を調べて歩いていた私の目に、とある窪みの底で青緑色に光っている丸い物が目にとまった。近寄って確かめると五の字がくっきりと読み取れる。字体や大きさから見て、まぎれもない前漢時代の五銖銭と判定できた。はやる心をおさえて周りを観察すると、三〇cmほど南にも五銖銭が砂の中から顔を出している。これは墓だとおもって窪み全体を見渡すと、銅製の指輪や鉄片、土器片がむき出しになって窪みの底に点在している。車師の墓がおよそ二〇〇〇年の間に風雪に削られ曝らされて地上に露出し、墓壙の床面と遺物とがわずかに残っていたのである（図3）。合計三枚の五銖銭と銅指輪、鉄環、鉄器片などを墓壙の底から検出することができた。

墓壙は長さ二、四六m、幅一mの長方形で、深さはわずか数cmにすぎない。

五銖銭は三枚出土している。No1の五銖銭は、直径二、四五cm、穿長一、〇cm、重さ二、九九gである。No2は、直径二、五cm、穿長一、〇cm、重さ三、四八gである。No3は、直径二、五cm、穿長〇、九cm、重さ三、六一gである。出土状態や位置関係は、図3を参照していただきたいが、東側にかたよって五銖銭が出土している。おそらく墓壙の東寄りに頭部があり、その付近に五銖銭を副葬したのであろう。

b）城南区Ⅵ区一六号墓は、墓泥棒に荒らされることもなく埋葬された当時のままの配置状態で発掘されたトルファン地域の墓では稀有な未盗掘墓である。墓は台地の縁辺に築かれ、固い地山に掘りこまれた長方形の竪穴土壙墓である。長さ二、七六m、幅一、四〇m、深さ一、七〇mの規模である。墓の深さが幸いしたようである。

最初に頭部付近から黄金製頭飾りが出土し、続いて頸の部分から緑松石（トルコ石）製の首飾り玉を検出した。そして腹部中央からは、牡牛をかたどった黄金製のバックルが埋葬当時の原位置のままで出土した。さらに右の足首付近から黄金製のブーツ留め飾りが出土したので、注意深く掘り進めると、左足首付近からも原位置を保って黄金製のブーツ留め飾りが出土した。この留め飾りは、左右の足首に一個ずつペアーで着装されていた同形、同大の金製留め飾りである。今までエルミタージュ美術館などで知られている小型の金製や青銅製帯鉤は、原位置を保った本例の検出によって、ブーツの留め飾りまたは足首金具の可能性を指摘できるようになった（図4）。

その他に、身体の右側からは鉄鏃や五銖銭がまとまって出土した。頭部付近からは、飲食物をいれたと想定できる壺、

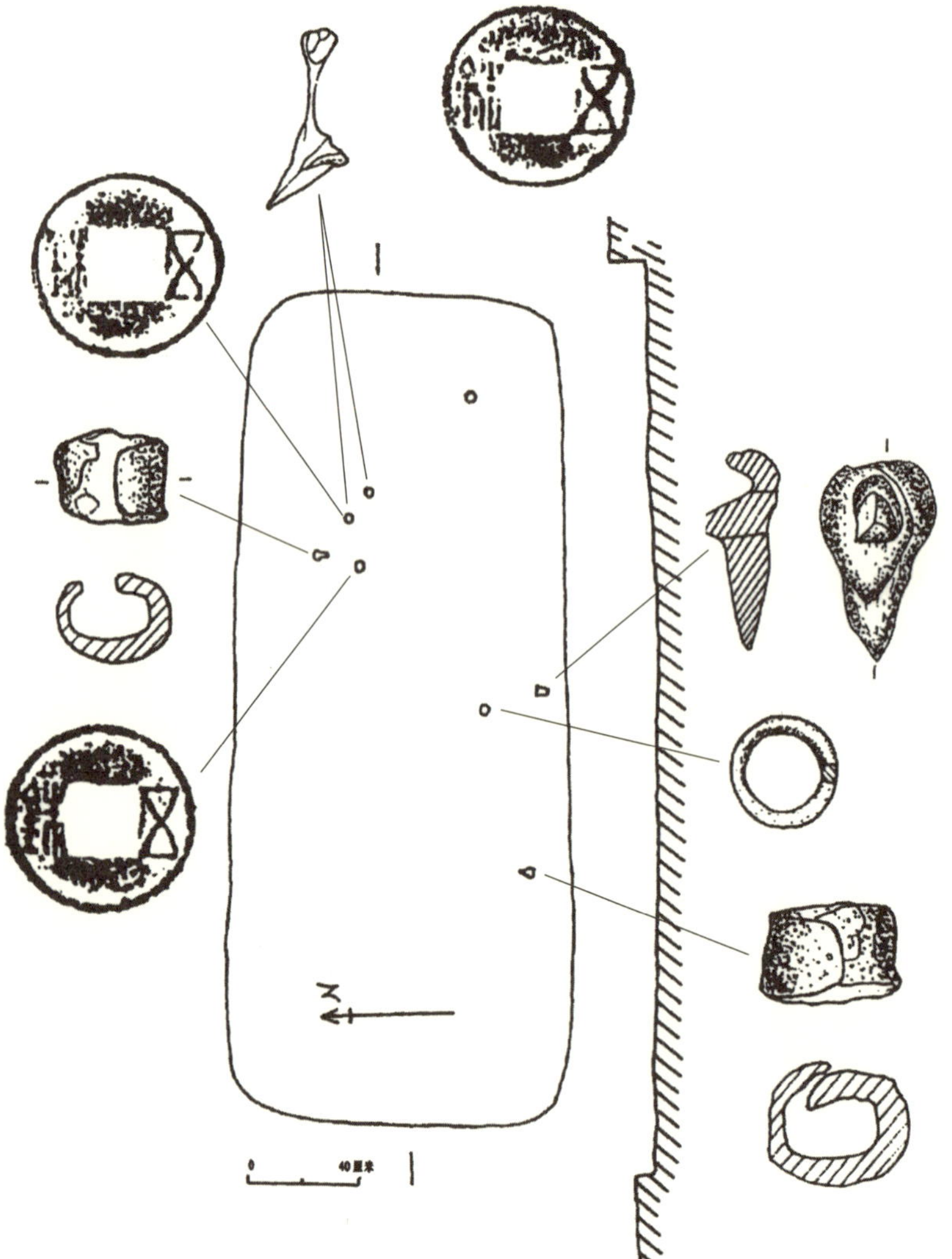

図3　城南区墓地5号墓と出土遺物

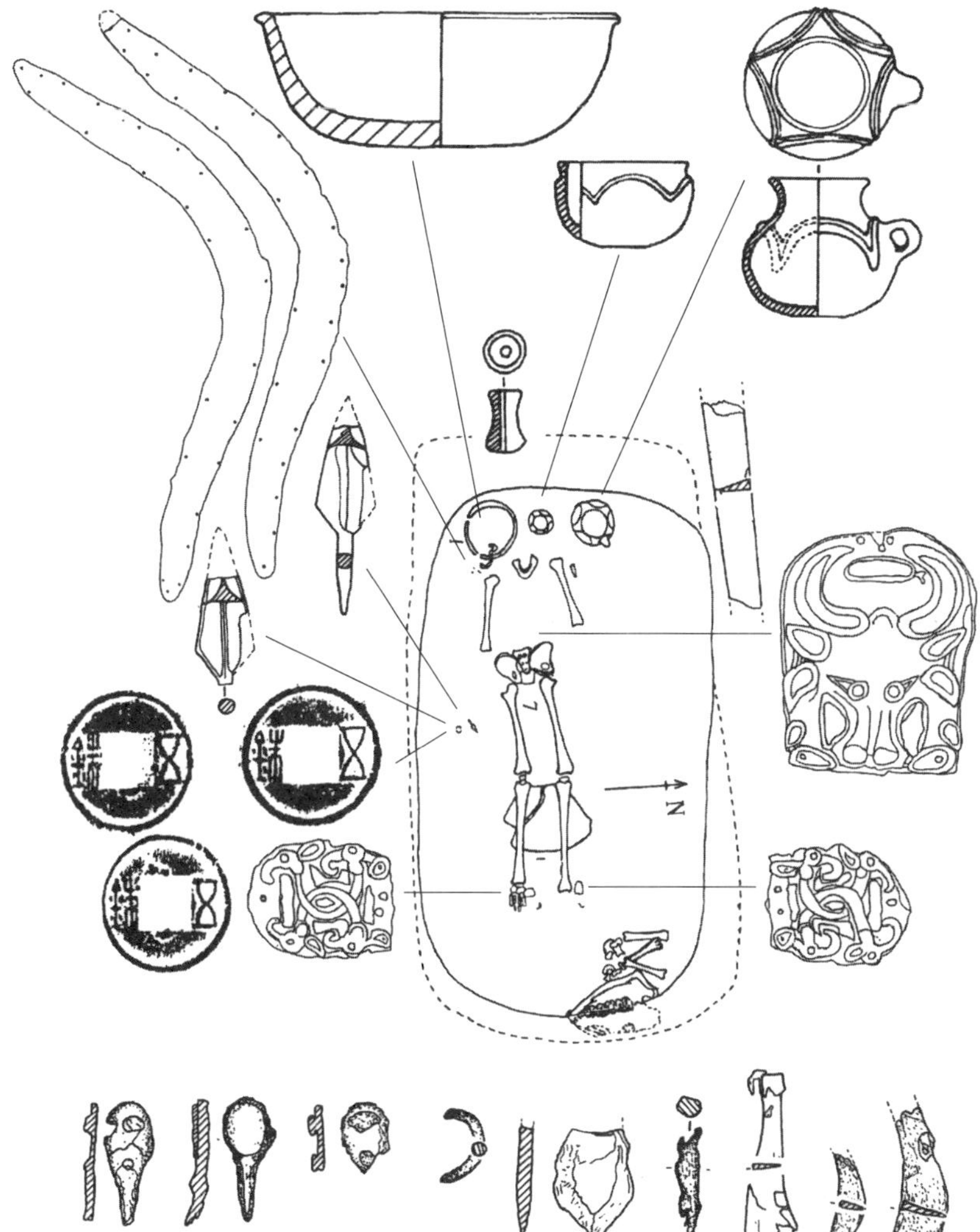

図4　城南区墓地16号墓と出土遺物

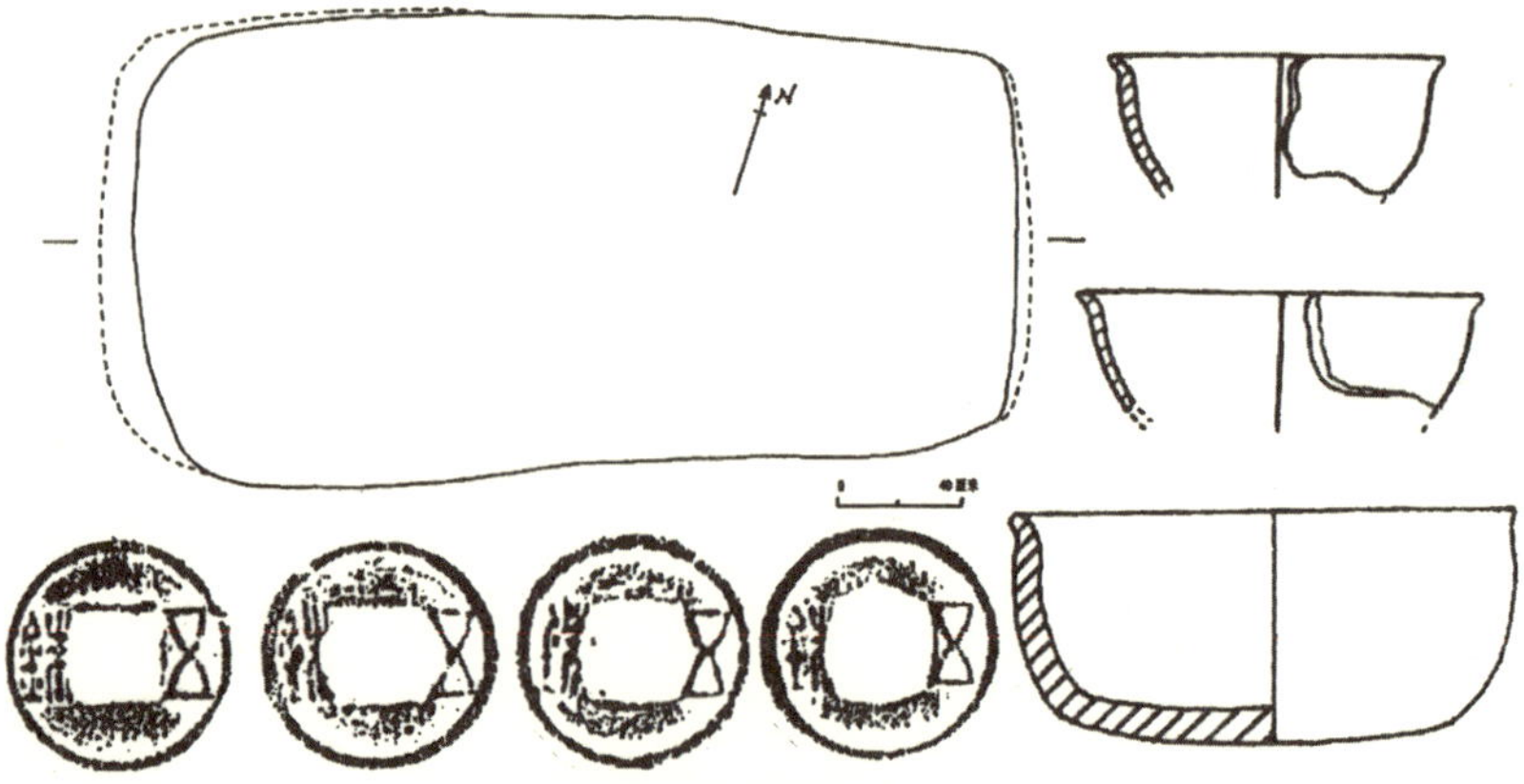

図5　城南区墓地12号墓と出土遺物

浅鉢、盤が並んで出土している。足元からは犠牲にされた馬の頭骸骨と大腿骨とが重なって隅に寄せられた状態で出土した。そのほか鉄ナイフや鋲留め金具、鉄片などが墓壙内から出土している。

出土した五銖銭は三枚である。No１は、直径二、五cm、穿長一、〇cm、重さ五、二四gである。No２は、直径二、五cm、穿長一、〇cm、重さ四、〇一g、No３は、直径二、五cm、穿長一、〇cm、重さ三、六八gである。No３は、穿の下に半月があらわされた記号銭である。

c）城南区JⅥ区一二号墓からも、土器と五銖銭とが出土している。竪穴土壙墓は長方形で、規模は長さ二、八〇m、深さ一、二六m、幅は頭部で一、五〇m、脚部側で一、一六mと狭くなっている。

墓は撹乱をうけており、遺物は原位置が不明で、墓壙内の埋土の中から検出されている。それでも浅鉢三点と五銖銭四枚が遺存していた。五銖銭のNo１は、直径二、五cm、穿長一cm、穿上横文のついた記号銭である。No２は、直径二、四cm、穿長一cm、No３は、直径二、五cm、穿長一cm、No４は、直径二、四cm、穿長一cmである。盗掘を受けたため、埋葬当時の配置が明らかでない点が残念である（図５）。

以上でトルファン出土五銖銭の遺構と出土状態とを紹介した。

つづいてトルファン出土五銖銭の編年を試みる。そのために中国中原の五銖銭を分類し、編年案を検討する必要がある。

Ⅱ　五銖銭の分類と編年

1　前漢の五銖銭

五銖銭は、漢の武帝が元狩五（BC一一八）年に各郡や国ごとにまかせて鋳銭させたのが始まりである。『史記』と『漢書』によると、武帝は御史大夫・張湯の意見を入れて、元狩五年に半両銭をやめ、銀と錫の合金である白金と、銅、錫、鉛の青銅合金で作った五銖銭とを通行させたという。ところが郡国ごとに五銖銭には差異があり、私鋳銭も横行して重量、規模、字体などに違いが著しく、貨幣経済に混乱が生じた。そのために元鼎二（BC一一五）年に官営工房で赤仄五銖銭を鋳造して発行させた。赤仄五銖銭一枚は、従来の五銖銭五枚に相当するとした。そして貴族や公的機関での納税に赤側五銖銭の使用を義務づけたという。

文献によると「郡国銭賤、民多奸鋳、銭多軽、而公卿請令京師鋳鍾官赤仄、一当五、賦官用非赤仄不得行。………是歳也、張湯死、而民不思」、「赤仄五銖只用于官府和貴族、為納賦与官府用銭、併不流通于民間」と記されている。ところが翌々年の元鼎四（BC一一三）年には、「其后二歳、赤仄銭賤、民巧法用之、不便、又廃。」という結果になり「于是悉郡国毋鋳銭、専令上林三官鋳」という。赤仄銭は、質が悪くなり、民間で巧みに私鋳して用いるため官府用としては不便になったので、郡国の五銖銭と赤仄五銖銭とを全面的に廃止し、上林三官を設けて官営工房で五銖銭を専門に鋳造させることになった。ここに貨幣の規格統一と国家による統制、独占鋳造を開始したのである。武帝が死去する後元二（BC八七）年まで、この上林三官での鋳銭制度は維持され、後の昭帝、宣帝などにも国家による鋳銭制度は引き継がれた。ただし昭帝や宣帝の五銖銭と武帝の五銖銭とでは、字体や重さなどで相違が認められ、比較的に区別が容易である。

かつて一九五七年に発掘された『洛陽焼溝漢墓』出土の五銖銭を基準に編年が組まれ、一九五九年に報告書が出版された。これが漢代遺構、遺物編年の基準となり、墓の構造、銅器、銅鏡、土器などに適用され、長く使われ続けてきた。しかし一九六八年に発掘された武帝の異母兄・劉勝墓から五銖銭の新資料二三一七枚が出土して、『洛陽焼溝漢墓』の武帝時期の編年に限界があると認識されるようになった。一九八〇年に公表された『満城漢墓発掘報告』では、五銖銭をⅠ、Ⅱ、Ⅲの三型式に分けている。

筆者は『満城漢墓』の資料によって、五銖銭を論じたことがある（岡内一九八四）。しかし朝鮮出土の五銖銭の編年を目標としたため、赤仄銭や上林三官銭の細分までは論じるゆとりがなかった。

2　満城漢墓の五銖銭

『史記』と『漢書』によれば、劉勝は元鼎四（BC一一三）年春二月に死去している。これは、郡国五銖銭と赤仄銭とが廃止され、上林三官で五銖銭が鋳造された年にあたっている。

呉栄曽（呉一九八六―一二）は、中室の五銖銭を郡国銭、後室の五銖銭を三官五銖とみなしている。

かつて『洛陽焼溝漢墓』の五銖銭を報告書で記述した蔣若是（蔣一九八九―四）は、『満城漢墓発掘報告』と河北省博物館から提供された拓本とによって、満城漢墓の中室出土の五銖銭は郡国銭、後室出土の五銖銭は赤仄五銖銭と認定した。

日本の関道夫（関一九九〇―三）は、Ⅰ型式は郡国五銖銭、Ⅱ型式には郡国五銖銭と赤仄銭とが混在し、Ⅲ型式は赤仄五銖銭、後室出土銭は初鋳三官五銖銭に比定している。

また戴志強・周衛栄・欒祥禧（戴ほか一九九一―一二）とは、満城漢墓出土の五銖銭一〇枚についての成分分析をおこなっている。

そのご李建麗・趙衛平・陳麗鳳（李ほか一九九一―一二）たちは、劉勝墓の五銖銭を再検討して従来のⅡ式をⅡ式とⅣ

式に分割して四型式に分けた。そしてⅠ、Ⅱ、Ⅲ型式を郡国五銖銭、Ⅳ型式を上林三官五銖銭としている。これに対して方成軍（方二〇〇〇―二）は、Ⅰ、Ⅱ、Ⅲ型式を郡国五銖銭にあて、Ⅳ型五銖銭は赤仄銭だとして、蒋若是と同じ結論に達している。

現在は四型式の分類をどの時期の貨幣にあてるかに、論議の争点が移っている。ところが武帝の御史大夫であった張湯の墓が二〇〇二年に西安で発掘され、「張湯」の印とともに八枚の五銖銭を検出した。二〇〇四年に張湯墓の「簡報」が『文物二〇〇四―六』に公表されている。張湯は、元狩五年に白金と五銖銭とをはじめて鋳造させた人物である。当時は御史大夫の職にあったので、元鼎二年の赤仄銭の鋳造にも関係したと想定できる。讒言によって罪を着せられ、元鼎二年冬に自殺しているので、張湯墓出土の五銖銭は、年代判定について重要な鍵をにぎっている。

三　張湯墓出土の五銖銭

張湯は、『漢書』によると、元鼎二（BC一一五）年冬十一月、『史記』によると元鼎三（BC一一四）年に罪をえて自殺したという。詳細を省くが、帝紀や食貨志から解釈して漢書の元鼎二年説が妥当である。

『漢書』張湯伝によると、「張湯は杜の人也」と記されている。張湯は父の死後に長安の官吏となって身を起こし、のちに内吏につかえて給事となり、茂陵の尉となった。このとき武帝の寿陵を建設する責任者となり、截頭方錐形の墓を造る工事を監督したという。武安侯の田蚡が丞相になるとその属官となり、さらに推薦されて侍御史となり皇帝の庶務を補任した。陳皇后が衛夫人を呪詛した「巫蠱の獄」を取り調べて才能を認められ、太中大夫となり、法令を執行する役についた。のちに廷尉となり裁判を担当したが、法の適用が厳しく、皇帝の意に添うようにして必ずしも公平ではなかった。張湯は皇帝にますます信任されて御史大夫となり、位は三公に列した。湯は皇帝の意をうけ、白金と五銖銭とを鋳造し、天下の塩鉄を専売制に替え、富商・大商を排除し、「告緡令」を施行した。湯が参内して国家の財政について語るとき、天子は日が暮れるまで食事も忘れて傾聴したという。当時の丞相・庄青翟は、ただその地位を占めているに過ぎず、天下の大事は皆、張湯の進言によって裁可されたという。かつて湯が病気になると、皇帝が親しく自ら湯の家まで出かけて見舞ったほどで、信任があつく寵愛されていた。しかし讒言と告発とによって、御史太夫にあること七年で失脚した。書をしたため「湯はいささかの功もなく小役人の刀筆の吏から身を起こし、幸いにも陛下のお陰で三公の位に至りましたが、その責任をまっとうすることができませんでした」と詫びると共に感謝し、「しかしながら湯を罪に陥しいれようと謀った者は、丞相の三人の長吏です」と記し終えると、ついに自殺して果てた。

湯が死んで調べてみると、その遺産はわずか五百金にすぎず、みな俸禄や天子からの賞賜品であり、他に余財はなかった。兄弟や子供たちが手厚く葬ろうとすると、湯の母は「湯は天子の大臣となりながら悪評を蒙って死んだ。どうして手厚く葬れようか」と言い、遺骸を牛車に載せて運び、木棺に入れるだけで木槨を築かせなかった。皇帝はこれを聞いて「この母にしてこの子あり、この母あらずんばこの子生ぜず」と言って嘆息したという。そして一切の事情を取り調べなおし、讒言した長吏の三人を誅殺し、上奏した丞相の青翟を自殺させた。皇帝は湯を惜しみ、その子である長安世を引き立てたという。

張湯の息子であった張　安世は、武帝、昭帝、宣帝の三帝に仕え、大司馬将軍となり富平侯に封じられ、その子である千秋、延壽、彭祖はいずれも高官となり、みな天寿をまっとうした。

元康四年春、安世は病にかかり、秋に薨じた。天子は印綬を贈り、軽車と甲士を送って葬り、謚名して敬侯といった。墓地を杜の東に賜り、将作が覆土を掘って墓と祠堂を起こした。子の延壽があとを継ぎ、孫の勃や曾孫の臨、その後を継いだ放、純など子々孫々まで栄え、功臣の名をほしいままにしたという。

賛に言う。湯は酷烈で、身に咎を蒙るに至ったとはいえ、その賢士を推挙し人の善を称揚した。もとより後継の子孫があってしかるべきである。安世は正道をふみ行ない、満ちて溢れなかった。安世の兄である賀が陰徳を積んだことも、また張家一族を助けたというべきであろう。

張湯の墓

張湯は、杜県の出身であった。息子の安世は、元康四年春に病気となり、秋に薨じている。墓地の塋を杜の東に賜り、将作監が土を穿って塚を覆い、祠堂を起こしたと記述している。西安市東南方の宣帝杜陵の東に、張家一族の墓地があったことが知られる。

二〇〇二年の四月から一〇月にかけて、西安市文物保護考古所は、西安市長安区郭杜鎮西北政法学院南校区で発掘調査をおこなった。体育弁公楼の基礎工事現場で、八八基の墳墓を発掘調査した。その中に、東西方向に長軸をもち、墓道、羨道、玄室をもつ斜墓道の土洞墓を発掘した。玄室の東端には麻織物と漆皮の痕跡が残っていた。北壁寄りに木箱の腐った痕跡があり、こまごまとした車馬具や武器、容器などを副葬している。南壁寄りに帯鉤、銅印、鉄剣を身におび、銅鏡、鐸、鉄刀を頭寄りに随葬した男性ひとりの埋葬を復原できる（図６）。被葬者と副葬品の位置関係については、報告者と異なる意見である。

前に述べたように「湯死、家産直不過五百金、皆所得奉賜、無它贏。昆弟諸子欲厚葬湯、湯母曰『湯為天子大臣被悪言而死、何厚葬為』載以牛車、有棺而無槨」という記載が漢書列伝にある。

この墓は、素掘りの土洞墓で、木槨がなく木棺のみの簡素な構造である。また盗掘孔が羨道と奥壁の二箇所に穿たれているが、遺物の撹乱は少なく、副葬品もほぼ原位置を保っているように筆者にはみえる。幸いにも銅印二顆が玄室内で検出された。銅印二点は、いずれも長さ一、八㎝四方、厚さ〇、七㎝で、前漢時代の方寸印にあたる。両面に文字を陰刻し、ひとつには「張湯」「張君信印」の文字、他のひとつには「張湯」「臣湯」と彫り込まれている。この銅印や後述する武器、車馬具、銅帯鉤、石料などによって、罪をえて埋葬された張湯の墓と認定できる。

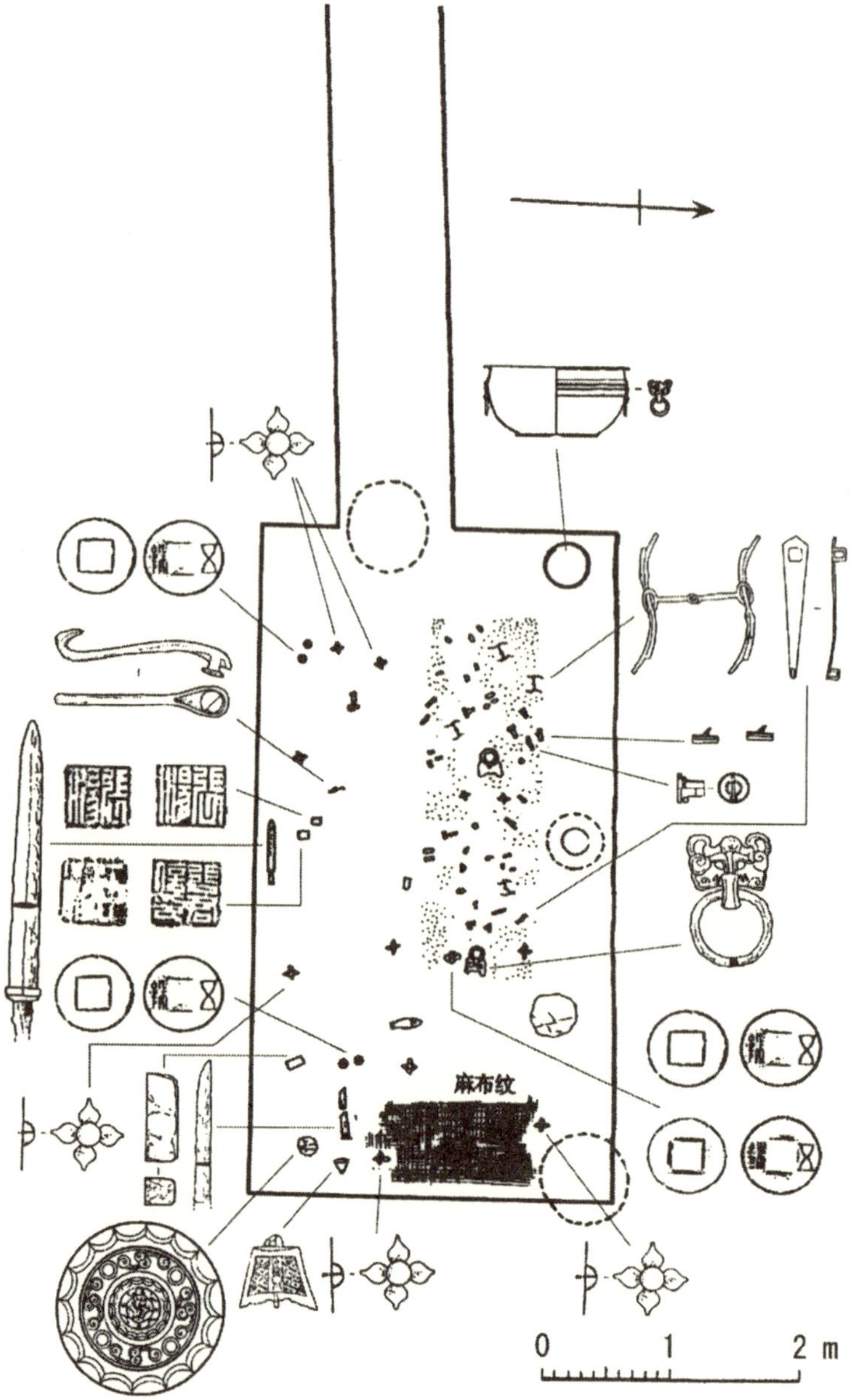

図6　張湯墓の遺物出土状況

北壁寄りには、鉄鋪首、青銅製四葉座金具などの棺金具、銅洗、銅容器残欠、青銅製の銜や馬面、車軸頭、蓋弓帽などの車馬具、弩などの武器が置かれている。これらの副葬品は、木箱の中に納められていたのであろう。

南壁寄りには、鉄剣、銅鐓、銅弩、銅帯鉤、銅印、石料、五銖銭などが長さ三m、幅一mほどの範囲内に置かれていた。頭寄りの東壁側一m四方の範囲内に、鉄刀、銅鏡、銅鈴などを、配置している。銅鏡は、連峰鈕の星雲紋鏡で、外縁に一六個の連弧紋を巡らしている。前漢武帝代に流行したモデルの鏡である。

五銖銭は、副葬の木箱東寄りで四枚、木棺の副葬区画の東よりで二枚、木棺内の西寄りで二枚、合計八枚が出土した。その内の一枚は銅銭に鍍金し、他の七枚は鋳造銅銭である。

張湯墓出土の五銖銭

鍍金五銖銭は、方穿の下に半月の突起がある記号銭である。他の七枚は、満城漢墓出土のⅣ型五銖銭と同じタイプに属している。上林三官での五銖銭の鋳造は、元鼎四（ＢＣ一一三）年に始まるため、張湯墓に上林三官五銖銭が副葬される余地はない。郡国五銖銭か赤仄五銖銭かのどちらかであるが、赤仄五銖銭の可能性が高い。

后暁栄によると、赤銅製で外郭を磨き端正な作りで漆黒色を呈すという。郭の幅は厚く広く均一で、文字は明確である。五字はゆるく曲がって交叉している。銭面には記号がなく、銭は軽いとしている。

いずれにしろ『龍首原漢墓』や『長安漢墓』、張湯墓など墓の出土資料、鋳銭址から出土する鋳型や笵模の紀年銘遺物、『鍾官鋳銭址』など、新出資料によって五銖銭の編年が再検討され、見直しが加えられつつある。

筆者は前述したように、かつて漢代の五銖銭を分類した論文「漢代五銖銭の研究」を発表したことがある。朝鮮半島出土の五銖銭を比定することに主眼があり、前漢から後漢までを含む長い時期の五銖銭を対象にした。しかし今となっては二〇年以上も古い資料に依拠しているため、改訂の必要が生じている。このため最近の出土資料を加えて再度五銖銭の分類と編年とを試みよう。

まだ成案を得るには至っていないが、郡国五銖銭と赤側五銖銭、三官五銖銭、昭帝五銖銭、宣帝五銖銭をそれぞれ分類した。郡国銭、三官銭、昭帝、宣帝の五銖銭は、いくつかの型式に細分できる可能性が高い。

張湯が関係して鋳造し始めた郡国五銖銭は、各国や郡で製造したためにバラエテイが多くばらつきがあり、型式にまとめるのが困難なほど多様性に富んでいる。これを改めて統一をはかる目的で創始されたのが赤側五銖銭なのであろう。このため赤側五銖銭は、先行する郡国五銖銭よりも形態が均一で重量も重く、字体も整一性が高い。

武帝の三官五銖銭は、赤側五銖銭を受け継いだタイプと、それとは異なる新しい字体をとったタイプに大きく分かれる。おそらく三官の官営工房ごとに特色をもたせながら、多量の五銖銭を鋳造させたと考えられる。

これをうけた昭帝の五銖銭は、両者をミックスして整った長く流麗な字体となっている点に特色がある。

宣帝の五銖銭は、ふたたび武帝代の三官五銖銭にちかいタイプが造られ、多様な型式を示している。

かつての論文で筆者が紀年銘のある鋳型から宣帝の神爵年間に鋳造されたと想定した穿上横文五銖銭は、そのご紀年銘のある五銖銭鋳型が出土して、もっと遡る事実が明らかになった。このため穿上横文五銖銭でもって宣帝の年代に当てることはできなくなった。

トルファン出土の五銖銭にも穿上横文五銖銭が存在するが、穿上横文のみで宣帝の年代に比定することは今や適切ではない。そこで本論のために五銖銭の再検討を始めたのだが、「日暮れて道遠し」の感をぬぐえず遅々として進まない。ともあれ現在の到達点である分類試案を提示して、批判を仰ぎたい（図7）。

Ⅲ　トルファン出土五銖銭の特徴と用途

交河故城溝北区一号台地一号墓陪塚m·j一号墓出土の五銖銭は、五や銖の字体からみて郡国五銖銭に相当する。伴出

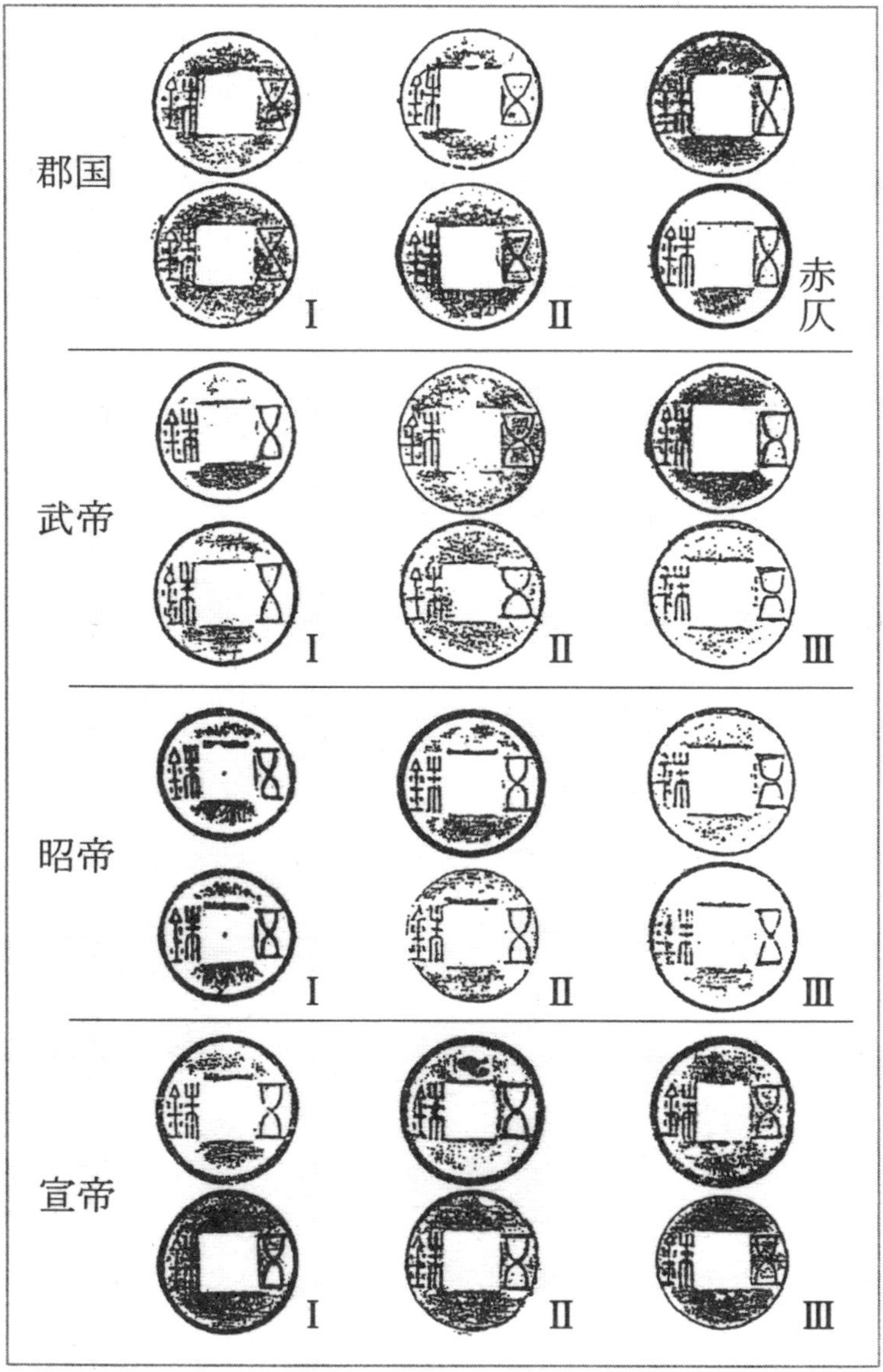

図7　五銖銭の分類と編年

した金製品や骨角器なども紀元前二〜三世紀ごろの特徴を備えている。

交河故城城南区JVI　五号墓出土の五銖銭は、五銖の文字が直線的で生硬な印象が強く、郡国五銖銭の特徴を備えている。一枚が穿上横文五銖の記号銭で、他の二枚は特に記号や特色のない五銖銭でいずれも郡国銭であろう。交河故城城南区JVI　一六号墓出土の五銖銭は、一枚が五の文字が直線的で、一枚が長く、一枚が五銖の文字が流麗である。二枚の郡国五銖銭と昭帝の三官五銖銭とにあたるのであろうと今は想定している。交河故城城南区JVI　一二号墓出土の五銖銭は、トルファン出土五銖銭の中で特徴のある一群である。五銖の字体は三枚が直線的かつ生硬で、のこる一枚は穿上横文五銖銭で流麗な感じをうける。三枚の郡国五銖銭と一枚の宣帝以降の五銖銭である可能性を捨てきれない。三枚の郡国五銖銭の穿には切込みがあり、六角形を呈している。こうした貨幣は花銭と呼ばれ、今まで後漢時代に下がる例が知られている。しかしこの遺構は、伴出した土器や竪穴土擴墓などの特色から、後漢時代まで年代が下降するとは考えにくい。やはり前漢時代に属する資料で、花銭の出現年代を遡らせ得る資料なのであろう。

このようにトルファン出土の五銖銭は、郡国五銖銭から昭帝の三官五銖銭（可能性としては宣帝代）までに該当するタイプで、多くは郡国五銖銭である。しかし前時期の半両銭を伴わず、次代の王莽銭を伴わない前漢時代の貨幣である点に間違いはない。

年代は郡国銭の上限である紀元前一一八年を遡ることなく、下限は王莽の新時代に下ることはない。多くは武帝時代の貨幣とみなし得よう。

上述のように時期を設定してよければ、武帝の対匈奴戦や西域開発にともなって齎された可能性が高いといえよう。伝来ルートは、長安から河西回廊を通じる基幹ルートで、時にはより北方の沙漠、オアシスルートや草原ルートを通じて、トルファンなど西域各地に運ばれたのであろう。

新疆出土の貨幣は、墓からの出土が多く、鏡や絹織物を伴っている。鏡や絹織物は当時の中国を代表する交易商品であり、東から西へと運ばれて行った。なかでも絹織物は西アジアをへて遠くギリシャ、ローマにまで運ばれた事実はよく知られている。また中国製の銅鏡もシベリアから中央アジアや西アジアにまで到達している。やはり交易商品としての広い販路を示している。それに比べると前漢時代の貨幣である五銖銭は、その分布圏は意外と狭く西は新疆域内に限定されている。この事実は、五銖銭が交易品ではなく貨幣として用いられ、その流通範囲は前漢勢力の及ぶ範囲内であった状況を明白に示すものであろう。

トルファン出土の五銖銭から、紀元前二世紀から紀元前一世紀の時代における車師前国と前漢王朝との交渉を垣間見ることが可能である。これら五銖銭の多くは、前漢武帝の西域開発によって齎され、現地の車師の人々によって使われたものであろう。

謝辞　本稿作成にあたって、中国社会科学院考古研究所の王巍所長ほか研究員の方々、西安市文物保護考古所の程林泉副所長をはじめ所員の皆様、共同研究チームの新疆文物考古研究所の皆さんに資料調査等で大変お世話になりました。また早稲田大学シルクロード調査研究所の皆さんには、つね日頃ご協力を戴いています。とくに今回の図版作成では、持田大輔ＣＯＥ助手の助力を得ました。皆様のご助力、ご協力に対して心から感謝いたします。

引用文献

新疆文物考古研究所一九九九年『交河故城』東方出版社。
新疆文物考古研究所二〇〇一年『交河溝西』新疆人民出版社。
洛陽区考古発掘隊一九五九年『洛陽焼溝漢墓』科学出版社。

中国社会科学院考古研究所一九八〇年『満城漢墓発掘報告』文物出版社。
岡内三眞一九八二年「漢代五銖銭の研究」『朝鮮学報』一〇二輯、朝鮮学会。
丁　福保『古銭大辞典』下巻、一九八二年、中華書局。
呉　栄曽一九九〇年「対漢武帝早期五銖銭的探討」『中国文物報』一九九〇-三。
蔣　若是一九八九年「郡国、赤仄与三官五銖銭之考古学験証」『文物』一九八九-四。
関　道夫一九九〇年「中山国劉勝墓五銖―郡国、赤仄、三官五銖諸問題」『中国銭幣』一九九〇-三。
戴　志強、周衛栄、欒祥禧一九九一年「満城漢墓出土五銖銭的成分検測」『中国銭幣』一九九一-二。
李　建麗、趙　衛平、陳麗鳳一九九一年「満城漢墓銭幣新探」『中国銭幣』一九九一-二。
蔣　若是一九九七年『秦漢銭幣研究』中華書局。
方　成軍二〇〇〇年「従満城漢墓探尋赤仄五銖銭」『華夏考古』二〇〇一-二。
后　暁栄二〇〇四年「赤仄五銖銭的考古新験証」『中国銭幣』二〇〇四-二。
西安市文物保護考古所二〇〇四年「西安市長安区西北政法学院西漢　張湯墓発掘簡報」『文物』二〇〇四-六。
西安市文物保護考古研究所一九九九年『西安龍首原漢墓』西北大学出版社。
西安市文物保護考古所ほか二〇〇四年『長安漢墓』陝西人民出版社。
西安文物保護修復センター二〇〇四年『漢鍾官鋳銭遺址』科学出版社。
中国銭幣雑誌編集部二〇〇五年『中国銭幣一九八三～二〇〇三』新華音像中心。

馬具からみた新疆ウイグル自治区の文化交流
―吐魯番盆地出土鑣轡の製作技術的検討を中心に―

中條　英樹

はじめに

新疆ウイグル自治区の地には、かつて『史記』や『漢書』にみられるように、農耕と牧畜をおこない弓矢をつくる車師（姑師）と呼ばれる人が居住していた。この地は、東西文化交流の交差する位置にあり、シルクロード研究において重要な位置を占めている。

車師人はかつて東部天山山脈の南北で広範囲に活動をおこなっていたが、近年、車師人の活動拠点であった吐魯番盆地の遺跡の様相が明らかになりつつある。

筆者は、東アジアにおける騎馬文化研究を主な課題とし取り組んでいるが、一九九九年に初めてこの地を訪れて以来、現地の遺跡の壮大さや遺物出土量の豊富さ、歴史的重要性に圧倒され続けてきた。

本稿では、現在把握できる紀元前後の馬具資料を検討し、この地の騎馬文化研究の基礎的研究をおこないたいと考える。

後述するように、現段階ではまだまだ資料的制約が大きく、馬具と言っても轡を主な検討対象とするが、最近の日本と韓国における研究に基づいてこの地の轡に製作技術的視点を導入し、各地の類例と比較することでその系譜関係を考察したい。これは新疆出土の馬具については検討されていない視点である。

資料の少ない現段階での作業ではあるが、馬具という遺物は本来、馬に着装して用いる道具でもある。したがって馬具を中心に新疆の文化交流を考えることは、馬と馬を扱う人間との関係を通じて形成された文化を考えることにもなり、研究の進展は当該地域文化の拡散・受容・変容等の歴史的変化を解明することにも繋がるであろう。

本稿では、以上の見通しを持って、現段階である程度詳細が明らかな馬具（特に轡）の製作技術を検討し、他地域との比較をおこなうことでその系譜関係を捉え、当該地域における馬具からみた歴史の一側面を考察することとしたい。

2. 新疆ウイグル自治区・吐魯番盆地出土の馬具

それでは、新疆ウイグル自治区出土馬具の性格を考察するにあたって、まず新疆ウイグル自治区において出土した馬具の概要を見ておこう。

騎乗の際に馬を制御する轡、馬上にて騎乗を安定させる鞍が多く認められる。出土量はおそらくかなりの数にのぼると思われるが、報告されているものは以外と少ない(1)。

後藤健は、かつて新疆ウイグル自治区の中でも吐魯番盆地周辺の遺跡から出土した金属製品をまとめ、馬具に関して「青銅製、鉄製のものがあるが」、「これらは新疆でも普遍的にみとめられるものである」と述べている（後藤二〇〇〇、二一三頁）。ただし、後藤がここで述べている馬具とは主に轡を構成する金属製（青銅製・鉄製）の馬具であり、実際に

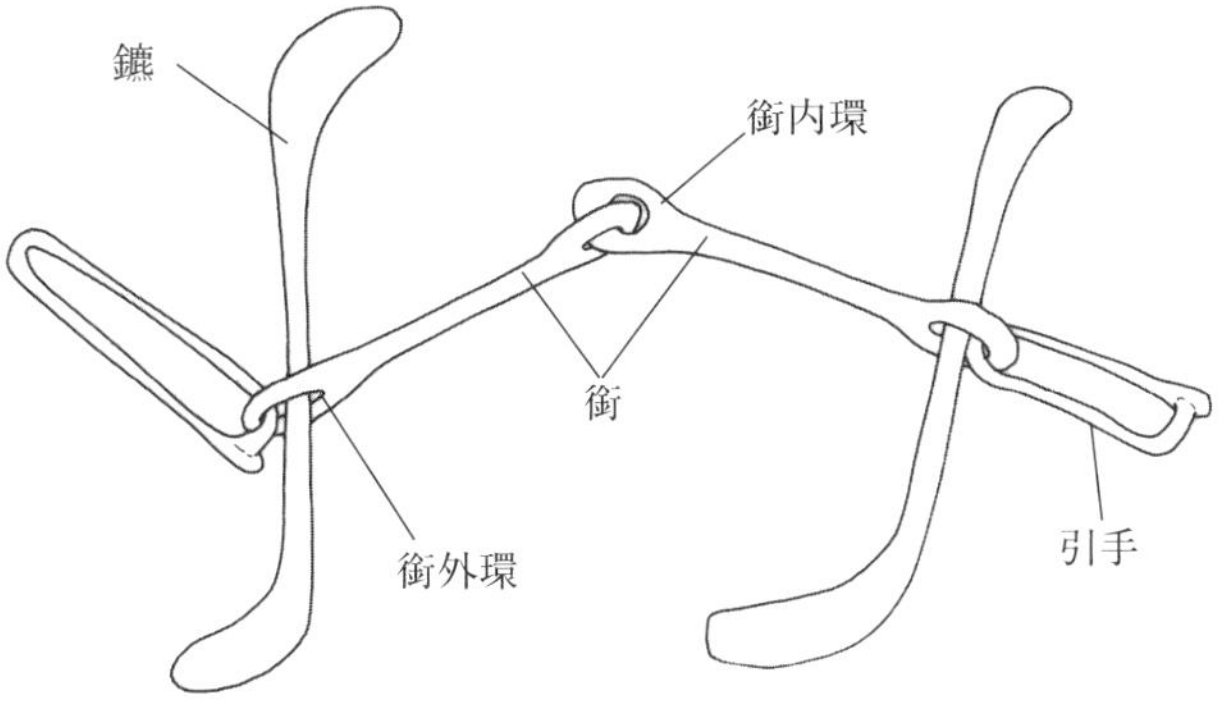

図1　鑣轡各部の名称

は、鄯善県の蘇貝希遺跡から皮革・木などの有機物で製作された鞍がほぼ旧状をとどめていると判断される状態で出土している（馬自樹一九九九　二八二頁など）。この蘇貝希遺跡からは後述するように木製の銜留（鑣）のほか、皮革・木で作られた鞭など有機物製の馬具の出土が確認されている。これらは、乾燥地帯というこの地域特有の土壌環境により良好に残存しているのであるが、特に鞍などは、残存状況が良い反面、内部の構造が詳細に検討されていない(2)。

以上のように、新疆ウイグル自治区出土の馬具については、おもに吐魯番盆地出土のものが知られる状況で、新疆全体の様相は良く分かっていない。蘇貝希遺跡出土の鞍や鞭にみられるように、有機物製の馬具もかなりの数出土していることが予想されるが、その集成・検討には未報告のものが多く制約がありすぎる。したがって、本稿においては、現在図面をともなって報告がなされかつ筆者が実見した鑣轡を中心に紹介したい。鑣轡の細部の名称に関しては図1をご参照いただきたい。

ヤールホト古墳群（図2―1・2）

一九九四年から一九九九年にかけて早稲田大学シルクロード調査隊・新疆文物考古研究所が共同で調査をおこなった古墳群で、現在のトルファン市から西方約一〇㎞の台地上に位置する。古墳群の東側には、車師前国の王都であった交河故城があり、古墳群の被葬者は交河故城で活躍した人々と考えられている。

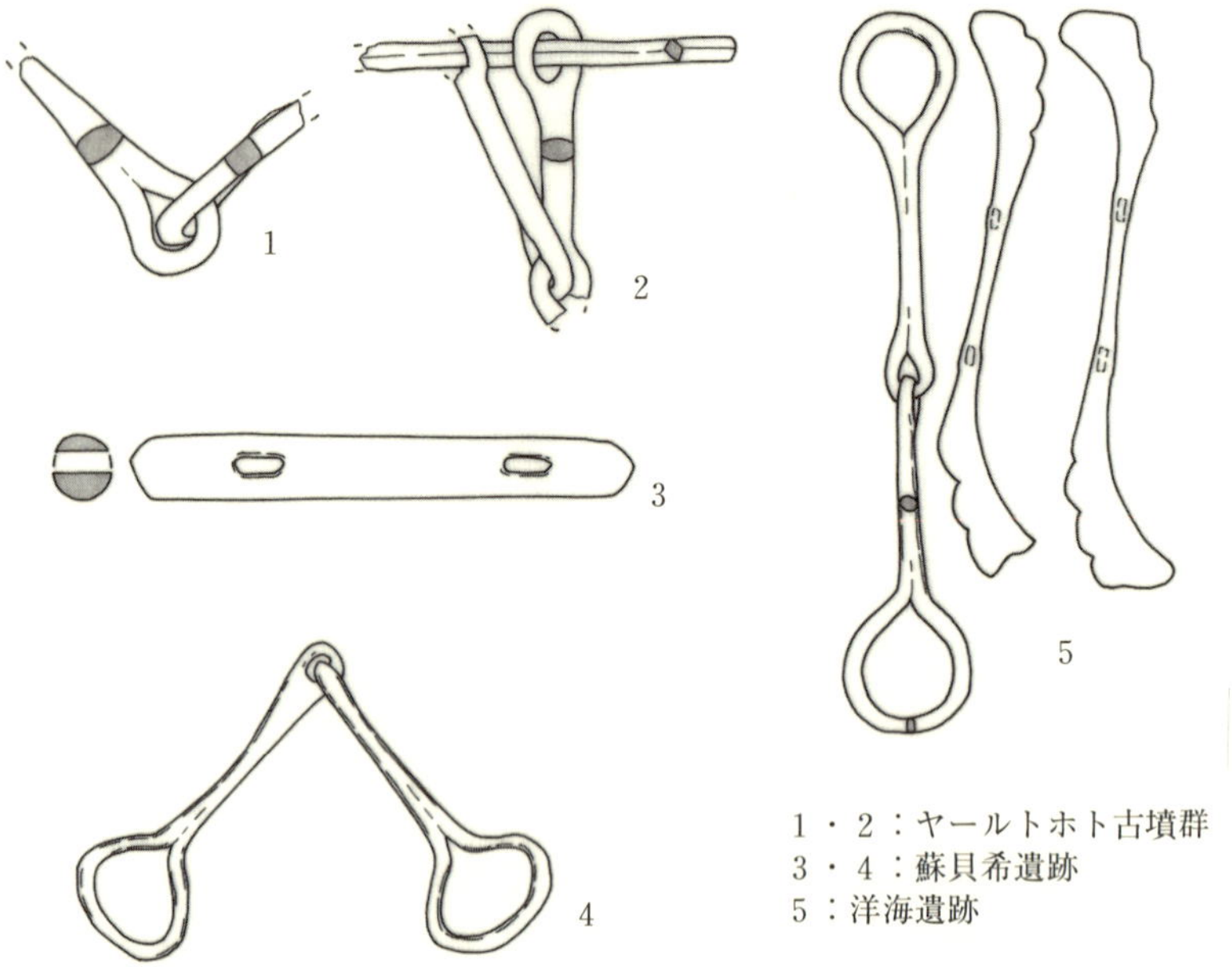

図2　新疆ウイグル自治区・吐魯番盆地出土の鑣轡（縮尺不同）

交河故城の周辺には四つの台地があり、ヤールホト古墳群はこれらの台地上に営まれる(3)。正確な出土状況、出土古墳番号が分からないが、鉄製轡の出土が二点報告されている。

一方は、銜内環のみが残存する二連式の銜である。左右が連結された状態で出土しており、左右の銜は一本の鉄棒を輪状に折り曲げて両端に環を作り出し、内環において左右を連結している。もともとは一本の鉄棒で作り出されている銜本体が、見かけ上二本の鉄棒が重なる状態であり、重なった鉄棒を鍛接して一本の銜本体としているのである。したがって、環内の形状が円形とならずに、一方がやや尖る「しずく状」になる。実際には、うっすらと銜本体に鍛接痕が観察できる（図2—1）。

もう一方は、銜内環から銜外環まで残存する二連式の銜で、一方の銜外環には鑣が差し込まれた状態で残っている。銜本体の製作技法は、先の銜と異なり、一本の鉄棒の両端を曲げて輪を作り出し連結の途中で鍛接して環を作るようである。そのため銜内外環ともに環内の形状は円形で「しずく状」にならない。鑣の材質は分からないが、ほぼ直線的な形状である。鑣には頭絡に繋がるような孔は見当たらない（図2—2）。

蘇貝希遺跡（図2—3・4）

一九八〇、一九八八、一九九二年と過去三回にわたって発掘された遺跡である。合計五二基の墓が調査されている。一号墓地と三号墓地の二箇所に分かれ、時期は主に早期と晩期に区分される。C一四年代測定法からは、紀元前一〇〇〇年から紀元前後と約一〇〇〇年の開きがあり、早期は前者、晩期は後者に相当すると考えられる（新疆文物考古研究所、新疆維吾尓自治区博物館　編　一九九七a、b）。

馬具は一号墓地中の晩期とされる墓から出土しており、先述した有機物製の鞍、鞭のほか、木製鑣が鉄製銜と伴って出土したようである。記述がなく詳細な数値は分からないが鉄製の銜は片側が約九・二㎝を測る二連式の銜である。銜のつくりは、一本の鉄棒を輪状にして両端に内・外環を作り出す技法である。そのため、ヤールホト古墳群出土の一方（図2—1）と同様に、銜外環の環内の形状が「しずく状」になる。銜内環の環内形状は「しずく状」ではなく円形になっており、おそらく一本の鉄棒の合わせ目が銜内環の付け根付近にあるためと考えられる(4)。

木製の鑣は直線的な形状で、長さ約一二㎝を測る。長楕円形の孔が二個穿たれており、この二孔に革紐等を通して頭絡に連結したと考えられる（図2—3）。

洋海遺跡（図2—5）

一九八八年に発掘された遺跡で、墓葬が八二基調査されている。そのうちの一基より、鉄製轡一式が出土している（新疆考古研究所　編　一九九五a）。新疆ウイグル自治区、トルファン盆地の墓葬から出土する轡としては、比較的残りが良く、重要な遺物である。

銜は全長二三cmを測る二連式で、報告にも掲載されているとおり、全体を鍛造して製作した轡である。銜は内外環ともに残存し、前述の蘇貝希遺跡出土例と同様に一本の鉄棒を輪状に曲げて内・外環を作り出すと同時に左右の銜を連結し、その後に鍛接して銜本体を作る技法で、銜外環の環内の形状が「しずく状」になる。銜内環の環内形状は蘇貝希遺跡例とは異なり、円形でなく「しずく状」になるように観察出来る。これは、一本の鉄棒で銜を製作することに変わりはないものの、鉄棒の両端の結節点が、蘇貝希遺跡例のように銜内環付け根付近ではなく、銜本体付近にあるためだと考えられる。

上記の銜と組み合う鑣は鉄製で、長さ約一七・七cmを測る。いわゆる「プロペラ形鑣」で、上下のプロペラ部の一方には三つの弧が表現されている。鑣の中心付近には2つの方形孔が穿たれている。蘇貝希遺跡の木製鑣と同様に頭絡に繋げるための孔と考えて良いだろう。

この洋海遺跡から出土した轡は、鉄製の鑣から判断して、北方ユーラシアや東アジア一帯に分布する鉄製プロペラ形鑣轡と考えて良い。鉄製プロペラ形鑣轡は、日本や韓半島でも類例がある轡でいくつかの重要な研究がなされている。新疆ウイグル自治区における他地域との交流関係を考察する上では、実に有益な情報を提供してくれる遺物である。

以上、新疆ウイグル自治区の中でも比較的馬具の様相が分かるトルファン盆地周辺の出土例を見てきた。現状ではその報告例から轡のみにその検討対象が偏っていることも否めない。しかし、本稿の冒頭で示したように、これまでに検討対象となっていなかった製作技術的視点は、馬具を当該地における文化交流を考える際の有力な資料として位置づけうるという点で、重要な作業であると考える。洋海遺跡出土例は残存状況が良好で、他の轡に比べて情報量が多い。そこで、次に洋海遺跡出土例を考察するために、これまでの日本や海外における鑣轡に関する研究史を紐解き、その上で洋海出土鑣轡の類例を取り上げたい。そして洋海遺跡出土例やその他の遺跡出土の鑣轡に関しても、考察を加えたい。

3. 鑣轡とその研究史

鑣轡とは

鑣とは、ハミエダとも読み、銜外環の環内に通すか、あるいは外側に接して馬の口内から銜が脱落するのを防ぐ機能をもつ。棒状・S字形・プロペラ形などの形状があり、鹿角・骨・木などの有機物製のほか、青銅・鉄などの金属製の鑣がある。その歴史は古く、紀元前4000年頃のウクライナ・デレイフカ遺跡では金属製銜の出現以前に鹿角製の鑣と考えられる遺物が出土している（川又一九九四　二二―二八頁）。金属製銜が出現したとされる紀元前二〇〇〇年頃以降も、銜の両端に多く認められる。

鑣は、棒状鏡板と呼ばれることもある。鏡板とは日本独自の用語であるが、銜の外側に付く板状の銜留で鑣と同様の機能を持つ。一般的に鑣と呼ばれるものの多くが板状ではなく棒状であることから、基本的な機能は同じであるが日本では鑣と鏡板を呼び分けている。

鑣をもつ轡は鑣轡と呼ばれ、一般的に簡素な轡とされている。日本列島や韓半島でも出土事例が多い。日本においては、馬具の導入期およそ古墳時代中期の古墳（五世紀頃）から出土しはじめるが、韓半島には前漢の半島経営（楽浪郡設置）などに伴って流入したと考えられる。

日本の馬具研究においては、金・銀・金銅などで飾った鏡板をもつ轡（飾り馬具）と対比させて、鑣轡を実用的な馬具と位置づけ、政治的、軍事的研究に用いられることもある。また、韓半島から日本列島に本格的に馬と馬具が伝わった初期に出土が集中することから、半島との交流研究に焦点をあてた研究も多い。韓国でも近年爆発的に増加した出土例から鑣轡に関する研究も多くおこなわれている。そのため、鄯善県洋海遺跡などの新疆ウイグル自治区出土の鑣轡について考察する上でも参考になることが多い。そこで、次に日本および韓国の鑣轡に関する研究史をまとめ、論点を整理したい。

鑣轡に関する研究史

鈴木治は韓半島出土の轡を論じる際に、鑣轡の一項を設けて、中国・韓国・日本などの東アジアのほか中央アジア、西アジアの類例を集成して検討した（鈴木一九五八）。鈴木の研究は、研究の最初期にあって、多くの類例を集成し検討を加えた点で評価できるが、当時の資料的制約もあって地域的な変遷観を論ずる段階にはいたっていない。

山本忠尚は黒海沿岸のスキタイ文化における鑣と銜の型式分類および、鑣・銜各型式の変遷を論じ、鑣・銜総体としての組み合わせで轡をみても変遷観に矛盾がないことを述べている（山本一九七二）。

伊藤秋男は、先の鈴木の研究を受けて韓半島三国古墳時代の鑣轡に焦点をあてて論じている（伊藤一九七四）。伊藤の研究は、この段階での韓国出土の鑣轡を集成し地域的な変遷観を加えている。また鑣轡の性格についても「実用的な轡」と位置づけるなど、今日の鑣轡研究の基礎を築いた点で評価できるだろう。中央アジアにおける類例との比較検討は今でも参考になる。

鈴木と伊藤の研究以降しばらく本格的な研究はなされなかったが、日本や韓国における出土例が増加するにつれて、鑣轡に関する研究が再び活発になる。

大谷猛は、鈴木、伊藤の研究を参考にしながら、日本出土の鑣轡の分類をおこない、馬装にまで言及している（大谷一九八五）。鑣と頭絡を連結する立聞金具に注目している点は現在の鑣轡研究にも重要な視点であり、評価できよう。

このような研究状況で日本出土の鑣轡をその系譜関係を視野に入れて考察したのが千賀久である。千賀の研究は、鑣轡だけでなく他の種類の轡、鐙など「初期の馬具」を総体的に検討した点で優れているが、高句麗・百済、新羅、加耶などの半島諸地域、日本列島というように地域別に集成・分類・比較した点でも東アジアにおける馬具研究史上画期的なものであった（千賀一九八五）。特に鑣轡の研究においては、後述するように近年の製作技術的な視点の先駆けと言えるだろう。

一方、韓国研究者においても、韓国内での急激な資料増加により、鑣轡を含めた馬具の研究が盛んになる。

申敬澈は韓半島南東部の加耶地域において出土した資料の編年をおこなった（申一九九四）。

申敬澈の研究は三国古墳時代の例を中心としていたが、その後、本稿とも大きく関わる研究として李尚律、金斗喆、諫早直人の研究がある。

李尚律は、原三国時代における半島南部出土の鑣轡について変遷観を示している（李一九九六）。この中で、この時期の中国や周辺諸地域から出土する鑣轡を漢式鑣轡と非漢式鑣轡とに分け半島出土鑣轡を非漢式鑣轡の流れを汲むものとして捉えている。

一方、金斗喆は、李尚律の分類を批判し、李が漢式鑣轡と非漢式鑣轡としたものをあわせてアルタイ系鑣轡として捉えている（金一九九八、二〇〇〇）。

近年では、鑣轡を重点的に研究している諫早直人が、銜の製作技術から韓半島における原三国時代や三国古墳時代の轡について論じている（諫早二〇〇五a、b）。諫早論文は、本稿でも重要な視点と考える轡の製作技術を中心に論じている点で非常に参考になる(5)。

この製作技術的視点は、馬具の製作技術差を地域差として捉えることができれば、系譜研究に大いに貢献することとなろう。

以上、ごく大まかではあるが、中央アジアならびに東アジア周辺出土の鑣轡に関する研究史に関して述べた。大局的にみれば、地域ごとの編年をめざすと同時に、轡細部の特徴や製作技術の相違から系譜関係を論じることに主眼が置かれ研究されてきた経緯が追える。

とくに近年の鑣轡の研究は、その系譜や性格を考える上で、製作技術的視点が一定の有効性をもつことが指摘できる。それでは、以下本稿で対象とする新疆ウイグル自治区の出土鑣轡の類例を挙げつつ、製作技術的視点をもって検討を加えることとする。

4. 新疆ウイグル自治区出土鑣轡の類例

第二章で詳述した、新疆出土鑣轡で共通する特徴としてあげられる点は、まず、銜の製作技術である。ヤールホト古墳群の一例をのぞき、三例（図2—1・4・5）が、一本の鉄棒を輪状に曲げて内・外環を作ると同時に連結し、その後鍛接して銜本体を作る技法である。銜外環の環内の形状が「しずく状」になることが特徴である。蘇貝希遺跡例と洋海遺跡例の銜内環の作りにやや違いが認められるが、これはおそらく一本の鉄棒の合わせ目（結節点）が銜本体にあるか内環の付け根付近にあるかの違いであり、一本の鉄棒を環状にする点では同じ技法である。(6)

鑣轡の銜部分の製作技術については、先に紹介した千賀論文（千賀一九八五）、諫早論文（二〇〇五a）を参考にすると、無捩り（捩りがないもの）、一條捩り、二條捩り、三條捩りがあるが、(7)新疆出土の三例の技法は、無捩り技法に含まれる。類例を探すと、韓国義城塔里古墳第五槨出土例（図3—1　三国古墳時代：金載元、尹武炳一九六二）や、中国吉林省楡樹老河深遺跡中層墳墓群例（図3—2　前漢後期から後漢初：吉林省文物考古研究所編一九八七）、モンゴル・ノイン・ウラ墳墓群（四・六・二九号墳）出土例（図3—3〜5　紀元前後：梅原一九六〇）、同・ホトゥギン・トルゴイ一号

墓出土例（図3─6　紀元後一世紀頃：国立中央博物館、몽골国立歴史博物館、몽골科学아카데미考古学研究所二〇〇三）が挙げられる。管見に触れる限りでは、中国東北地方・モンゴル・韓国と東アジア地域に多いようにも見受けられる。時期的には紀元前一世紀頃から紀元五世紀と幅がある。ただし、韓国の義城塔里古墳第五槨例を除くと、ほぼ紀元前後に位置づけられることは注意したい。また、楡樹老河深遺跡中層墳墓群例と義城塔里古墳第五槨例は、二條の引手を持つが、モンゴルの二例は引手を持たない点において、新疆出土例とより類似する。

次に洋海遺跡出土の鉄製鑣に着目したい。[8] この種の鑣は、すでに李尚律や諫早直人らによってプロペラ形鑣と呼称されている。[9] また、山本忠尚の研究にあるように早くから黒海周辺のスキタイ系鑣轡にも類例が認められることが確認されている（山本一九七二）。

プロペラ形鑣轡は、銜外環内に鑣を通し、鑣に穿たれた孔に皮紐等を通して頭絡に連結する。孔の数に違いがあり、一孔から二孔までが多く確認できる。各々一孔式鑣・二孔式鑣と呼ばれている（李一九九六、諫早二〇〇五b）。洋海遺跡例は二孔式鑣であるが、図面を見ると他の二孔式とは違い、中心部が肥厚せず、板状の鑣の中心付近に二孔が穿たれているようである。[10] また、洋海出土例の鑣は上下のプロペラ部の一方に三つの弧が表現されているのに対して、韓国出土例で弧が表現されている例は見当たらない。一方、中国寧夏の彭陽県蒐麻村で一基の墓からプロペラ部に弧が表現された鑣が計5点出土している（楊寧国、祁悦章一九九九）。時期は戦国時代初期とされている。蒐麻村出土の鑣は青銅製であり材質に違いがあるが、二孔式、プロペラ部に弧を持つ点で洋海遺跡例と類似している点が注目される（図4）。

李尚律、諫早の原三国時代韓国出土鉄製鑣轡の編年観によれば、二孔式プロペラ形鑣→二孔式蕨状装飾付S字形鑣→一孔式蕨状装飾付S字形鑣と変遷していくとされる。さらに金斗喆が指摘するように、二孔式の鑣は漢代以前のユーラ

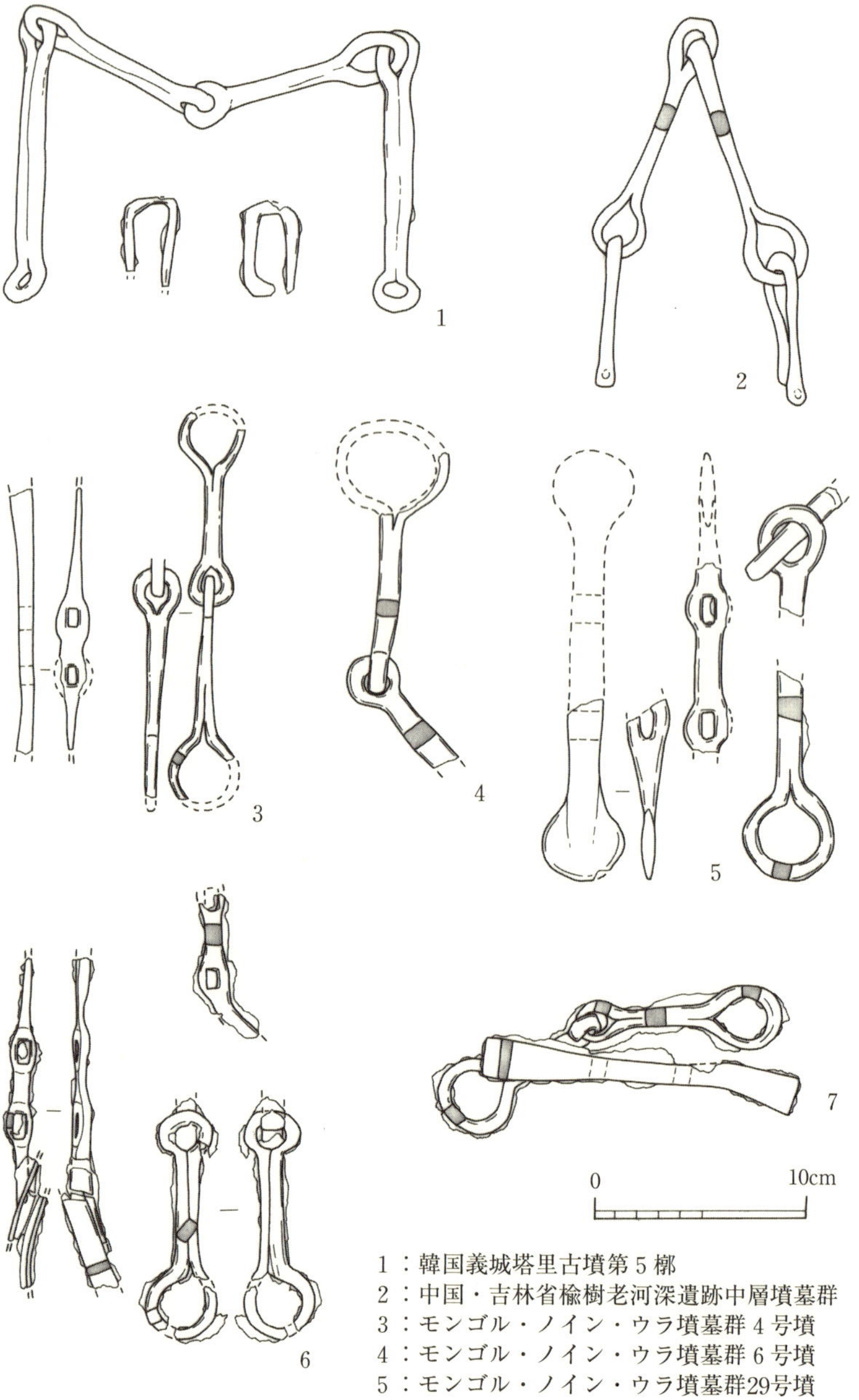

1：韓国義城塔里古墳第５槨
2：中国・吉林省楡樹老河深遺跡中層墳墓群
3：モンゴル・ノイン・ウラ墳墓群４号墳
4：モンゴル・ノイン・ウラ墳墓群６号墳
5：モンゴル・ノイン・ウラ墳墓群29号墳
6・7：モンゴル・ホトゥギン・トルゴイ１号墳

図３　吐魯番盆地出土鑣轡の類例（S＝1/4）

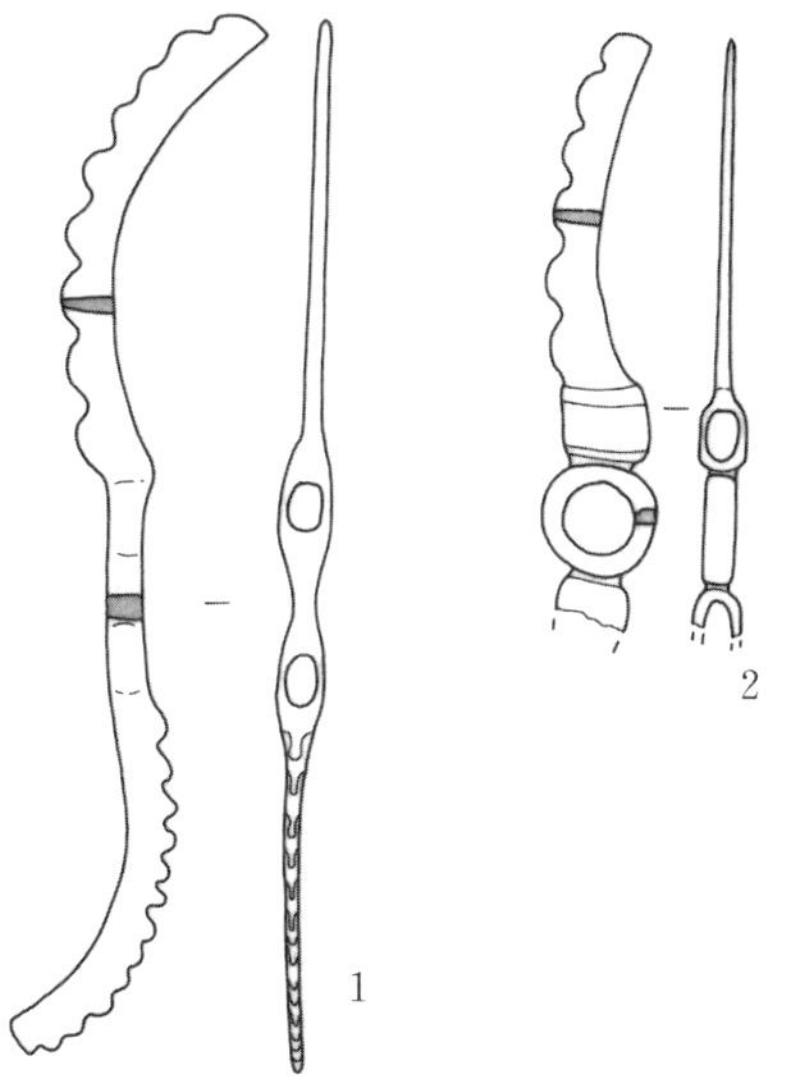

図４　中国・寧夏彭陽県蒐麻村出土の鑣（縮尺不同）

シア草原一帯や中国に一般的に認められる形態である（金一九九一　四〇頁）。

以上の鑣に関する先学の所見を通して考えると、この種の轡は漢代以前から紀元後三世紀頃の時期にかけて、地域的にはユーラシア草原地帯および中国に広く分布すると言えるだろう。

しかし、新疆出土の鑣轡との関連に限定するならば、銜からみればモンゴルや中国、鑣についても寧夏の彭陽県蒐麻村出土例のようにプロペラ部に弧の表現がある例により近いと考える。

以上を踏まえて、次に洋海遺跡出土例を中心に新疆ウイグル自治区出土の轡について、その性格と意義を考えてみたい。

5．洋海遺跡出土鉄製プロペラ形鑣轡の性格とその意義

金斗喆が指摘するように（金一九九一）、一個の轡は銜・鑣・引手などの各部品から構成されており、それらの部品を属性として抽出し、諸属性の総体として轡を理解したいと考える。

このような観点に耐え得る新疆出土の轡は、再三述べたように、洋海遺跡出土の鉄製プロペラ形鑣轡である。先に洋海出土例を中心に新疆出土轡の類例を検討したが、その結果、無捩り銜で、かつ一本の鉄棒を輪状に曲げて内・外環を作ると同時に連結しその後に鍛接して銜本体を製作する技法の轡は、広範囲に類例が認められるが、引手を持たないという点でモンゴル・ノイン・ウラ墳墓群、モンゴル・ホトゥギン・トルゴイ一号墓の各出土例が特に類似すると述べた。鑣に関してみると、プロペラ形鑣轡は、広く黒海周辺から中央アジア、韓半島まで分布するが、特に中国寧夏の彭陽県蒐麻村でプロペラ部に弧が表現された鑣が計五点も出土しており洋海遺跡出土例に類似していることを述べた。

これらの洋海遺跡出土例に特に類似する遺跡は、北方騎馬民族的な文化要素をもつ古墳として知られており、モンゴルの遺跡二例は、匈奴の墳墓群とされ（梅原一九六〇、国立中央博物館、몽골国立歴史博物館、몽골科学아카데미考古学研究所二〇〇三）、中国寧夏の彭陽県蒐麻村例も北方西戎民族の所産であると考えられている（楊寧国、祁悦章　一九九九）。

諫早直人も韓半島の鑣轡の変遷を考察する際に半島周辺の鉄製鑣轡を検討して、製作地を明言していないものの銜の「両環部が滴状をなす」轡を三国時代の鑣轡とは区別して考える必要性を説く（諫早二〇〇五b　一五頁）。

先の銜の製作技法が類似するモンゴルの二遺跡では、ノイン・ウラ二九号墳の両端が丸い扁平形になる鑣、ホトゥギン・トルゴイ一号墓の長方形を呈する鑣と違いがあるが、諫早が述べるように、紀元前五一年に匈奴が東西に分裂した後は、馬具製作に関して漢の影響を受けている可能性を考える必要もあろう（諫早二〇〇五b　一八頁　註58）。モンゴルの二遺跡例と中国寧夏彭陽県蒐麻村例では、その予測される出自が異なるが、西戎は古代中国の西方にいた遊牧騎馬民族を指し、匈奴とも関係が深いと考えられる。

洋海遺跡例をはじめとして、蘇貝希遺跡例、ヤールホト古墳群例も、およそ春秋戦国から前漢代にかけての遺跡である。他の遺物も含めて考古資料の詳細な編年は今後の大きな課題であるが、本稿冒頭でも触れたとおり、当時の新疆ウイグル自治区には吐魯番盆地を活動の拠点とする車師（姑師）人がいた。その北方には匈奴が強大な勢力を持って存在しており、吐魯番盆地は交通路や食料調達という点で匈奴の西域進出のための重要な地であった。前漢王朝武帝の治世には五度にわたって匈奴との激しい勢力争いが西域でおこなわれている。

このように、吐魯番盆地における馬具（銜の製作技術や鑣の形態）や当時の政治状況や戦乱に着目するならば、現段階では上記の歴史的背景をもって吐魯番盆地に匈奴をはじめとした北方遊牧騎馬民族系の馬具が流入してきたと考えたい。また、この地には単騎で騎乗するための馬具が確認されるのみで、現状では明確な車馬具の存在は確認できない。この地の文化要素の一つとして、注意しておく必要があろう。

6. おわりに

本稿では、新疆ウイグル自治区の中でも紀元前後に車師人がその拠点とした吐魯番盆地から出土した馬具に焦点をあて、その性格解明のために考察をおこなった。未だ詳細が明らかな資料が少ないため、十分とは言えない状況ではあるが、銜の製作技術的検討や鑣の形態などの諸属性の組み合わせから吐魯番盆地出土の馬具の性格の一端を論ずることは出来たと考えている。ただし、本来は吐魯番盆地における馬具の型式学的編年を組み、その上で他地域との比較検討をおこなうべきであることは言うまでもない。

また、この地の歴史や文化形成を明らかにするためには、轡という一種類の考古遺物からのみでは十分でないことも当然である。考古資料、特に遺物は移動するものであり、その系譜関係の解明のみでは、現在この地で問題になっている民族の歴史を再構成することは困難である。この大きな課題を常に意識しながら、研究に取り組む姿勢が問われるだろう。

謝辞

新疆ウイグル自治区の遺跡や出土馬具に関しては、一九九九年以来数度にわたって、現地踏査および遺物観察をする機会を得ている。新疆文物考古研究所をはじめとした関係諸機関ならびに、現地での調査指導にあたられている早稲田大学の岡内三眞先生、ならびに早稲田大学考古学研究室の諸氏に記して感謝申し上げます。

本稿は、早稲田大学會津八一記念博物館二〇〇六年度オープン・リサーチセンター整備事業および、平成一八年度文部科学省科学研究費若手研究（B）『中国西域およびアジア東辺地域出土馬具の比較研究』（課題番号：一八七二〇二一六）の研究成果の一部である。

註

（1）筆者は一九九九年から二〇〇五年にわたって数回、新疆ウイグル自治区を訪れているが、その際、資料館等の展示施設内において出土地不詳や遺跡名があっても報告がなされていない馬具をかなりの数、確認している。

（2）蘇貝希遺跡出土の有機質製鞍は、新疆文物考古学研究所に保管されているもので、青銅器時代から初期鉄器時代のものとされる。詳細な観察・記述はないものの、居木の上に何層か皮革を敷き、「釘状の皮釦」で全体を固定する構造をもつようである。また、鞍の前後（居木先）には骨製の鞍が確認できる。さらに、鞍の中間には鞍を馬に取り付ける際の腹帯を持つ。

東アジアに普遍的に見られる鞍の構造と考えられ、日本・韓国出土鞍の構造を考える上でも興味深い。

（3）台地の呼称は様々であるが、交河故城の発掘調査報告書にしたがって、北から一号台地・二号台地・三号台地・四号台地と呼ぶ。

（4）観察が困難であったため、本来は「しずく状」を呈していた可能性も残る。

（5）筆者もかつて、共同で三国古墳時代の鑣轡に関して、製作技術的視点をもって論じたことがある（成、中條、権、諫早二〇〇六）。対象とする地域・時期が異なるが、本稿でも製作技術的視点を重要とすることに変わりはない。

（6）註4に同じ。

（7）銜の捩りに関しては、諫早が述べているように、千賀久の研究をはじめ諫早論文以前は三條捩りを二條捩りと誤認していたことは確かである。ただし、銜の捩り技法に着目した点においては千賀の功績は非常に大きい。なお、金属製銜の捩りについて何故わざわざ捩るのかという議論がある。①馬の制御、②製作技術上の利点、③装飾性、④有機物製銜のルジメントなどいくつかの理由が考えられるが、いずれも一つの理由のみでは説明できない。

（8）ヤールホト古墳群出土例の棒状鑣は、かなり普遍的に存在しているようであり、また、材質不明のため、今回は比較検討の対象とはしなかった。

（9）金属製鑣には、プロペラ形以外にも、S字形、長方形、蕨手装飾付S字形などがある（諫早二〇〇五b）。

（10）筆者の観察所見では、鑣中央の二孔付近が破損のため明確ではないため、他の例と同様にプロペラ部の面と直行方向に孔があいていると考えたい。

参考文献

（日本語文献　五十音順）

秋山進午　一九六四「楽浪前期の車馬具」『日本考古学の諸問題　考古学研究会十周年記念論文集』二六九―二八六頁　河出書房新社

諫早直人　二〇〇五a「朝鮮半島南部三国時代における轡製作技術の展開」『古文化談叢』第五四集　一〇九―一三八頁

九州古文化研究会
諫早直人　二〇〇五b「原三国時代における鉄製轡製作技術の特質」『朝鮮古代研究』第六号　二一―二〇頁　朝鮮古代研究刊行会
伊藤秋男　一九七四「韓国における三国時代の鑣轡について」『韓』第三巻第一号　七七―九五頁　韓国研究院
臼杵　勲　一九九五「モンゴルの匈奴墓」『奈良国立文化財研究所創立四〇周年記念論文集　文化財論叢』Ⅱ　七七三―七九三頁　同朋社出版
梅原末治　一九六〇『蒙古ノイン・ウラ発見の遺物』東洋文庫論叢第二十七冊
大谷　猛　一九八五「日本出土の「鑣轡」について」『論集　日本原史』五八五―六〇四頁　吉川弘文館
川又正智　一九九四『ウマ駆ける古代アジア』講談社選書メチエ一一　講談社
後藤　健　二〇〇〇「5．吐魯番盆地における車師前国時代の墓葬」『シルクロード学研究紀要』vol.一〇　一八二―二一四頁　（財）なら・シルクロード博記念国際交流財団・シルクロード学研究センター
鈴木　治　一九五八「朝鮮半島出土の轡について」『朝鮮学報』第十三輯　七三―一一七頁　朝鮮学会
千賀　久　一九八八「日本出土初期馬具の系譜」『橿原考古学研究所論集』第九　一七―六七頁　吉川弘文館
山本忠尚　一九七二「スキタイ式轡の系譜」『史林』第五十五巻第五号　七七―一〇四頁　史学研究会

（中国語文献　年代順）
吉林省文物考古研究所　編　一九八七『楡樹老河深』文物出版社
新疆考古研究所　編　一九九五a「鄯善県洋海、達浪坎児古墓群清理簡報」『新疆文物考古新収穫（一九七九―一九八九）』一八六―一九三頁　新疆人民出版社（原典：『新疆文物』一九八九年四期）

新疆考古研究所　編　一九九五b「鄯善県蘇貝希考古調査」『新疆文物考古新収穫（一九七九―一九八九）』一九四―一九八頁　新疆人民出版社（原典：『考古与文物』一九八三年二期）
新疆文物考古研究所、新疆維吾尔自治区博物館　編　一九九七a「鄯善県蘇貝希墓群一号墓地発掘簡報」『新疆文物考古新収穫（続）一九九〇―一九九六』一三八―一四九頁　新疆美術撮影出版社（原典：新疆文物考古研究所・吐魯番地区文管所一九九三『新疆文物』一九九三年四期）
新疆文物考古研究所、新疆維吾尔自治区博物館　編　一九九七b「鄯善県蘇貝希墓群三号墓地」『新疆文物考古新収穫（続）一九九〇―一九九六』一五〇―一七〇頁　新疆美術撮影出版社（原典：新疆文物考古研究所・吐魯番地区文管所一九九六『新疆文物』一九九六年三期）
楊　寧国、祁　悦章　一九九九「寧夏彭陽県近年出土的北方系青銅器」『考古』一九九九年第一二期　二八―三七頁　中国社会科学院考古研究所
馬　自樹　主編　一九九九『中国辺疆民族地区　文物集萃』上海辞書出版社
楊　建華　二〇〇四『春秋戦国時期中国北方文化帯的形成』文物出版社

（韓国語文献　年代順）

金　載元、尹　武炳　一九六二『義城塔里古墳』国立博物館古蹟調査報告第三冊　国立博物館
金　斗喆　一九九一『三国時代　轡의 研究―轡의系統研究를中心으로―』慶北大学校大学院碩士学位論文　慶北大学校大学院
申　敬澈　一九九四「加耶初期馬具에 대하여」『釜大史学』第一八輯　釜山大学校史学会
李　尚律　一九九六「三国時代의 鑣轡에 대하여―嶺南地方 出土品의系統을中心으로―」『碩晤尹容鎭教授停年退任記念論

叢』一七三―一九五頁　同刊行会
金斗喆　一九九八「前期加耶 의 馬具」『加耶史論集1　加耶 의 古代日本』一―二五頁　金海市
金　斗喆　二〇〇〇『韓国古代馬具 의 研究』文学博士学位論文　東義大学校大学院史学科
国立中央博物館、몽골国立歴史博物館、몽골科学아카데미考古学研究所二〇〇三『몽골　호드긴　톨고이　흉노　무덤』
成正鏞、中條英樹、権度希、諫早直人　二〇〇六「百済馬具再報（1）―清州新鳳洞古墳群出土馬具―」『先史와古代』二四　三一九―三三五頁　韓国古代学会

図版出展一覧

図1　吉林省文物考古研究所編一九八七の図をもとに筆者作図。
図2
　1・2：後藤二〇〇〇。3・4：新疆文物考古研究所、新疆維吾尔自治区博物館編一九九七a。5：新疆考古研究所編一九九五aを改変再トレース。
図3
1：金載元、尹武炳一九六二。2：吉林省文物考古研究所編一九八七。3〜5：梅原末治一九六〇。6：国立中央博物館、몽골国立歴史博物館、몽골科学아카데미考古学研究所二〇〇三を改変再トレース。
図4：楊寧国、祁悦章一九九九を改変再トレース。

トルファンにおける中原系墓制の伝播と変遷

持田大輔

はじめに

トルファンは、中華人民共和国の西北地域、新疆ウイグル自治区中央に横たわる天山山脈東部の南麓に位置する（図1）。トルファンの大部分は海抜零メートル以下で、夏期には日中気温四〇度あまりの灼熱の地となる。ちょうど天山山脈の切れ目にあたり、河西回廊とタリム盆地、ジュンガル盆地の結節点となる。古くから重要拠点として栄えてきたと同時に、この地をめぐる攻防が繰り広げられてきた。

記録によると前漢代には車師前国ほか六カ国に分かれていたが、紀元前一世紀に前漢王朝による屯田「高昌壁」が設置され、戊己校尉が駐屯し、漢人の殖民が開始された。車師前国は、現在の交河故城（ヤールホト）の地に都を置き、漢の屯田は現在の高昌故城（カラホージャ）の地に築かれていた。

その後、三二六年には、涼州（現在の甘粛省）を本拠地とする前涼の張駿により高昌郡が設置され、前涼—後涼—西

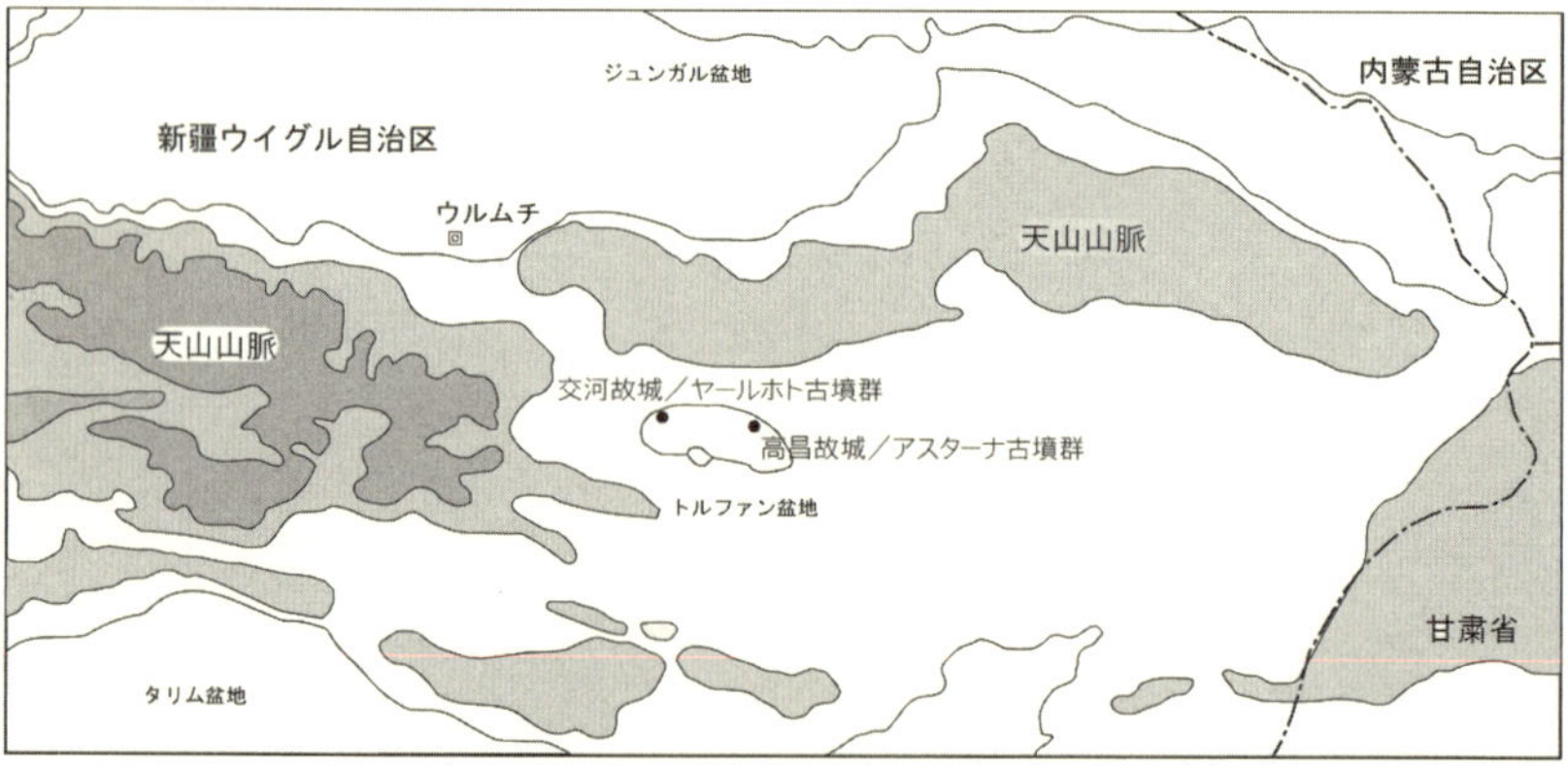

図1　トルファンとその周辺

涼―北涼と中原文化の色濃い国々に高昌郡は継承されてきた。前漢代以来、トルファンの地は在地の車師前国と漢人系の両勢力が並立してきたが、四五〇年にいたり、北魏に滅ぼされた北涼王族、沮渠無諱が高昌郡へ逃れて車師国を滅ぼし、高昌国を建国する。しかし沮渠氏の高昌国は長く続かず、モンゴル高原を本拠地とする遊牧民族の柔然が沮渠無諱の死後、弟の安周を殺害し、替わって闞伯周を王に立てた。これ以降も柔然、高車など北方遊牧民族の影響下、張氏・馬氏など漢人系の王が交代し、四九八年に漢人の麹嘉が国人に推されて高昌王となり麹氏高昌国が成立するに至って、王統が安定する。

この麹氏高昌国は百四十年あまり存続するが、六四〇年に唐が高昌国に侵攻し滅亡する。唐はトルファンに安西都護府を設置して、西域経営の拠点とした。しかし、九世紀以降は唐が衰退し、八世紀半ばに成立した遊牧ウイグル帝国の侵入によりこの地の漢人勢力は駆逐される。以上がトルファンの地を巡る歴史の概略である。

このように、トルファンは漢人勢力や北方系民族の各勢力が入り交じり、また、東西交渉の影響を絶えず受けながら、独特の文化を育んできた。そのなかでも中原からの影響を、特に墓制の変遷から概観するのが本稿の趣旨である。

さて、トルファン地域には、アスターナ古墳群とヤールホト古墳群の二大墓域がある。前者は高昌故城の、後者は交河故城の周辺に位置し、故城を中心に生活した人々の奥津城である。これらの墓域には大別して二種の墓制が存在することが知られている。一つは竪穴土壙墓であり、もう一つは斜坡墓道墓である。

竪穴土壙墓は、主に車師系の墓である。前述の通り、車師前国は前漢代以降、高昌郡の並立期間を経て、五世紀半ばの高昌国建国まで続く。車師前国の中心地であった交河故城の周辺に広がるヤールホト古墳群では高昌国時代や唐代の墳墓に混じり、漢代の遺物を伴う竪穴土壙墓が検出されている(1)。

もう一方の斜坡墓道墓は、地下の墓室へと続く長い傾斜墓道を備えた地下式横穴墓である。この斜坡墓道墓は後漢末にはその萌芽がみられ、三国・南北朝を経て主流となる中原系の墓制である。トルファン地域では後述するように、アスターナ古墳群で三八四年銘の墓誌が出土している例が見られることから、高昌郡時代から造営され、唐代まで続いていた墓制だったことがわかる。つまり漢人系の勢力の台頭と共にトルファンの地に出現した墓制と考えられる。

各時期における斜坡墓道墓

斜坡墓道墓は四世紀代から八世紀まで四百年あまり存続することが確認されている。以下、アスターナ古墳群、ヤールホト古墳群の斜坡墓道墓を取り上げ、その変遷について概観していく。ひとまず史書にみえる時代区分に基づいて、代表的な墓制を紹介する。

高昌郡期（図2）

高昌郡期の墓は、前漢代以来の拠点であった高昌故城周辺のアスターナ古墳群に造営されている。明確な年代が判明

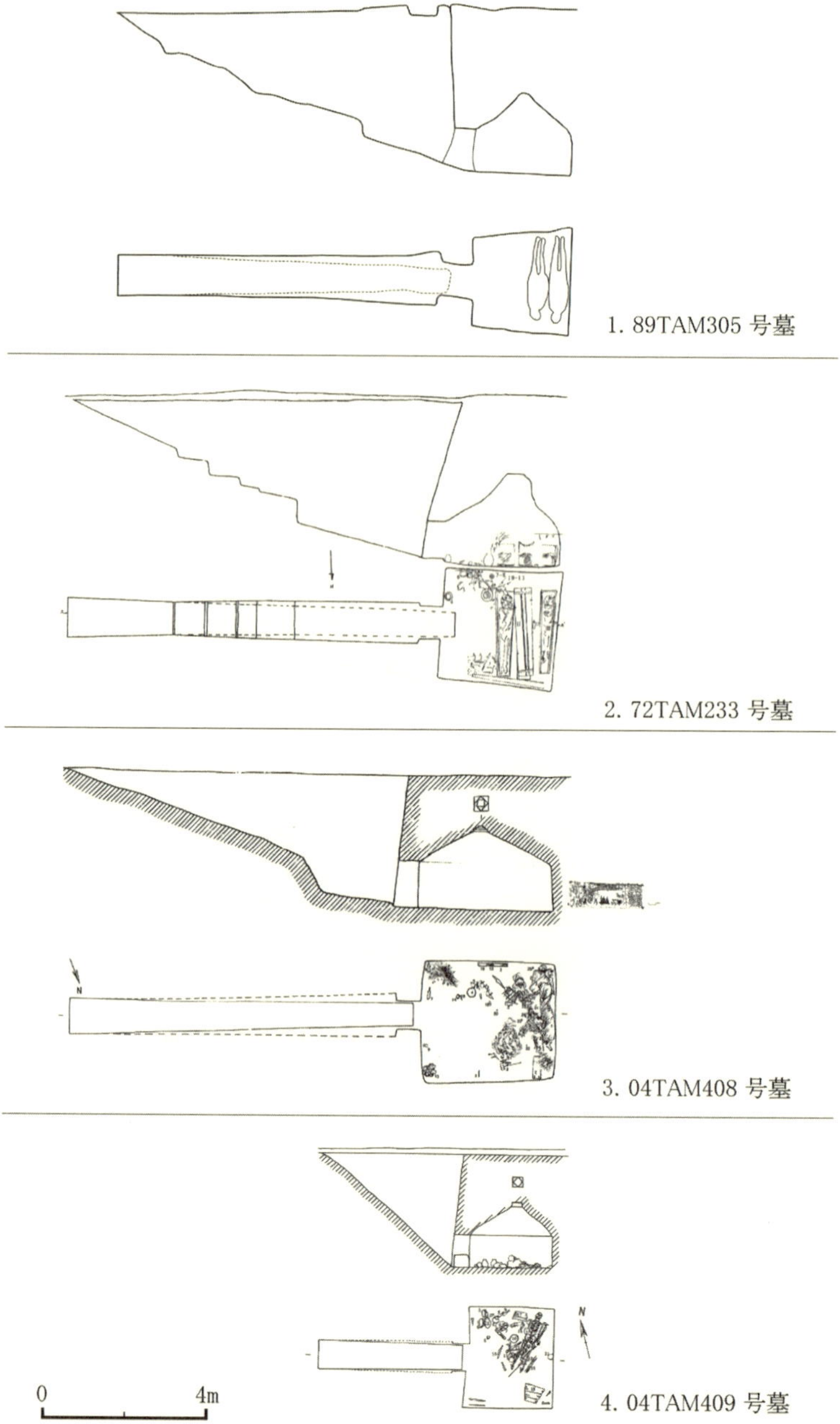
1. 89TAM305 号墓
2. 72TAM233 号墓
3. 04TAM408 号墓
0
4m
4. 04TAM409 号墓

図 2　高昌郡期の墓制

している墓としては、八九TAM三〇五号墓(2)をあげることができる。三八四年銘墓誌を出土したこの三〇五号墓は、四段で形成される斜坡墓道を備える。墓室は墓道側が短辺となる正方形に近い平面台形のプランで、天井は錐形を呈している。遺体は木棺に納められ、奥壁寄りに墓道に直交して並べられていた。同様の形制を持つ墓として、七二TAM二三三墓(墓道長約一〇メートル)(3)や〇四TAM四〇八号墓(墓道長約一二・二メートル)(4)をあげることができる。

先の三例と同様に、錐形天井を採用した〇四TAM四〇九号墓(5)は比較的急傾斜で無段の斜坡墓道を備えている点で、前述の三基の墓とは異なるが、これも高昌郡の時期と見なして良いだろう。

諸氏高昌国期(図3)

麹氏高昌国が建国されるまでの沮渠・張・馬の諸氏による王朝時代の五〇年間をまとめて、諸氏高昌国期とする。四五〇年に建国された沮渠氏の高昌国期で年代が明らかになっているのは、北涼の承平一三(四五五)年銘墓碑を伴う七二TAM一七七号墓(6)である。この一七七号墓の墓は、墓誌銘文から北涼王の沮渠氏に連なる高官の沮渠封戴が墓主で、アスターナ古墳群内でも大規模な墓のひとつに数えられる。墓道長は約二〇メートルで、墓室の手前に甬道と左右に壁龕を備えている。墓室の平面プランは、奥壁側が長辺となる長方形で、天井は穹窿形(かまぼこ形)になる。

他に沮渠氏の高昌国期の墓は七九TAM三八三号墓(7)がある。出土した帛書から承平一六(四五八)年に没した北涼王沮渠蒙遜の夫人である彭氏の墓とわかる。約一〇メートルの墓道に、奥行き二・七メートル、奥壁側二・九メートル、墓門側二・五メートルの平面ほぼ正方形に近い台形状の墓室を備える。この点は、先の高昌郡期の形態と同じであるが、墓室天井が低い平形天井である点が異なる。また、奥壁に沿って幅一・二メートル、高さ〇・一メートルの土台がもうけられ、墓道中軸線に直交して遺体が配置されていた。

麹氏高昌国期（図4）

麹氏高昌国の拠点は前代に引き続き高昌故城におかれるが、車師前国の都が置かれていた交河故城も重要拠点として使用され、ヤールホト古墳群に中原系の墓制が出現する。ヤールホト古墳群は前漢代からの車師前国の墓地であったが、高昌国が建てられた後も墓が営まれ、その数は数千基にものぼる。一九九〇年代に継続して行われた新疆文物考古研究所と早稲田大学との合同調査により、その一部が明らかになっている。この調査で明らかになった墓で、墓誌を伴う墓を挙げよう(8)。

EⅣ-二-D号墓は、墓道長八・一メートル、墓室は奥行き三・六メートル、幅三・五メートル、高さ一・一メートルのやや西側へ振れる平行四辺形で、平天井を採用する。遺体は二体とも奥壁側に墓道に直交して安置されていた。墓道入り口脇の小龕内

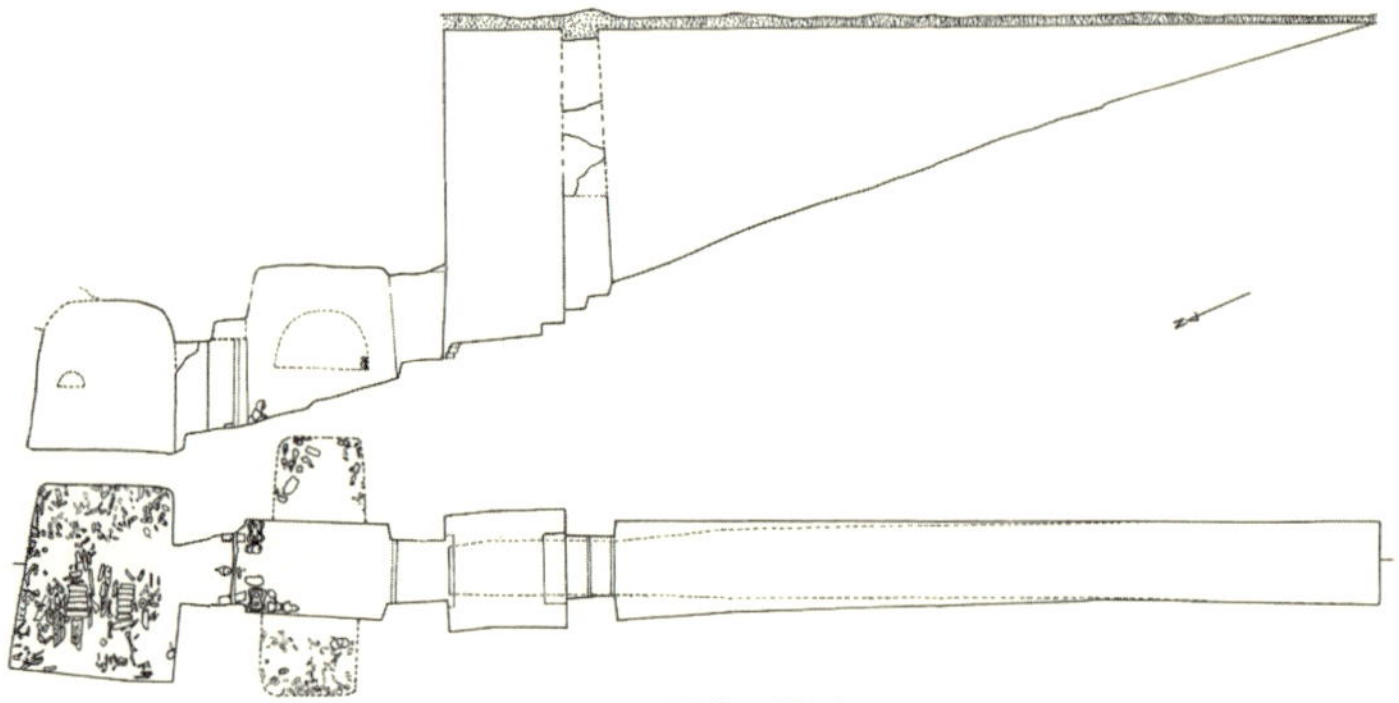

1. 72TAM177 号墓（沮渠封戴墓）

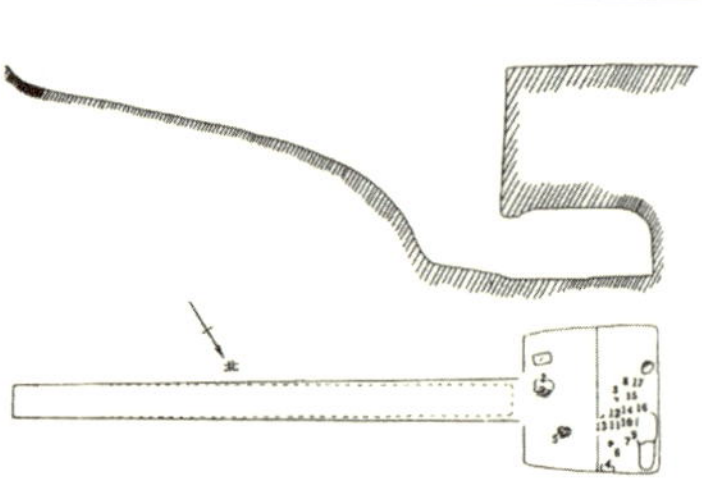

2. 79TAM383 号墓（北涼王沮渠蒙遜夫人墓）　0　4m

図3　諸氏高昌国期の墓制

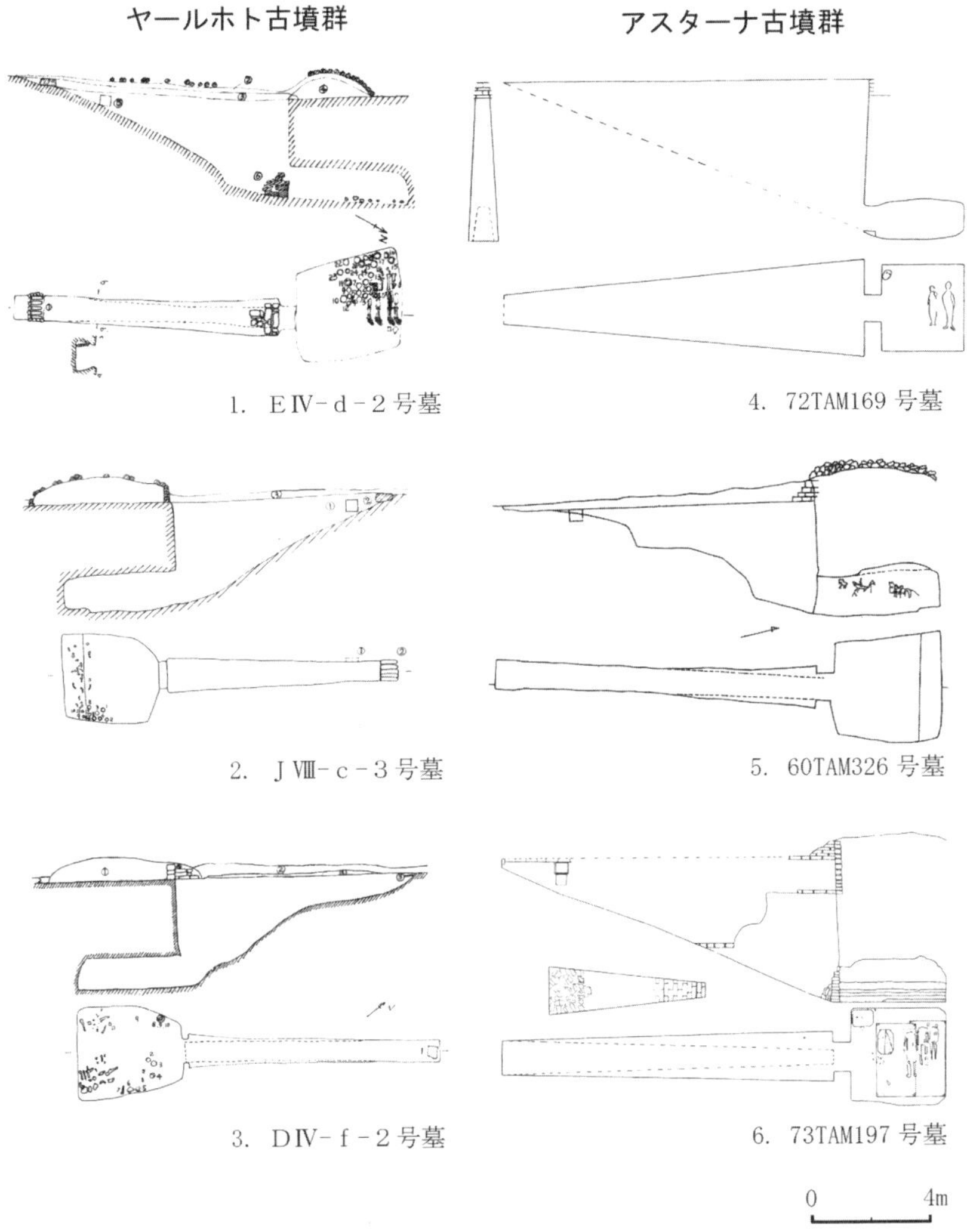

図4　麹氏高昌国期の墓制

には、延昌二六（五八六）年銘の墓誌が納められていた。

JⅧ-C-三号墓は、墓道長約七・七メートル、墓室は奥行き三・二メートル、幅三メートル、高さ一・二メートルの隅丸長方形で、平天井を採用する。墓室奥壁側には高さ〇・一メートル、幅〇・七六メートルの土台を設け、遺体を安置していた。墓道入り口脇の小龕内には、延昌二六（五八六）年銘の墓誌が納められていた。

DⅣ-f-二号墓は、墓道長約八メートル、墓室は奥行き三・二メートル、幅は奥壁側二・七メートル、墓道側一・七メートル、高さは一メートルの平面台形で低い平天井を持つ。出土状況から、奥壁に沿って遺体が配置されていたと推定される。墓道入り口脇の小龕内には、延昌二九（五八九）年銘の墓誌が納められていた。

さて、これらの墓は墓誌の紀年銘から判明するように、それぞれ五八〇年代後半の墓である。特徴として挙げられるのは、墓道長をはじめとして、墓の規模がほぼ等しいこと、墓室奥壁に沿って遺体を安置するための土台が設けられること、墓道側を短辺とするやや台形状の平面プランで、天井が一メートル前後と低く、扁平な墓室であることなどが挙げられる。ちなみに、斜坡墓道墓の多くは同族内で土塁で区画された墓域を設定しているが、この墓域内における比較からも、以上の傾向は認められる。このような墓制はアスターナ古墳群でも認められる。例を挙げると七二TAM一六九号墓（五五八年銘墓誌出土）[9]や六〇TAM三二六号墓（五八六年銘墓誌出土）[10]、などである。

唐代西州期（図5・6）

六四〇年、唐が高昌国に侵攻、高昌王の麹智盛は投降し、一四〇年間あまり続いた麹氏高昌国は滅亡した。唐はトルファンの地に安西都護府を設置し、引き続き行政機能がおかれた。これ以降、唐の西域撤退までヤールホト・アスターナ両古墳群に引き続き墓地が営まれる。

ヤールホト古墳群のBⅢ-C-一〇号墓[11]は、墓道長一〇・一メートル、墓室は奥行き三・八メートル、奥壁側三・五メ

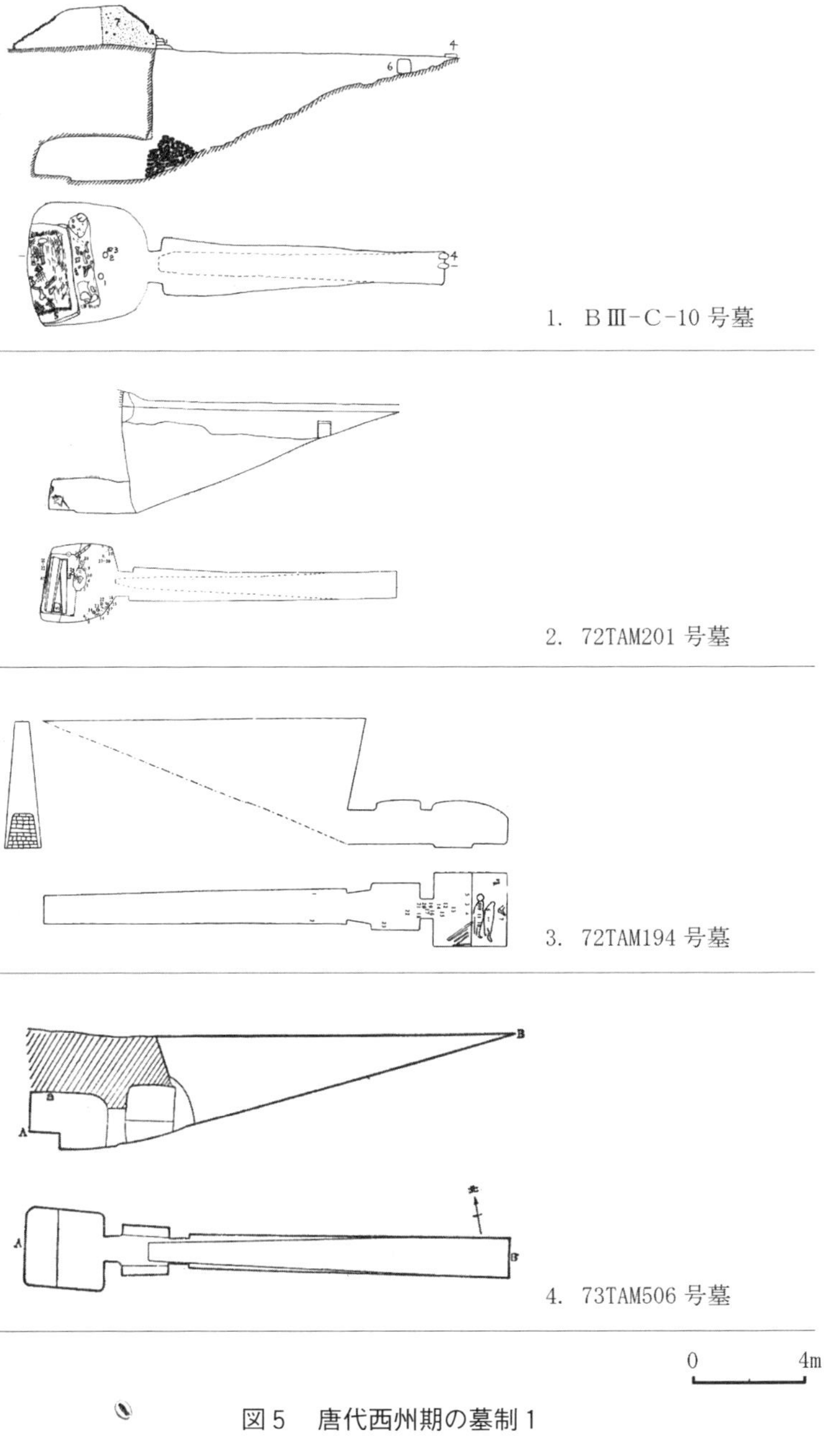

図5　唐代西州期の墓制1

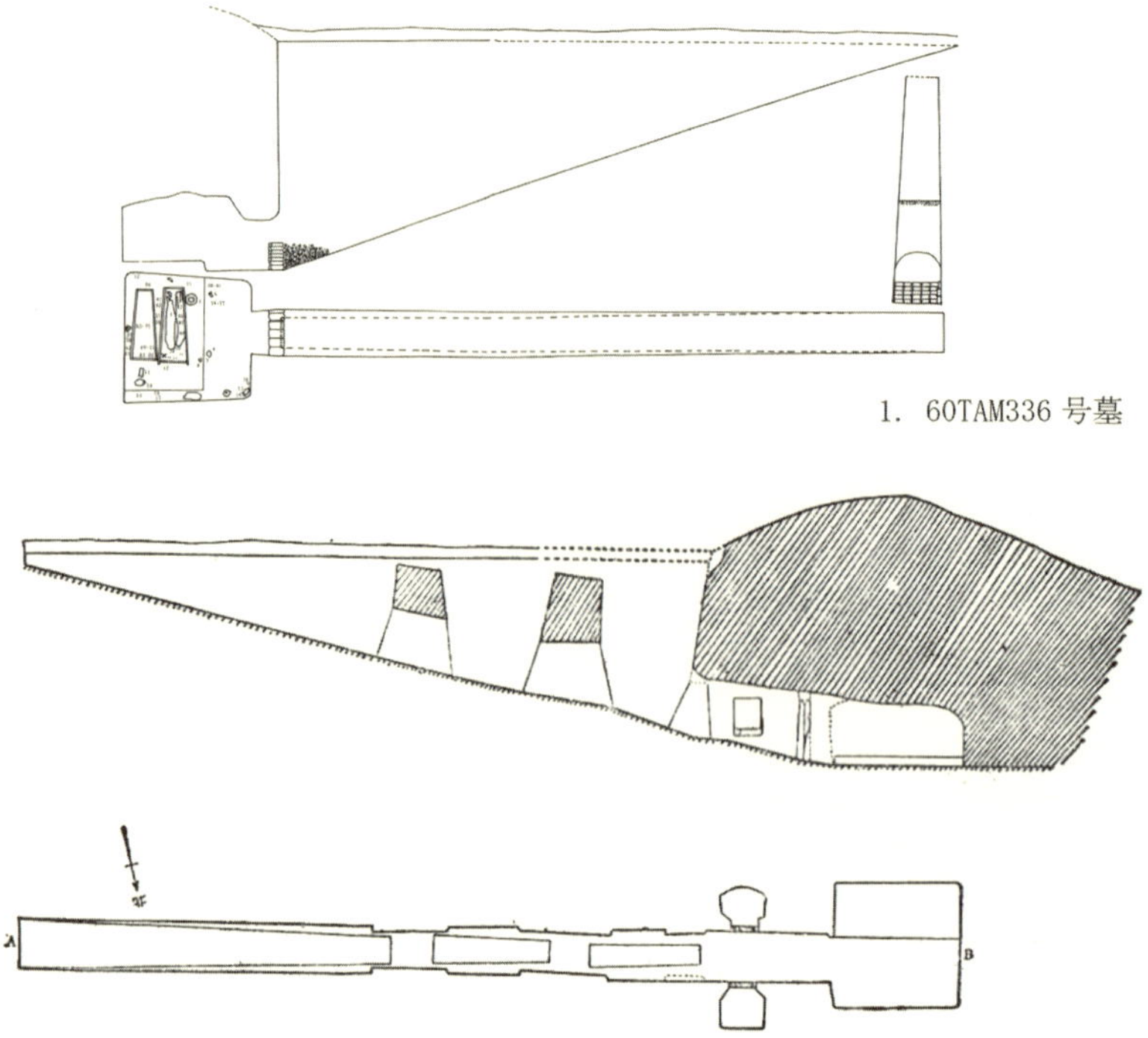

1. 60TAM336号墓

2. 73TAM501号墓

0　4m

図6　唐代西州期の墓制2

ートル、墓門側二・六メートル、高さが一・五メートルで隅丸台形の平天井を備える斜坡墓道墓である。奥壁側に沿って、土台が形成される。また、墓道入り口脇には小龕があり、その中に納められた墓誌は咸亨五（六七四）年銘である。

　また、アスターナ古墳群において、同じ咸亨五年銘墓誌を伴う七二ＴＡＭ二〇一号墓[12]は墓道長約一〇メートル、墓室は奥壁側二・九メートルで不正円形にちかい隅丸台形の扁平天井を備える。壁側に沿って、幅一メートルほどの土台が形成されている。

　アスターナ古墳群の七二ＴＡＭ一九四号墓[13]は、七一九年銘の墓誌が出土している。斜坡墓道と墓室の中間に、甬道を備えている。このように、甬道を備えている墓として、七三ＴＡＭ五〇六号墓（大歴年間・七七六〜七七九）[14]はじめ、六四TAM三七号墓[15]などをあげることができる。

また、唐代西州期には墓道長一〇メートル前後の斜坡墓道墓が多くを占める一方で、墓道長一五メートルを超える墓もみられる。七三TAM五〇一号墓（武周期・六九〇〜七〇五）[16]は墓道入り口から墓室までが約二四メートルと長大で、墓道上に天井を二カ所穿っている。墓道と墓室の中間には、甬道を設け、さらに両側面に壁龕を設けている。また、墓室に対して墓道が偏って接続する点や、遺体を安置する土台が側壁に接して設けられる点なども特徴的である。[17]

斜坡墓道墓の変遷

これまで、高昌郡期から唐代西州期まで墓誌紀年銘から年代の明らかな墓を中心に概観してきた。次に、斜坡墓道墓の分類を行い、墓制の変遷についてまとめてみよう。むろん、墓誌が判明しない墓も多く存在し、取り上げた墓はほんの一部にしか過ぎないことは断っておく。トルファンの斜坡墓道墓のうち、時期ごとの特徴が現れるのは、墓室と墓道の形態である。この二点に着目して、簡単な分類を試み、斜坡墓道墓の変遷を追ってみる。

まず墓室であるが、特に墓室天井の形態に特徴が見られる。墓室天井の形態は、錐形、平形、穹窿形の三種が認められる。これらを、仮にそれぞれA、B、C型とする。また、墓室平面形態は、正方形、台形、隅丸方形、長方形の四種が認められるが、これは各時期に認められる要素であり、参考にとどめよう。

次に墓道である。ここでいう墓道は、斜坡墓道から墓室入り口にいたる部分を指す。墓道は大別して、墓道がそのまま墓室へ接続する例、墓室の手前に甬道を配置する例、上の例に加えて俑を配置する龕を墓道の両側に設ける例の三種がある。それぞれ、Ⅰ、Ⅱ、Ⅲ型の墓道としよう。これら墓室と墓道の分類の組み合わせを、先に紹介した各期の墓に対応させて見ていく。

まず、高昌郡期にあげた斜坡墓道墓は、三八四年銘墓誌を伴う八九TAM三〇五号墓をはじめとして、いずれも錐形天井墓室に墓道が直接接続するAⅠ型に属していることがわかる。墓の平面形態はいずれも正方形か、墓道側がやや狭い台形であり、おおむね正方形に近い。

次に、諸氏高昌国期である。この時期の例として二基しか挙げなかったが、四五五年の沮渠封戴墓（七二TAM一七七号墓）は穹窿形天井の墓室に甬道・壁龕を備えた墓道が接続するCⅢ型、四五八年の北凉王沮渠蒙遜婦人彭氏墓（七九TAM三八三号墓）は平天井に墓道が接続するBⅠ型の墓となる。

麹氏高昌国期では、ヤールホト・アスターナ両古墳群に多くの斜坡墓道墓が造営されるが、現状ではBⅠ型の墓が見られるのみである。

唐代西州期になると、よりバリエーションが増える。まず、六七四年銘墓誌が伴う七二TAM二〇一号墓をはじめとしたBⅠ型の墓がみられる。このような、麹氏高昌国期と同様の例に加えて、七二TAM一九四号墓や七三TAM五〇六号墓などは、墓室前に甬道を備えており、BⅡ型に属する。七三TAM五〇一号墓は、甬道に加え、甬道左右側壁に壁龕を設け、さらに墓道に天井を穿っている点から、BⅢ型とすることができよう。

このように見ていくと、大まかにAⅠ型→BⅠ型→BⅡ・BⅢ型といった変遷をたどっていくことがわかる（図7）。

このうち、AⅠ型は高昌郡期のみに見られる墓制であり、この時期の墓の様式として認定できよう。上限は上述したように、三八四年頃まで遡ることができる。下限は不明であるが、これらの前後する四世紀後半を中心とする時期となろう。

BⅠ型で年代の判明している最古の事例は、四五八年の北凉王沮渠蒙遜夫人彭氏墓（七九TAM三八三号墓）である。そして、しばらくの資料的空白期間を経て、再び年代の確定する例は、五五八年の七二TAM一六九号墓を端緒に、六世紀後半、麹氏高昌国期に増加し、唐代西州期まで存続する。

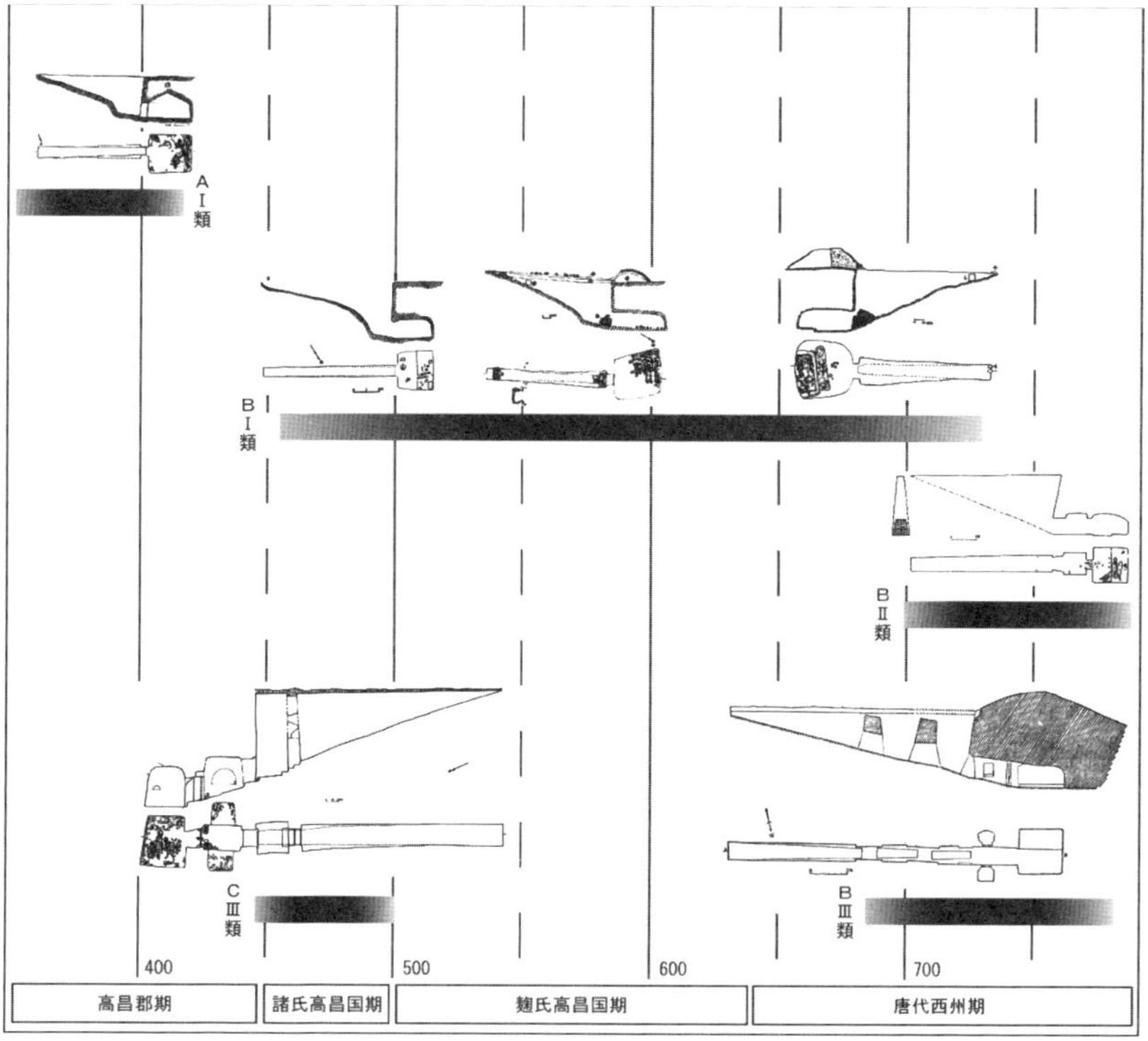

図７　斜坡墓道墓の変遷

　ＢⅡ型とＢⅢ型は、唐代西州期の斜坡墓道墓に認められる型式である。ＢⅡ型の墓は、七一九年紀年銘墓誌を伴う七二ＴＡＭ一九四号墓や大歴年間に位置づけられる七三ＴＡＭ五〇六号墓のように、八世紀前半から後半の間に見られ、八世紀に入って出現したと考えられる。一方、ＢⅢ型の墓は武周期に属する七三ＴＡＭ五〇一号墓があり、七世紀末から八世紀初頭には出現していたことがわかる。また、図示していないが唐北庭副都護であった高耀（七八二年没）の墓である八四ＴＫＭ三八三号墓[18]もＢⅢ型であり、八世紀後半までこの墓制が存続していたことが明らかである。

　以上のように、トルファンの斜坡墓道墓の各型式の消長についてみてきたが、次にこの墓制の変化から考察を試みよう。

　西安地域とトルファン地域の唐代墓制について比較検討した陳安利によると、西安地域における唐代墓の墓道は、墓室の西または東側に偏って接続し、広い袖側の側壁に沿って木棺や石棺が設置されるのに対して、トルファン地域では墓道が墓室の中央に接続され、奥壁側に遺体を安置するという[19]。また、西安地域は塼室墓が見られるのに対して、トルファン地域は全く見られないことも指摘している。

これらトルファン側の三点の特徴は、決して唐代墓に限った点ではなく、錐形天井を特徴とする高昌郡時代の斜坡墓道墓AⅠ型をはじめ、諸氏高昌国時代から採用される平形天井墓室のBⅠ型にも認められる。AⅠ型からBⅠ型への墓制の転換は、錐形天井から平形天井への変化であり、平面形態や奥室寄りに土台を設置する点から同列に位置づけられるのである。

このように考えると、唐代に出現するBⅡ型の墓制も、甬道の採用という点で、中原的な要素が加味されているものの、上述の三点の要素に加え、諸氏高昌国時代に出現する平形天井を採用している点で、トルファン的な墓制といえるものである。

一方で逆の視点、つまり中原的要素の導入という点から眺めてみると、トルファン地域への斜坡墓道墓の導入には、三回のインパクトが認められる。

まず第一波は斜坡墓道墓の導入である。これは、高昌郡の成立とそれに伴う漢人の殖民によって墓制が導入されたことを示している。

次の第二波は、諸氏高昌郡期におけるCⅢ型の中原系墓の出現である。CⅢ型は、沮渠封戴墓ただ一例が認められるのみである。この墓は墓道入り口から墓室まで二四メートルあまりの大型墓で、甬道や壁龕を備えるなど、きわめて中原的な様相を示す。しかし、一方で沮渠蒙遜夫人彭氏墓という墓道長約一〇メートル程度のBⅠ型墓が存在する。これら対照的な二つの墓に葬られたのは、両者とも王族に連なる人物である。王族や高位者が必ずしも中原的で大型の墓に葬られるわけではなかった点は興味深い。一握りのCⅢ型斜坡墓道墓を除いて中原的な要素の採用は見送られ、王族といえども、BⅠ型という在地の墓制に取り込まれていたと想定できる。この点は麹氏高昌国期の墓にも当てはまる。アスターナ古墳群、ヤールホト古墳群を含めて、麹氏高昌国期は墓道長一〇メートル前後のBⅠ型の墓のみで占められ、これを大きく超える大型墓や、中原的要素を備えた墓は現在見つかっていない。特に、ヤールホト古墳群は悉皆調査がおこなわれているが、大型墓は存在しないようである[20]。

そして、第三波は、BⅡ型、BⅢ型の出現である。諸氏高昌国期より麹氏高昌国期までトルファン地区の墓制は、長くBⅠ型が主流を占めた。BⅠ型は、唐代西州期に入っても継続して造営されるが、しばらくして、甬道を備えたBⅡ型が出現する。また、BⅢ型はすでに述べたように甬道・壁龕ほか、中原的な要素がきわめて強い。このようなBⅡ・BⅢ型の出現の背景としては、トルファンの支配勢力が漢人系の麹氏高昌国から、漢人勢力そのものである唐王朝に移り、それに伴って中原との人・文物の交流が活発化した結果として、高昌国以来の墓制を含む思想的な面にも変化が訪れた、あるいは唐式の官僚組織への再編による身分秩序の導入などが考えられる。

むすび

これまで検討してきた結果をまとめよう。トルファン地域では前凉による高昌郡設置ののち、四世紀後半以降には斜坡墓道墓が採用されたことが明らかである。これは、高昌郡に殖民してきた人々により、中原系文物とともに墓制が導入されたことを物語っている。本文では十分に触れることができなかった副葬品の中には、木牛や木製俑など明器類が見られ、葬送に伴う祭祀も同時に採用されていたことがわかる。ただし、中原のように陶製の俑ではないのは、塼室墓を採用が見送られる点と同じく、その製作において制限があったと考えられる。

斜坡墓道墓が本格的に展開するのは、諸氏高昌国時代期である。高昌郡期の錐形天井と比較して、天井が低い平形天井の墓室を採用したＢⅠ型の均質的な中型・小型墓が造営されることが特徴である。これがトルファン盆地の斜坡墓道墓の基本墓制となる。副葬品も金属器は少なく、また前時代に見られた木俑などもみられなくなる。これらの事象は、当初は中原色の濃かった墓制および祭祀が、時を経るに従い変質し、在地化した結果と考えられよう。

しかし七世紀半ば、唐代西州期以降になると様相が変化し、小型・中型墓では依然としてＢⅠ型斜坡墓道墓が採用され続ける一方で、俑室・壁龕を備えたＢⅢ型の大型墓が現れる。明器として木製俑が再び現れるが、これら木製俑は中原の三彩俑にも匹敵するほどの造形をしている。このＢⅢ型斜坡墓道墓の成立背景は、在地系のＢⅠ型斜坡墓道墓の造営と併行して、新たに中原文化の影響を受けて、墓制や祭祀に変化が起きたと考えられる。その後、八世紀にはいると次第に墓制も変質をはじめ、中型墓にも甬道が採用されたＢⅡ型斜坡墓道墓が出現する。この点から、唐から新たに摂取した文化・思想・祭祀が大型墓だけではなく中型・小型墓の層まで浸透していったことが読み取ることができる。このような斜坡墓道墓は、唐朝の衰退と西域放棄と同じくして、ほぼ八世紀代で造営を終了する。この地に再び漢人勢力が進出するのは、下って清朝まで待たなければならない。

図版出典

図１　筆者作成

図２　１・［新疆維吾尓自治区博物館　一九六〇］をトレース　２・［新疆文物考古研究所　二〇〇〇］　３・４・［吐魯番地区文物局　二〇〇四］

図３　１・［新疆文物考古研究所　二〇〇〇］　２・［吐魯番地区文物保管所　一九九四］

図４　１・２・３・［新疆文物考古研究所　二〇〇一］　４・［新疆文物考古研究所　二〇〇〇］　５・［新疆博物館考古隊　二〇〇〇］　６・［新疆文物考古研究所「阿斯塔那古墓群第十一次発掘簡報」『新疆文物』二〇〇〇年第三、四期］

図5　1・［新疆文物考古研究所 二〇〇一］　2・［新疆文物考古研究所 二〇〇〇］　3・［新疆文物考古研究所 二〇〇〇］　4・［新疆維吾尔自治区博物館・西北大学歴史系考古専業 一九七五］

図6　1・［新疆文物考古研究所 二〇〇〇］　2・［新疆維吾尔自治区博物館・西北大学歴史系考古専業 一九七五］

図7　筆者作成

註

(1) 車師の墓制については、第二章のアクバル・ニヤーズ論文および第三章の岡内論文を参照されたい。
(2) 新疆維吾尔自治区博物館「新疆吐魯番阿斯塔那北区墓葬発掘簡報」『文物』一九六〇年六期
(3) 新疆文物考古研究所「阿斯塔那古墓群第十次発掘簡報」『新疆文物』二〇〇〇年第三、四期
(4) 吐魯番地区文物局「吐魯番阿斯塔那古墓群西区四〇八、四〇九墓清理簡報」『吐魯番学研究』二〇〇四年第二期
(5) 吐魯番地区文物局　二〇〇四（前掲・(4) 文献）
(6) 新疆文物考古研究所　二〇〇〇（前掲・(3) 文献）
(7) 吐魯番地区文物保管所「吐魯番北涼武宣王沮渠蒙遜夫人彭氏墓」『文物』一九九四年第九期
(8) 岡内三眞　一九九七「トルファン・ヤールホト古墳群の調査と研究」『史観』第一三七冊　早稲田大学史学会
新疆文物考古研究所　二〇〇一『交河溝西　一九九四—一九九六年度考古発掘報告』新疆人民出版社
(9) 新疆文物考古研究所　二〇〇〇（前掲・(3) 文献）
(10) 新疆博物館考古隊「阿斯塔那古墓群第二次発掘簡報」『新疆文物』二〇〇〇年第三、四期
(11) 新疆文物考古研究所　二〇〇一（前掲・(8) 文献）
(12) 新疆文物考古研究所　二〇〇〇（前掲・(3) 文献）

(13) 新疆文物考古研究所　二〇〇〇（前掲・（3）文献）
(14) 新疆維吾尓自治区博物館・西北大学歴史系考古専業「一九七三年吐魯番阿斯塔那古墓群発掘簡報」『文物』一九七五年七期
(15) 李　征「吐魯番県阿斯塔那―哈拉和卓古墓群発掘簡報（一九六三―一九六五年）」『文物』一九七三年一〇期
(16) 新疆維吾尓自治区博物館・西北大学歴史系考古専業一九七五（前掲・（14）文献）
(17) 地上からトンネル状の墓道（過洞）へと穿たれた吹き抜けの坑を指す。一般的な室内空間の上限を構成する天井とは意味が異なる。
(18) 柳　洪亮「唐北庭副都護高耀墓発掘簡報」『新疆社会科学』一九八五年四期
(19) 陳　安利「西安、吐魯番唐墓葬制葬俗比較」『文博』一九九一年一期
(20) 岡内三眞編　二〇〇〇『中国・新疆トルファン交河故城　城南区墓地の調査研究』シルクロード学研究　第一〇号

ホータン出土彩色四神木棺にみる十世紀の中原と西域

米澤雅美

はじめに

中国新疆ウイグル自治区ホータン県は、かつて于闐王国であり、シルクロード交易の一大中継都市、また仏教を厚く信仰する国として発展していた。筆者は二〇〇二年五月にホータン県を訪れ、ホータン地区博物館において布扎克古墓地出土の木棺を実見した。木棺の外面には四神が描かれていた。布扎克古墓地はホータン県の西南、布扎克郷阿孜那(=乃)巴扎尔村に所在する。現在そこには依瑪目・木沙・喀孜木麻扎が建っている。

四神図は中原の伝統的な思想を表現した意匠であることは言うまでもない。また、木棺は中原で多く見られる形態をしている。それがなぜ西域の于闐で用いられたのか。この木棺についてはこれまで、年代が五代と考えられているだけで、当時の歴史的背景と結びつけて説明されたことはない。そこで、この木棺と中原の木棺・四神図を比較し、年代が五代であるという根拠を明らかにしてみたい。こうした基礎的作業を経て初めて、この木棺が示す歴史的意義を論じることができると考えるからである。

第一節　布扎克古墓地で出土した彩色四神木棺

（一）木棺の出土状況

布扎克古墓地で彩色四神木棺（以下四神木棺とする）が出土した状況を、これまでの報告からまとめる。(1)

①新疆ウイグル自治区において一九八四年に行われた考古学的調査について『新疆文物』一九八五年第一期に概報が発表された。その中に「和田県布扎克公社依瑪目・木卡沙孜木瑪扎」で「彩絵“四神”木棺」が出土したとある。木棺には女性が埋葬されていた。副葬品には絹で出来た覆面があり、漢字と于闐文字で「夫人信附男宰相李枉児」と記されていたという。この他の副葬品や遺構については報告されていないが、木棺の年代は南北朝としている。

②一九九七年に刊行された『新疆文物考古新収穫（続）』には一九九六年、「和田県布扎克郷阿孜那巴扎尓村」に所在する「伊瑪目・木沙卡孜木姆麻扎」において十二基の竪穴墓が調査され、いずれも唐代の墓としている。単人葬の箱式・木槽式の木棺が出土し、一部には彩色が施されていた。他にも唐代の貨幣や木製品が出土したとある。

③一九九九年に刊行された『新疆文物古蹟大観』では、布扎克古墓地はホータン市の西南一八キロ、布扎克郷に所在する遺跡で、その範囲を東西八〇〇メートル、南北四〇〇メートルとする。一九八三年に出土した二基の四神木棺、覆面と単耳陶壺、木製桶、被葬者の体の上にあったという摩尼宝珠紋錦が写真で紹介された。覆面以外の遺物が四神木棺に伴っていたかは不明である。四神木棺の年代は五代としている。

④『新疆文物』二〇〇二年第三・四号には四神木棺の保存修復処理について報告された。①・③と同じ木棺を指す。

⑤和田地区の遺跡をまとめた二〇〇四年の報告では、和田県布扎克郷阿孜乃巴扎村「依瑪目・木沙・喀孜木麻扎古墓」

とされる。現代のイスラム教墓地を造る際に度々、古代の木棺が出土する現状を記している。古墓の年代は魏晋から唐代とする。四神木棺は一九八四・八五年に二基発掘され、埋葬されていたミイラの顔と体には金箔がおかれていた。その内の一基、男性のミイラに「夫人信附男宰相李枉児」と記された絹の覆面が伴っていたという。さらに、その次の調査（②か）では「円圏形図案」が描かれた木棺が出土したという。

これまで発表された報告には食い違っている点もあるが一致する点をまとめると、四神木棺は一九八三年から一九八五年の間に出土した。現在その地に所在する麻扎の表記はいずれも同音と思われ、①は誤植であろう。四神木棺は二基あり、被葬者の性別ははっきりしないが、一人には「夫人信附男宰相李枉児」と記された絹の覆面が伴っていた。墓の構造は一切報告されていない。現在遺跡は⑤にある通り、麻扎とそれを囲んでイスラム教徒の墓が造られており、筆者が訪れた時にも造成中の墓が地面深く掘られていた。墓の年代については、最初の①では南北朝とし、③・④では五代とする。最新の⑤では遺跡の年代幅を魏晋から唐代としており、これもはっきりしない。しかし、二〇〇二年に日本で開催された『シルクロード　絹と黄金の道』展においても五代となっているので、③以降は四神木棺の年代は五代という解釈で統一されているようである。

（二）木棺の構造と彩色（図1）

布扎克古墓地では二基の四神木棺が出土している。筆者がかつて実見できたのは二号棺で、『新疆文物古蹟大観』に全体像が掲載されたり、日本で展示されたのは一号棺である。両棺はほぼ同一の形態と思われる。木棺の構造については一号棺の保存修復時に詳細な報告がされているので、概要だけを述べる。

木棺は棺台にのせ、蓋をした状態だと長さ二一〇センチメートル（以下煩雑になるのでセンチとする）である。頭（前）側は高さ九九センチ、幅七五センチで、足（後）側は高さ八五センチ、幅六四センチである。棺台の高さが頭側は三五

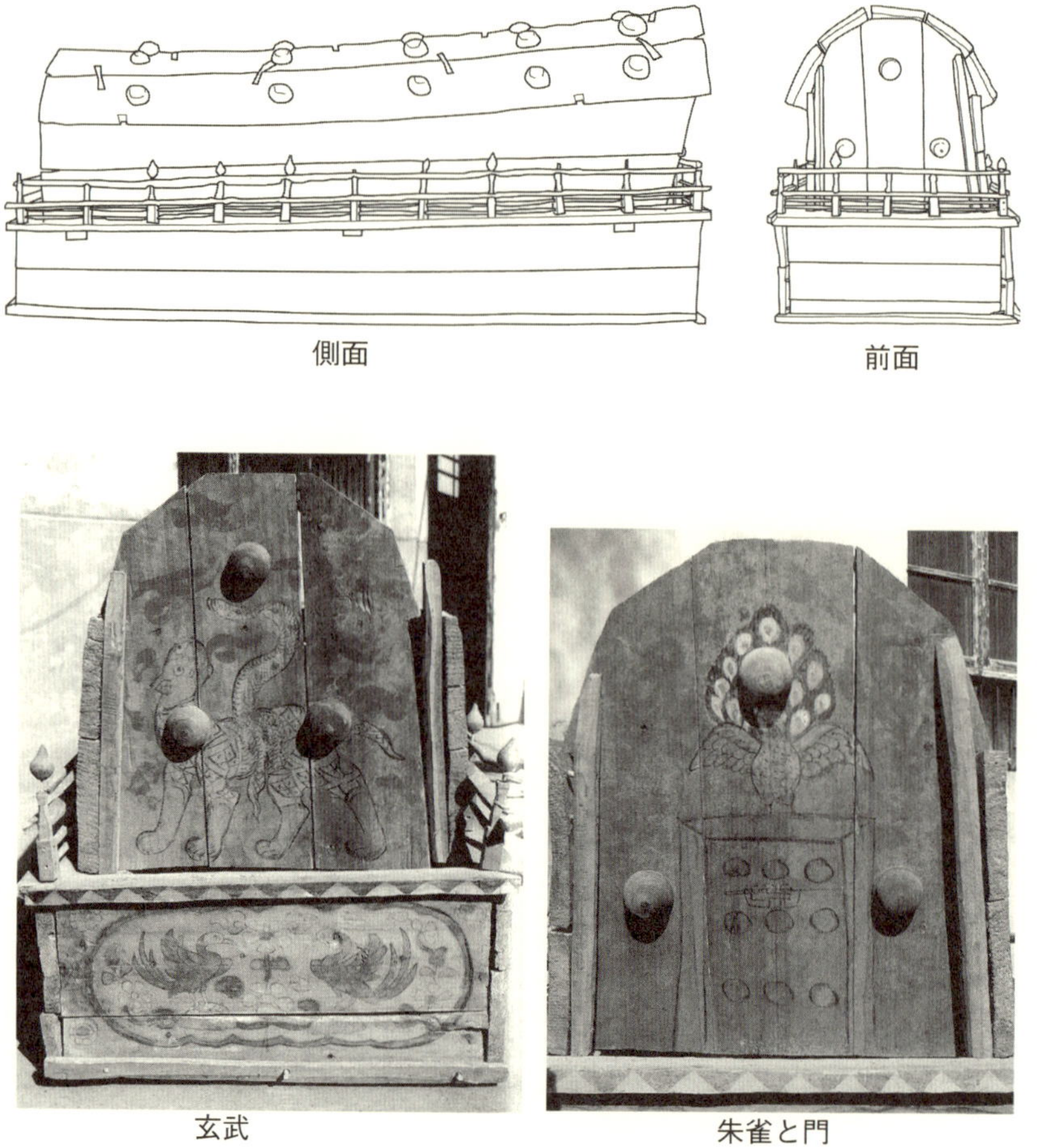

図１　布札克古墳地出土の彩色四神木棺

センチ、足側は二九センチとあるので、棺自体の高さはそれぞれ六四センチ、五六センチとなる。前後の高さと幅に差のある片流れ形式の木棺である。

棺身は二枚の長側板と二枚の小口板からなっている。一号棺に底板はなく、棺台の上面がそのまま棺底となる。二号棺は棺台のない状態で展示してあり、底板があったが、それが本来伴っていたものであるのかは不明である。木棺の組み立てには木釘が用いられ、金属製の釘は一切用いない。長側板は板材二枚を連接して一枚とし、小口板は三枚を連接して一枚とする。小口板は長側板よりも高さがあり、長側板と接する部分は左右から挟まれ、外側から別材で押さえて止める。長側板と接していない部分は長側板の上に乗っており、上端部は弧形にして蓋の形状に合わせる。蓋は五枚の板を細腰を用いて弧状に連結している。二号棺の蓋、頭側端部には別材で庇状の装飾が付けられていた。外面には半球形の装飾が蓋に二五個、各小口板に三個ずつ施される。これは釘隠というより、純粋に装飾として付されたのであろう。棺台も片流れ形式である。四枚の側板と底板、棺の底板となる平台板、高欄からなっている。平台板の縁には高さ約一五センチの高欄が巡っている。一三センチごとに立つ柱の頂部に宝珠形の木球が乗る。

彩色は木棺蓋と四側面、棺座四側面に施されている。蓋には赤い顔料で同心円文と、その隙間に雲気文を描く。半球形装飾を付ける前に描かれ、半球形装飾と交互に並ぶように配置されている。

頭側小口板には門の上に翼を広げて立つ朱雀が描かれている。門の縁は赤く、扉には赤い円文が三行三列、その間に鍵が描かれる。朱雀は正面形で描かれる。瓢箪形の頭・胴部に翼と短い足を付けた形で、腹部から首にかけて点文が施される。頭部には丸い目と小さい嘴が描かれている。実際の鳥は目が側面にあるはずだが、ここでは人間のように目が正面に配置される。背後には尾羽が広がっている。雄のクジャクがもっている尾羽の先端部には同心円状の模様があるが、この朱雀の尾羽はその部分が集まったような表現である。中心を赤く、周囲を楕円形に白く塗り、外周を茶色で囲んでその中に細かい黒線を入れて羽毛を表現している。これ以外の空間には蓋と同じ赤い同心円文と雲気文が配される。足側小口板には玄武が描かれる。本来の玄武像と違って、ここでは亀が四つ足の獣のような表現である。獣には三角形の耳があり、顔の正面に丸い目と団子状の鼻、口から牙がのぞく。亀の甲羅であるはずの部分は、獣の首から背、胴、尾、腿にかけて、内部を四つに区画し、中央に点を配した菱形文が描かれ、まるで獣が菱形文の服を着ているような表現になっている。その上から蛇が三重に巻き付き、垂直に伸び上がって、振り返った獣と向かい合っている。玄武の周囲の空間には赤色の雲気文が配される。同心円文はない。

長側板の右側には青龍、左側には白虎が描かれる。(2) 青龍は体をくねらし、大きく開けた口から細長い舌を出して、右前足を高く上げている。腹部以外に緑色の鱗が表現され、腹部と鱗の境目には毛のように細かい線が描かれている。三本指の先には黒く鋭い爪が描かれる。頸部には紐が二重に巻かれているような線がある。二号棺のこの部分には花弁状のものが背側に付いているが、一号棺では背側に大きな円が白と黒で目玉のように描かれている。(3) 周囲には赤色の雲気文が描かれる。白虎は青龍を反転させたプロポーションである。口を大きく開けて牙と舌が見え、左前足を高く上げている。体に縞模様はなく腹部以外は白色で塗られる。足の指は四本である。周囲には赤色の雲気文が配され、白色の雲気文も一部見られる。

棺座の四側面には、格挟間形の枠内に、草花文を中心にして向かい合う一対の鳥を描く。鳥は翼を広げて草花の台座に立っている。彩色が薄れて不鮮明な部分もあるが、鳳凰のように尾羽が長く翻る鳥もあれば、尾羽の短いカモのような鳥もある。格挟間形の枠の周囲には花文が配置される。平台板の側面を白黒の三角文で飾り、欄干は赤く塗ってある。

第二節

（一）中原における木棺の変遷

まずは、布扎克古墓地の四神木棺が備える中原的要素の内の一つ、片流れ形式という形態の系譜を捉えるため、中原での木棺形態の変遷を追ってみたい。

中原の木棺について、岡林孝作氏は漢代から唐代までの木棺の特徴と変遷を検討した。(4) 岡林氏の考察は片流れ形式木棺と棺形舎利容器の関係を焦点としたものである。それによれば、漢代の基本的な木棺形式は、蓋上面が平坦で、棺身の前後の高さと幅に大きな差がなく、単純な箱形であった。その頃、棺身の前後の幅に差がある木棺を用いたのは北

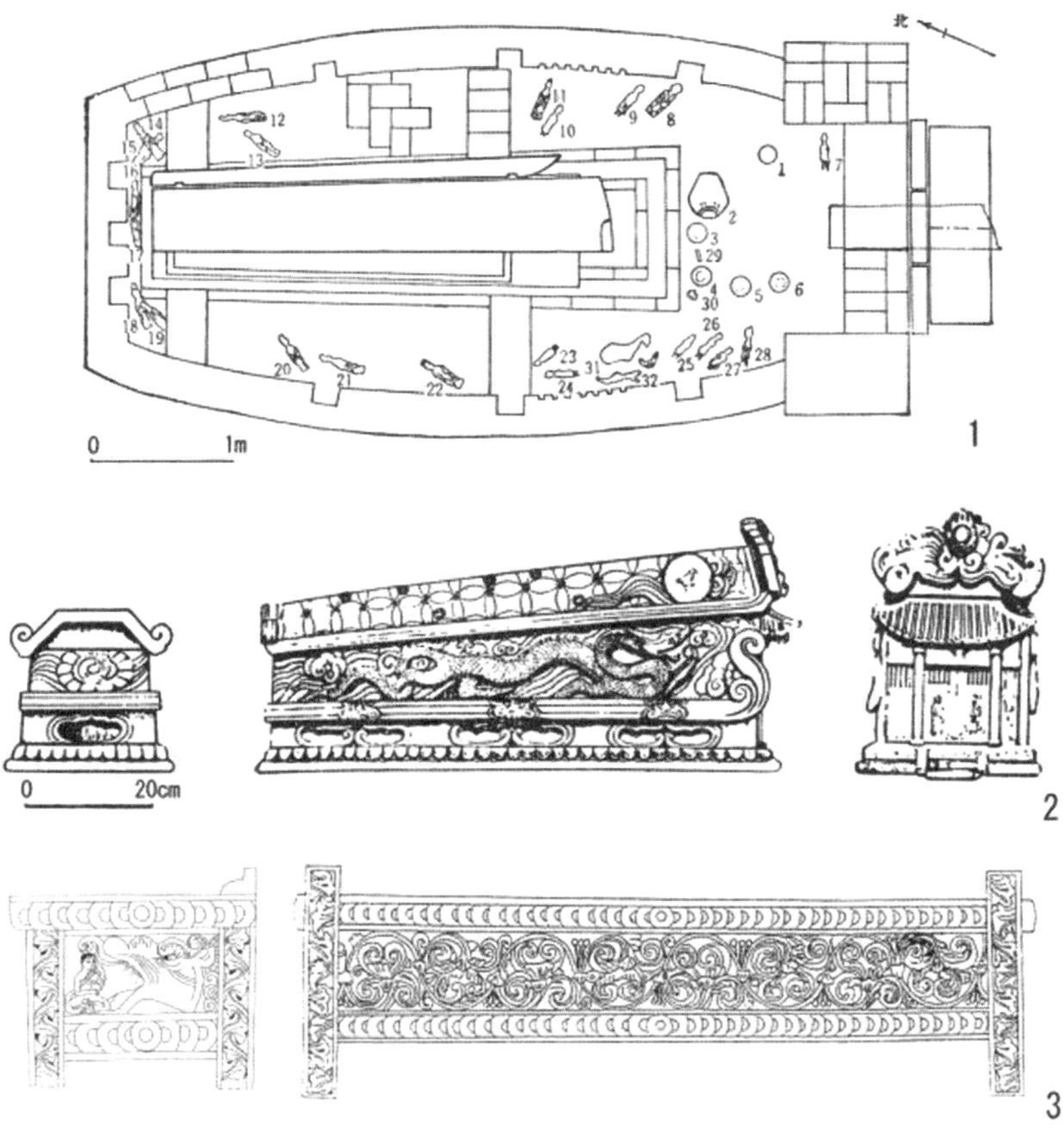

図２　片流れ形式の棺
１：江蘇省半月島五代墓、２：四川省楽山五代陶棺、３：莎車喀群彩棺墓２号棺
スケール不同

方民族であった。南北朝時代に鮮卑が中原を支配するに至り、鮮卑の伝統が中原に導入され、それを受け継いだ隋・唐代に形態的特徴が強調され、片流れ形式が定着していったという[5]。この変化を、棺の後幅に対する前幅の割合という数値化から、南北朝期の平均指数は一・二七、隋代は一・四三、唐代は一・四一と、隋・唐代における片流れ形式の定着を明示している。

来村多加史氏は唐代皇帝陵の木棺を復原した[6]。まず、臨潼県代王鎮慶山寺舎利塔で出土した舎利棺の形状は、高さに強調が認められるものの「基本的な形態は当時の棺槨制度にしたがうもの」とした。唐代の木棺は前方にせり出す弧状の蓋をもち、頭・足側の高さと幅に差がある片流れ形式が基本であったようである。さらに唐代の伝統を継承する資料として五代前蜀王建墓と後蜀宋琳墓の石棺を例として挙げている。

この二例の石棺を、それぞれ岡林氏と同じように棺の後幅に対する前幅の割合という数値化を行うと、前者の指数は約一・二四、後者は約一・五となる。試みに、時期の近い例をあげてみよう。江蘇省常州市の半月島五代墓では木棺が出土している（図2―1）。南唐の後期頃の墓と考えられている。木棺はクスノキを用いており、蓋と側板の外面は弧状に仕上げられている。外面には黒漆、内面には赤漆が塗られる。側板の頭側の高さは七〇センチ、足側は五四センチで、底板の頭側幅は八〇センチ、足側は六四センチであり、片流れ形式の木棺であったことが分かる。前後幅の割合指数は一・二五である。四川省楽山県では五代の三彩陶棺が出土している（図2―2）。蓋面には日月と花弁文が、前面には屋根付きの門と二人の侍者、後面には花文、左右側面には青龍と白虎が浮き彫りで描かれる。蓮弁で縁取られた棺台に乗る。長さは八一・五センチ。蓋も含めた前側の高さは四〇・五センチ、後側の高さは二四センチ。棺身の前側幅は二七センチ、後側幅は一八センチである。火葬用の棺のため小さいが、やはり片流れ形式である。前後幅の割合指数は一・五である。このように、五代においても片流れ形式の棺が多い。前後幅の割合指数には幅があるが、検討に足る出土例が増えれば平均値化も可能になるだろう。隋・唐代にかけて片流れ形式の棺が定着し、五代に至っても棺材を選ばずに使用され続けたことが分かる。

（二）ホータン周辺の木棺形態

中原の木棺で岡林氏が行ったのと同じ作業を、布扎克古墓地の四神木棺で行うと、頭側幅が七五センチ、足側幅が六四センチであるので、前後幅の割合指数は約一・一七となる。指数は南北朝以降の数値よりも小さく、前後幅にそれほど差がない。この数値は岡林氏の分析によれば後漢から魏晋の時期が最も近い。しかし、前後の高さにも八センチの差がある。また、蓋も弧状を呈している。前後の大きな差が平面的にも立面的にも定着するのは、やはり北魏から隋・唐にかけてであり、木棺のプロポーションは北魏以降の中原の伝統に則している。

では、同じ頃の新疆地域ではどのような木棺が使われていたのだろうか。乾燥地帯の新疆地域であっても、木棺が完全な形で残って報告されることは多くない。だが、タリム盆地の南縁では「四直腿箱式棺」と呼ばれる木棺が、前漢の終わり頃から用いられる例が多いようである。代表的な例に洛陽県山普拉遺跡、尉犁県営盤遺跡などがある。「四直腿箱式棺」は蓋板、側板四枚、棺足四本で構成され、四側板は角柱状の棺足に連接して棺身が組まれる。

莎車県喀群彩棺墓では三基の「四直腿箱式棺」が出土している。二号棺の蓋と四側面には絵が描かれている（図2―3）。蓋には虎が描かれる。うつ伏せになって四肢を伸ばし、前足先を丸めた姿である。頭側小口板には僧の説法図、足側小口板には大きく口を開けた龍の口先に坐する僧が描かれる。長側板には連枝巻葉草花文が描かれる。白色地に黒・黄・藍・紅色の顔料を用いる。長側板の草花紋様が敦煌莫高窟や庫木吐拉石窟の盛唐期の例に似ることから、年代は盛唐期とされる。ところが、この木棺は長さ一七八センチ、高さ五六センチ、幅五四センチで、片流れ形式ではない。

布扎克古墓地でも唐代の木棺が一二基出土している。正式な報告はないが、小山満氏が検討された木棺(7)は、この木棺の内の一基であろう。小山氏によると木棺は平底の長箱形で、写真で見られる限りでは蓋面の形状は平面的で、単純な箱形を呈しているようである。蓋面には縞模様が描かれ、長側板には円で囲まれた蓮華文が四つ、小口板には一つ描かれているという。小山氏は蓮華文の様相からこの木棺の年代を唐代前半としている。棺の長さは一八五センチ、頭側の高さ三七センチ、幅四八センチで、足側は高は三三センチ、幅三七センチとある。前後の幅と高さに差が生じ、片流れ形式である。莎車県喀群彩棺墓二号棺より新しい要素を備えてはいるものの、蓋の形状は平面的なままである。

以上をまとめると、ホータン地区とその周辺では前漢代の終わり頃に「四直腿箱式棺」が定着した。当初は前後の幅と高さに差がない単純な箱式であったが、いつしか前後幅に差を設けるという北方民族由来の片流れ形式が導入された。しかし、棺身より前にせり出す弧状の蓋形式は導入されなかった。情報がどういった経路でもたらされたのかは分からないが、箱形の木棺が少なくとも盛唐期まで使用され続けた。そう考えると、布扎克古墓地の四神木棺二基は、盛唐以降に作られた可能性が高い。そして、当時の地域にあった伝統から生まれたのではなく、明らかに中原の伝統が入ってきて作られた木棺である。

第三節　四神図像の変遷

次に、布扎克古墓地の四神木棺が備える中原的要素の内の二つめ、四神図像の系譜を捉えるため、中原における四神図像の変遷を考えてみたい。

（一）キャンバスと役割の変化

古代中国において、星宿を表した四神が重要な思想であったことは、今さら述べるまでもないだろう。この思想が記述された最古の史料は、紀元前一二三年に書かれた『准南子』である。『准南子』天文訓では東西南北と中央を合わせた五星を説明し、既に青（蒼）龍、朱雀、白虎、玄武が四方をつかさどる獣として記されている。四神思想が埋葬に際して表現されたのは、仰韶文化の河南省濮陽西水坡遺跡M四五号墓が、最古の例である。墓壙内には被葬者の隣に貝殻で動物を描いている。東側が龍、西側が虎で、これが四神の内の青龍・白虎の初現である。

四神が龍・虎・鳥・蛇の絡まる亀の姿で定型化した姿で表現されるのは、前漢代である。それはちょうど『准南子』が記された時期に一致している。漢代の画像石・磚墓や、石棺、石闕にはしばしば四神図像が表現される。曹魏では厚葬が禁止され、墓前に石碑を建てることが禁じられた。以降、墓に伴う四神図像は、墓の内部にのみ表現されるようになった。その多くは墓室や墓道の壁画である。東晋の初め頃の墓である遼寧省朝陽袁台子壁画墓では、墓室に四神が描かれている。南北朝時代になると、四神図の例が増える。特に北朝、北魏洛陽では画像石棺が多く出土し、故事や神仙と共に四神が彫刻されたものがある。墓室壁画にも四神図は描かれ続ける。山東省北斉崔芬墓の墓室四壁には、墓主夫婦の出行図や「竹林七賢人」図などが屏風画で描かれ、天井近くに四神と星宿が描かれている。青龍・白虎・玄武には神人が乗る。

同時に、北朝墓では青龍・白虎が墓道に描かれるようになる。河北省磁県に所在する東魏武定八年（五五〇）に没した茹茹公主の墓では、墓道の東西両壁、入口寄りに青龍・白虎が描かれる。その後には儀杖行列図が続く。行列図の上には雲気、神獣、羽人、鳳凰が描かれる。墓門の上部門墻には朱雀が大きく描かれる。墓室には四壁に男女侍が描かれ、上部には四神図の痕跡がある。同じく河北省磁県の北斉湾漳墓においても、墓道東西両壁に青龍・白虎を先頭にして儀杖出行図と神獣が描かれ、門墻には大きな朱雀が描かれる。墓室内は星宿図と人物・動物・神獣が描かれる。墓室と墓道両方に四神図が描かれることについて、李明星氏は墓室の四神図は四方と天を表現し、僻邪の役割を持ち、墓道の青龍・白虎は墓主の魂を昇天させる引導の役割をもっているとし、この頃から四神図の意味が描かれる場所によって、二分されたと指摘する。(8)こうして北朝期に変質した四神の役割は、その配置のまま、隋唐代に受け継がれている。宿白氏は西安周辺の唐代壁画墓を五段階に分けて変遷を追っている。(9)それによれば、墓道の壁画が衰退するのは第四段階（八世紀中頃から九世紀初）の比較的身分の低い人物の墓から始まるという。同時に墓室内に人物屏風画が描かれ始める。次の第五段階（九世紀初頭から一〇世紀初頭）では、身分を問わず壁画の簡略化が進み、墓道の壁画がなくなり、壁画は墓室の屏風画に集中するという。この間でも、墓室の四神図は北朝期と同じく、屏風画と共に描かれている。

宿白氏が第四段階に位置づけている西安東郊蘇思勗墓は、墓道ではなく甬道に男女立像を描く。墓室には天井に星宿図を描き、東壁に舞楽図、西壁に六組の人物と樹木を屏風画で、南壁に大きな朱雀、北壁には大きな玄武と男女侍を描いている。青龍と白虎は報告に記載が無く、描かれていなかった可能性が高い。というのも、李明星氏によると、唐開元年間頃の壁画墓では、墓室の壁画あるいは棺床に朱雀・玄武のみを配して辟邪の役割を持たせていたようである。同時に墓道には青龍・白虎を配していた。つまり、その直後にあたる蘇思勗墓においても朱雀・玄武だけで四神が揃わなくとも、星宿を表すことができ、また辟邪の用が事足りるとされていたと考えられるのである。

一方、墓誌にも四神が描かれる。南北朝において墓誌蓋や墓誌蓋の四側に紋様を彫刻するものが増える。当初は草花文が主流であったが、四神図も彫られるようになった(10)。この伝統はやはり、隋・唐代に受け継がれ、さらに五代や宋にまで続いていく。李明星氏の集計によれば、北朝から隋・唐代までの装飾された墓誌の内、四神像と十二支像を共に施す墓誌が、全体の約五〇パーセントを占めるようである。この様に四神は、描かれる位置と役割を変えながら墓内部に表現され、墓主を守り続けたのである。

（二）朱雀と玄武の変化

ここでは、布扎克古墓地四神木棺の四神図表現から導き出せる年代を考えるため、中原における四神図の変遷を追っていく。作業にあたっては、布扎克古墓地四神木棺の図像の内、特に朱雀と玄武の図像が本来の姿から変容しており、最も特徴的であるのでこの二神について検討する。有機物である木棺はどうしても完全な形で出土することが少ないため、木棺を模しているであろう石棺、棺に付随する葬具である槨も同様に検討対象として扱う。また、棺・槨に描かれた図像のみでは類例が限られるため、壁画や墓誌などの資料で補足する。

正面形朱雀の変遷

布扎克古墓地四神木棺の頭側小口板には、正面から見た形の朱雀像が、門上に翼を広げて立つ姿で描かれている。この様に正面から見た形の図像を、中国の研究者はしばしば「正視形」と表現する。本稿では、正面からという意味合いをはっきり示したいので「正面形」の語を用いたい。正面から見た状態なので、朱雀の頭部から腹部にかけてが図像の中軸線となり、基本的には左右対称となる。正面形朱雀については山本忠尚氏が集成しているが[11]、ここでは改めてその変遷をたどってみたい。林巳奈夫氏は青銅器、甲骨文字、漢代画像石などの鳳凰表現を分類し、モデルとなった鳥の違いによって、表現に違いがあることを明らかにした。それによれば、漢代の朱雀には全ての種類の鳳凰が含まれるという。また、正面形朱雀像も漢代の画像石に既に認められる[12]。頭に大きな冠羽があり、翼、胴部、尾羽が上方へ翻って、装飾性が強い。

南北朝時代の壁画墓、東魏の茹茹公主墓では門墻に正面形朱雀像が大きく描かれている（図3―1）。同じく河北省磁県に所在する北斉の湾漳墓（五五〇年頃か）、同じく堯峻墓（五五六年没）でも門墻に正面形朱雀像が描かれている。東魏から北斉にかけて流行したようである。そもそも、門や闕の上に朱雀が立つ意匠は漢代の画像石に既に認められるので、門を守る役割はもともと備えている。北朝期において墓室の四神とは分けて、改めて門墻に大きく描かれたのは、門を守る力を強調するためで、門に向かってくる者に対して真っ正面から向かい合い、その力を発揮するためではないだろうか。この時期の表現が直接後代に受け継がれたと考えられるため、詳細を示したい。正面形朱雀は完全な左右対称で描かれている。翼は外側が見えて、伏せたように翼角が下になって風切羽が後方（上方）に広がっている。例えるならば、翼をたたんだ鳥が飛び立とうと翼を持ち上げた瞬間に似ている。頭部には三本の冠羽、やや正面寄りに位置する目の上では、眉のように長い羽が上方へ翻り、そのため目尻がつり上がった様な一見怖い形相である。嘴は太く短い。胴部は羽が巻き上がるように描かれ、非常に装飾的である。湾漳墓例では胴部の巻き上がる羽が少なく、長方形の胴部

図３　正面形朱雀の類例
1：河北省磁県茹茹公主墓、2：寧夏回族自治区固原史索岩夫婦墓、
3：狭西省西安市蘇思勗墓、4：山東省恵民県定光佛石棺、5：遼寧省
法庫葉茂台遼墓、6：河北省平泉県大長公主墓、7：山西省長治県宋墓
スケール不同

が描かれている。胸から腹にかけては縦に三分され、真ん中には爬虫類のように横線が引いてある。腹部の羽が重なっている様子を表現したいのだろうか。細長い足も描かれる。尾羽は上方に向かって立ち上がり、三つに別れてはいるが左右に広がらない。

北魏の画像石棺は主となる画題が昇仙図となり、四神も彫刻されている。正面形朱雀の例は認められない。洛陽郊外で出土した画像石棺には、棺身の頭側小口板に二羽の側面形朱雀が彫られている。朱雀は宝珠を挟んで対置する。目を縁取る輪郭線が三角形で、翼や羽が上方へ翻る様など、正面形朱雀をそのまま側面形にした描写である。その下には門吏が左右に立ち、真ん中には朱色で門が描かれていたが、既に消えてしまったという。次の隋代では現在のところ、正面形朱雀の例が認められない。だが、石棺に四神図を彫刻した例がある。陝西省三原県李和墓（五八〇年没）の石棺では、やはり棺身頭側小口板に二羽の側面形朱雀とその下に門が彫られ、朱雀の配置は北魏の画像石棺の系譜を引き継いでいる。朱雀の造形としては、翼の翻り方などに認められた装飾性は減じている。また、同じく洛陽出土のもう一例の四神石棺では、側面形朱雀が蓮華の台座に立っており、この台座は隋代に表れた表現だという(13)。

唐代における正面形朱雀は、山本氏によれば盛唐期の西安と洛陽の周辺で多い。それより古い時期の例は少ないが、類例は認められる。図像を確認できた最も古い例は、寧夏回族自治区固原に所在する史索岩夫婦墓（六五六年没）例である（図3―2）。第五過道封門の上に一羽描かれている。壁面の状況はあまり良好ではないが、北朝代のように門の上に立つ意匠は同じである。頭部の形状は不明確で、細長い首に紡錘形の胴部が続く。胸と腹にかけては縦に三分し、真ん中に横線が引かれる。足は細長くまっすぐ伸び、後方には三つ又に分かれた尾羽が立ち上がる。全体的に装飾性が減って胴部に丸みを帯びたものの、北朝の基本的な表現方法を良く残している。最も異なるのは翼の向きで、翼角が上方にあり、翼の内側が見えるようになった。こうした北朝以来の表現は、盛唐期の蘇思勗（七四五年没）墓や晩唐期の楊玄略（八六四年没）墓に至るまで西安周辺では長期間にわたって用いられる。蘇思勗墓の朱雀は蓮華の台座に立っている（図3―3）。この間、胴部のプロポーションに丸みが増し、長細く三つ叉だった尾羽が、分岐する数が増えて幅広になるという変化が認められる。また、顔を横へ向ける例も現れる。また、蘇思勗墓例や同じ西安高元珪（七五六年没）墓例では、胸から腹の三分割と横線が認められない。高元珪墓例では胸と腹に鱗状に羽が描かれている。こうした変化が次の図像を生んでいったようである。というのも、河北省正定県所在の王元逵墓（八五四年没）の夫人魯国長公主墓誌には四神が彫刻されている。石面が荒れていてはっきりしないが、正面形の朱雀が彫られている。この朱雀の胸から腹にかけては紋様がない。頭から胴部は瓢箪形で足が短く、図像全体が縦方向に縮んだような描写になっている。尾羽の形状は確認できない。唐代を通して北朝の伝統的な描写が用いられると共に、その簡略化も進んでいたようである。なお、側面形の朱雀像も多数用いられている。例えば、高元珪墓では墓誌に側面形朱雀が彫刻される。

五代の類例は唐代に比べれば少ない。基本的に唐代末の省略化を経て、それが定着したようである。最も特徴的な点は、尾羽がまとまった形で立ち上がる例が現れることである。唐代においては尾羽は三分割から多分割へ変化していた。五代においては、尾羽が全くまとまらずに放射状に広がる例、多分割している例もあるが、唐代末から五代にかけては山形にまとまっている尾羽が認められるようになるのである。山東省恵民県で出土した定光佛舎利石棺には四神が彫刻されていた。棺身の頭側小口には門が彫刻され、その上の蓋に正面形の朱雀が彫刻される（図3―4）。朱雀の両脇には「定光佛舎利棺」と彫られている。朱雀は頭と胴部が瓢箪形で、胸から腹にかけては点文が施される。胸と腹の鱗状の羽表現が、省略されてこの点文に変化するのではないだろうか。細く短い足で立つ。翼は広げて内側が見えているが、羽先は翻ってはいない。尾羽は紡錘形の単位が集まって山形になって立ち上がっている。朱雀の役割は伝統的なままで、布扎克古墓地四神木棺の朱雀と良く似た描写である。

五代とほぼ同じ頃、北方に興った契丹族の遼王朝では、漢民族による唐王朝の風俗、制度が数多く取り入れられた。それは葬送に関する制度についても例外ではなかった。だが墓内壁画に四神は描かれない。石棺に多く、図面などで正面形朱雀を確認できたのは五基である。最も時期が早い例では遼寧省法庫に所在する葉茂台遼墓例の石棺である。この墓の時期は遼代前期といわれている。棺身頭側小口に正面形朱雀が彫刻される（図３―５）。朱雀の頭と胴部は瓢箪形で、胸から腹にかけての中心部には横線が引かれる。翼は内側が見えるように広げ、先はやや上方に翻る。尾羽は葉状の形をした羽が集まっている。その外郭線だけ見れば多分割した形の尾羽にも見える。短い足で蓮華の台座に立ってい る。また、この内面にも正面形朱雀が飛天に挟まれて蓮華の台座に立ち、その下には門と門から覗く人物、門の左右には門吏と楽を奏でる人物が彫刻されている。朱雀の造形は石棺外面とほぼ同じだが、翼の先端は翻っていない。もう一例あげよう。河北省平泉県に所在する大長公主（一〇四五年没）墓では片流れ形式の四神石棺が出土している。長さは二五二センチ、頭側の高さ一四一センチ、幅一九〇センチで、足側の高さ一三〇センチ、幅一七八センチである。朱雀は棺身の頭側小口に彫刻される（図３―６）。中央に門があり、左右には門吏が立つ。門の上に大きな正面形朱雀が座っているように配される。遼代の他の例と比べて丁寧な造形で、丸い頭部から首、胴部と分けて造形され、鱗状の羽が表現されている。翼は左右に大きく広がる。尾羽は頭の後方左右に分かれて、横方向の条線が描かれている。二又に分かれた尾羽の表現だろうか。一方、翼の付け根に近い風切羽の下に数本の羽が見えている。これが尾羽の一部なのか翼より後方の胴部の羽なのか、判断できない。このように、遼でも中原の伝統に則った朱雀が表現されていた。布扎克古墓地四神木棺の朱雀と良く似た描写もあれば、一一世紀にはいると独自に変化した部分もあるようだ。

中原に戻って、北宋ではどうだろうか。北宋でも墓内に四神が表現されるが、正面形朱雀の割合は少ない。山西省長治県に所在する二基の壁画墓[14]では、墓室四壁に飛天や精米する人物などと共に四神が描かれる。朱雀は正面形で南壁墓門の上に描かれている（図３―７）。頭部に冠羽が、目上に巻き上がるような羽がある。胴部は弧線を縦に連ねて形作る。広げた翼は上方に翻っている。尾羽は描かれない。宝珠の上に立つ。伝統に則った表現で、装飾性が強い。

以上の変遷から考えると、布扎克古墓地四神木棺の朱雀像は、中原の唐代末から五代、北方の遼代中期にかけて類例があり、年代はその頃に位置づけられる。

玄武甲羅表現の変容

布扎克古墓地四神木棺の足側小口板には玄武が描かれている。亀には耳があり、四つ足の獣のような表現で、甲羅が単なる菱形文に省略されるという特徴がある。この姿はいつ現れたのであろうか。玄武図像には漢代から既に二種類が存在していた。亀の表現が本物の亀を描写したものと、外面的に目立たないはずの耳をもつものである。甲羅表現は本物に近い。体の上にのせた形で、描写の上では腹側より背中側を重視している。耳の有無に関係なく、この表現が長い間踏襲される。

朱雀の正面化が目立つ南北朝期にも、玄武の基本的形状はおそらく変化しない。おそらく、としたのは南北朝期の四神図像は類例がまだ限られているためである。東魏の茹茹公主墓では、墓室北壁の公主像の上に玄武が描かれていたが、上半が剥落してしまい詳細が不明である。かろうじて、甲羅の縁部分が確認でき、北魏の画像石棺に彫刻されるような姿が想定できる。隋代においても、甲羅に変化は認められない。李和墓出土石棺の玄武は頭部はあからさまに四つ足の獣を思わせる描写だが、甲羅はまだ背中に覆い被さっている（図5—6）。耳があるように描くため、頭部は早くから亀の形状とかけ離れていったようである。

唐代の壁画墓に甲羅表現が変化した類例が確認できる。山西省太原市金勝村の壁画墓である。墓室には星宿、四神、樹下人物、侍女が描かれる。玄武は例えるならば、被毛のない虎のようである（図5—10）。首の根元から胴部に蛇が絡みついている。亀であるはずの動物は、四肢で立ち、首を伸ばして蛇と向かい合う。顔は見えないが、細い線の髭が上方へたなびいている。胴部は丸々と太ったように見えるが、亀の輪郭線だけが残ってこの形になったのだろう。前足は太腿まで表現されている。胸・腿・脇・背中に斑点が施され、腹と脇、腿と膝の境目は線で分けられている。これが甲羅の縁にあたるのだろう。蛇も一緒に斑点が施されている。ちなみに朱雀は側面形であるが、胸と腹を除いて頭から尾羽まで、玄武の甲羅と同じような斑点が施されている。この墓については高宗から武周期の間という年代が考えられている。布扎克古墓地四神木棺の玄武と最も似た例であるものの、布扎克古墓地四神木棺は亀の形状がほとんど残っていない。それは布扎克古墓地四神木棺を描いた者の力量によるのか、それとも時期が下ってより省略が進んだせいなのか、他に例がないため判断できない。

（三）四神で飾られた棺・槨

ここまで、棺形態の変遷、朱雀と玄武を中心にした四神図の変遷を捉え、布扎克古墓地四神木棺の年代の可能性を探ってきた。その結果、棺形態からは盛唐以降、正面形朱雀像からは唐末から五代・遼代中期頃、玄武像の省略化から上限は高宗から武周期という年代を導き出した。ここでは、布扎克古墓地四神木棺の年代をさらに絞るため、五代以降の棺の形態も含めて四神図が施された棺について、改めて漢代からの変遷を確認してみたい（図5）。管見に上がった棺・槨は表にまとめた。

棺装飾としての四神図は漢代の画像石棺に見られ、早くから墓主に近いところで辟邪の役割を果たしていたようである。例として、四川省芦山県出土の王暉石棺が著名である。棺身の左右・後には白虎・青龍・玄武が彫刻されているが、前側には門が彫刻され、門から仙人が半身を覗かせている。その上の蓋には獣面の鋪首が彫刻され、門を守る。後に、棺装飾ではこの鋪首に代わって、朱雀が門を守る表現が主となる。棺の形態は勿論、片流れ形式ではない。

次の例は南北朝、北魏の画像石棺である。洛陽で多く出土しており、石棺の外面に昇仙図が彫刻される。洛陽郊外で出土した画像石棺（図5―1）には、先述したように棺身の頭側小口板に二羽の側面形朱雀、門と門吏が彫られている。足側小口には玄武ではなく人物が、左右長側板には青龍・白虎に乗った仙人とそれを取り囲む仙人や獣、風景が彫られ

表　四神で飾られた棺・槨一覧

出土墓	所在地	墓主	時代（没年）	種類	棺長	前高/幅	後高/幅
王暉磚室墓	四川省芦山県石羊上村	王暉	211	石棺			
洛陽北魏画像石棺	河南省洛陽		北魏	石棺	246	68/88	50/74
洛陽出土北魏石棺	河南省洛陽		北魏	石棺	231	84/－	66/－
楡杜北魏石棺	山西省楡杜	孫龍	北魏	石棺	220	90/66	－
洛陽出土隋石棺	河南省洛陽		隋	石棺			
李和墓	陝西省三原県双盛村	李和	582	石棺	250	84/74	70/51
李寿墓	陝西省三原県	李寿	630	石槨			
超県城内唐代石棺	河北省超県		唐	火葬石棺	81	26/28	16/24
宣化区発見唐代石棺墓	河北省張家口市宣化区		唐	火葬石棺	67	42/33	30/25
旬容行香唐代舎利容器	江蘇省旬容県		唐	銀製舎利容器	10.6	4.4/3.4	3.3/2.5
唐代高暉石棺	四川省成都市	高暉	唐	石槨蓋			
定光佛石棺	山東省恵民県		五代	火葬石棺	66	46/42	－
楽山出土五代陶棺	四川省楽山県		五代	火葬陶棺	81.5	40.5/29	24/25
宋琳墓	四川省芦山県	宋琳	955	石棺	306	128/126	－
法庫葉茂台墓	遼寧省法庫葉茂台		遼前期	石棺	225	124/88	
北票水泉一号墓	遼寧省北票県		遼早期	石棺			
翁牛特旗広特公墓	内蒙古自治区赤峰市		遼前期	木棺	270	73/73	56/56
咸知進墓	河北省張家口涿鹿県	咸知進	969	火葬石棺			
耶律延寧墓	遼寧省朝陽県	耶律延寧	986	石棺			
韓氏家族墓1号墓	内蒙古自治区赤峰市巴林左旗		遼中期	石棺破片	200	70 －	
李進墓	遼寧省瀋陽市	李進	1015	石棺	140	平均70	
耿氏墓	遼寧省朝陽県姑営子	耿延毅	1019	石槨	246	82/145	－
前窗戸村遼墓	遼寧省朝陽県			石棺	225	70/100	67/90
超為干墓	遼寧省朝陽県	超為干	1039	石棺	126	74.3	
秦晋国大長公主墓	河北省平泉県	大長公主	1045	石棺	252	141/190	130/178
溝門子遼墓	遼寧省朝陽県			火葬木棺	100	39/36	28/22
超匡禹墓	遼寧省朝陽県	超匡禹	1060	火葬石棺			
怀安県遼墓	河北省張家口市怀安県		遼後期	火葬石棺	72	44/36	40/31
釦卜営子遼墓	遼寧省北票県		遼	石棺	189	52/72	45/58
張秀石棺	遼寧省朝陽県	張秀	遼	石棺			
孫允中墓	遼寧省瀋陽市	孫允中	遼	火葬石棺			

ている。青龍に乗るのは墓主で、壁画と同じく青龍・白虎は墓主の魂を引導する役として表現されている。棺の形態は当時の木棺と同じ片流れ形式であるが、前後の高さの差は二センチである。やはり、この時点では大幅な高さの差は生じていない。隋代において、四神が施された棺は、先にあげた陝西省三原県李和墓例（図5―4）などの画像石棺が僅かにあるだけである。李和墓例は棺身の小口板に朱雀（図5―5）と玄武（図5―6）を配し、長側板には仙人が乗る青龍・白虎の周囲に飛天、獣、剣を立てて立つ侍者が彫刻される。棺蓋には二人の鳥足の人物、飛天、獣面の入った円文が彫刻されている。これは北魏の画像石棺の流れを直接継いでいる。李和が亡くなって埋葬されたのは五八二年、隋王朝が始まって二年目のことで、ほぼ時期差がないからであろう。岡林氏による木棺形態の変遷では、北魏から隋、唐代にかけて片流れ形式の木棺が定着するということが分かっている。李和墓例では既に前後幅と高さの差が大きくなっている。

唐代では火葬用棺と棺形舎利容器が多い。舎利容器が棺を模しているので、両者は形状が良く似ている。河北省張家口市宣化区出土石棺（図5―7）は、四壁に四神が彫刻され、朱雀は正面形である。蓋には角が四カ所あり、五面になっている。棺は台座にのっており、台座には格挟間が彫刻される。全体の長さ六七センチ、頭側高さが四二センチ、幅三三センチ、足側の高さは図面から求めると三〇センチ、幅二五センチの片流れ形式である。江蘇省句容県で出土した棺形舎利容器は、蓋が弧状である（図5―8）。また、陝西省三原県に所在する李寿（六三〇年没）墓では、墓室で木棺を納めていた石槨外面に四神が彫刻されている。上から金箔が貼られていた。四神の他にも舞伎図、楽伎図が彫刻されている。石槨は三間×一間の建物を模している。正面中央に門がある。蓋は寄せ棟造りの屋根状で、瓦も表現されている。五代に至って、山東省恵民県定光佛舎利石棺（図5―12）の蓋は、右の張家口市宣化区出土の石棺と同じ、五面になっている。五代の棺が唐代を踏襲していることは既に述べた。四神が施された棺においてもそれは同様であった。

遼では四神を施した棺・槨が多く用いられた。主な例について遼代を三期に分け[15]、順に見ていきたい。前期の例で

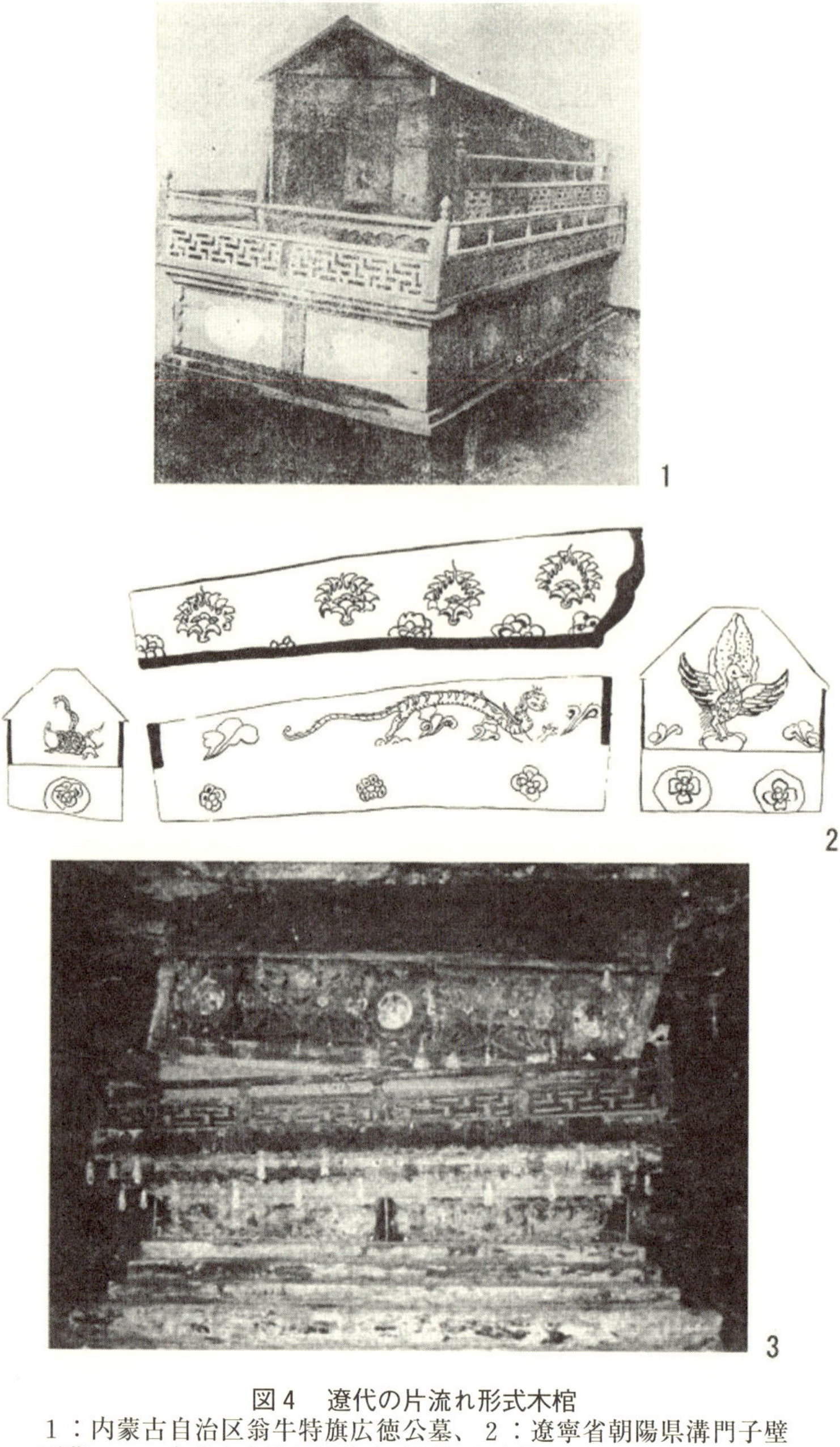

図４　遼代の片流れ形式木棺
１：内蒙古自治区翁牛特旗広徳公墓、２：遼寧省朝陽県溝門子壁画墓、３：内蒙古自治区通遼市吐爾基山遼墓　　　　スケール不同

ある葉茂台遼墓の石棺は小帳に納められ、六枚の板石で成っている（図5—15）。蓋には十二支と牡丹、唐草文が、四側面には四神と雲気文が彫刻されている。蓋の中央は平面で、四周が下方に傾斜している形で、片流れ形式ではない。内蒙古自治区翁牛特旗広徳公墓例は木製棺台を伴う木棺である（図4—1）。棺台は四本の足で立ち、四側面には格挟間がある。卍形の欄干があり、四角には宝珠状の飾りが乗る。棺は切妻造の建物を模した形で、頭側小口には門が作られ、門吏が両脇に描かれる。四側には四神と雲門が、切妻屋根の蓋には牡丹が描かれる。棺の形態は片流れ形式である。

中期統和年間の前後には、四神棺は最も多い。遼寧省朝陽県所在の耶律延寧（九八六年没）墓の四神石棺は、詳細な報告がないものの、全体が長方形で、蓋の中央は平面で四周が傾斜する形である。葉茂台遼墓例に似ている。四神の周囲の雲気文は数が減っている。同じく朝陽県前窗戸村遼墓で出土した石棺は、蓋の形状が切妻造屋根状で、瓦も表現されている。棺は片流れ形式である。頭側小口には正面形朱雀と門、門吏が彫刻される。朱雀は小さく、ほとんど装飾性がない。残りの三神は詳細が報告されていない。また、朝陽県溝門子壁画墓で出土した木棺がある（図4—2）。棺の形状は片流れ形式である。蓋は三枚の板を合わせていて、外側二枚が下方に傾斜している。火焔文と花が描かれる。四側面には四神と雲気文が描かれ、おそらく棺台があるのだろう、下方に花文が描かれる。

後期の例では河北省張家口市で出土した舎利石棺がある。蓋は弧状で、小口側端部には雲気状の飾りが立ち上がっている。前側小口には門、左右長側面には青龍・白虎が彫刻される。朱雀と玄武はないが、唐・五代の舎利棺に似ている。これら遼代の四神棺の中で、墓主が漢民族であると報告されているのは翁牛特旗広徳公墓、溝門子壁画墓である。

ところで、四神は施されていないが、遼代早期とされる木棺が出土している。内蒙古自治区通遼市吐爾基山遼墓である（図4—3）。木棺は二重になっており、外棺は長さ二三一センチ、高さ一〇五センチ、最大幅一三〇センチで、詳細は報告にないが、写真から片流れ形式であると確認できる。棺身には仙鶴・鳳凰・牡丹などの図案を彫り、金が貼られ、鈴を付ける。頭側小口には門があり、左右には門吏が描かれる。棺蓋は弧状で鍍金の銅製装飾が付く。棺台は八層

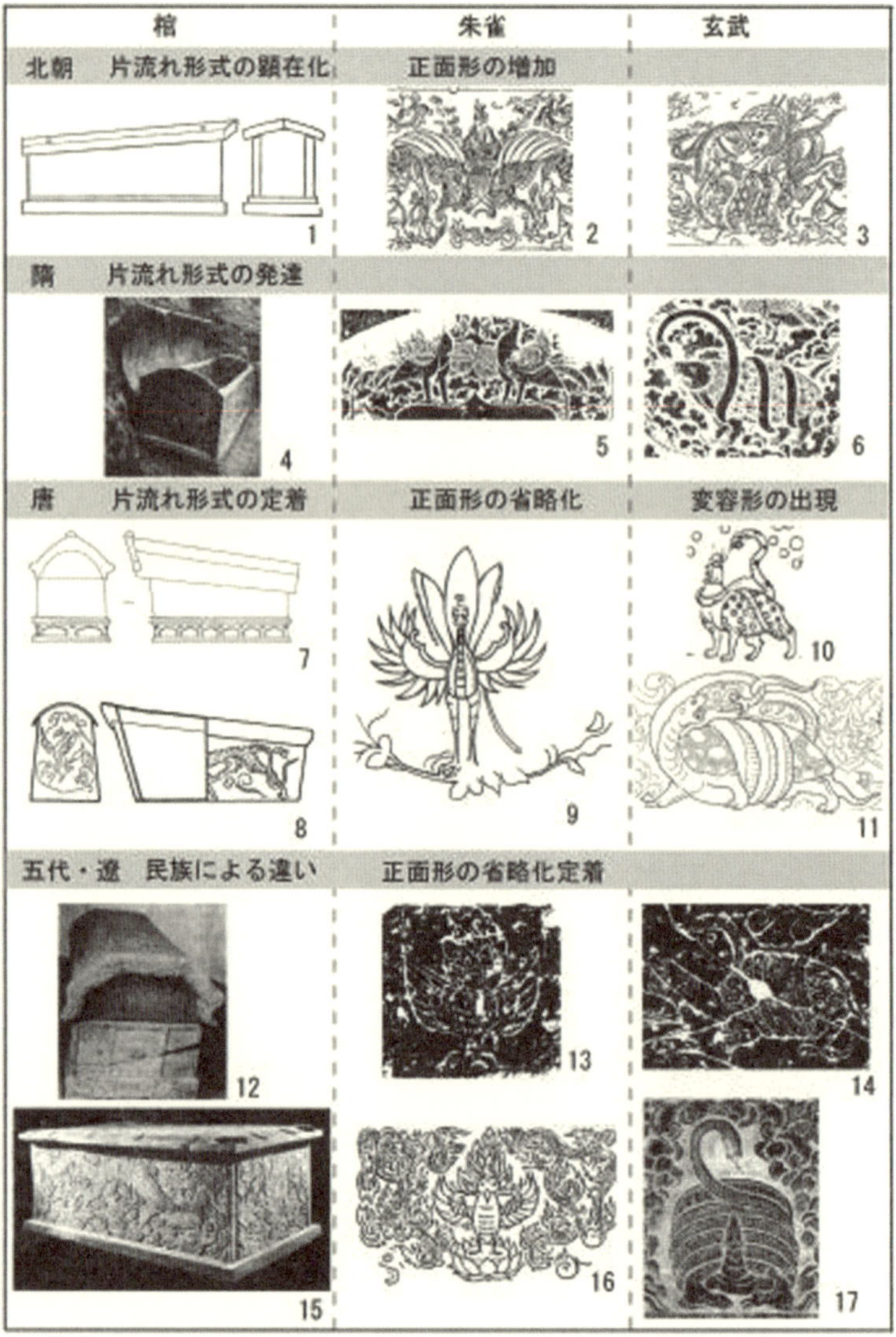

図５　棺形態と朱雀・玄武像の変遷

１：洛陽北魏画像石棺、２：河北省磁県茹茹公主墓壁画、３：山東省北斉崔芬墓壁画、４～６：狭西省三原県李和墓石棺、７：河北省張家口市唐墓舎利石棺、８：江蘇省句容行香舎利容器、９：寧夏回族自治区固原史索岩夫婦墓壁画、10：山西省太原市唐墓壁画、11：山西省万榮県薛敬墓墓石棺、12～14：山東省恵民県定光佛石棺、15・16：遼寧省法庫葉茂台遼墓石棺、17：河北省平泉県大長公主墓石棺　スケール不同

構造で卍形の欄干があり、六カ所に鍍金銅製獅子が乗る。全体的に非常に豪華な装飾が目立つが、基本的な木棺の形態は布扎克古墓地四神木棺とほぼ同じである。墓主については、身分の高い契丹人の女性シャーマンという説がある。

遼代においては、早くから民族に限らず中原と同じ片流れ形式の棺を四神で飾っていた。しかし早い時期の木棺に限ってみると、四神図で飾ったのは漢民族だけである。それらは布扎克古墓地四神木棺と共通点が多い。吐爾基山遼墓例は中原的な棺であるのに、四神としての表現はない。李宇峰氏は、四神石棺を遼朝に仕えた漢人が主として用い、後に契丹上層貴族が用いるようになったとする。(16)契丹人が用い始めたのはかなり早い段階ではあった。だがその当初においては民族的使い分けがあった可能性があり、後期にいたって使い分けが無くなったのではないだろうか。

以上のような四神図像をもつ棺の変遷から考えると、布扎克古墓地四神木棺の年代は五代で、しかも遼の前半併行の可能性が高い。

むすび

最後に、布扎克古墓地四神木棺が作られた十世紀の東西交流について考えてむすびとしたい。広大な領域を誇り、西域経営も盛んだった唐が崩壊したのは九〇七年である。その後、中原に興った五代各勢力と北方の遼は争いと和議を繰り返した。しかし、その間でも西夏を介しながら西域との交易は行われており、于闐王国は天山ウイグル王国の中でシルクロード交易の中継都市として繁栄していた。唐代では于闐を安西四鎮の一つとし、国王尉遅氏に李姓を与えていた。五代では、後晋天福三年（九三八）に高祖石敬瑭が高居誨を遣わして、于闐国王李聖天を「大寶于闐国王」に封じている。他にも後漢へ遣使があるなど、『五代史記』に交流の様子が記されている。『遼史』には遼代中期、聖宋の頃に于闐を含めた西域からの朝貢が記録されている。正史のない遼と西域の関係は、五代と比較しても資料が少ないが、吐爾基山遼墓ではガラス製坏が副葬されており、遼代早期から西域との関係が窺われる。于闐国は五代とも遼とも密接に、且つゆるやかに結びついていたのである。

布扎克古墓地四神木棺の墓主の出自や、覆面に記された「男宰相李枉児」と墓主との関係は不明である。また、棺台についての検討は出来なかった。しかし、同時期の中原で考えれば、この形式の木棺を用いたのは漢民族か、あるいは漢民族の文化を吸収した人物である。何らかの理由でこの地に来た中原の人物、あるいは中原文化を導入していた于闐国王の親族などの一部の于闐人が墓主である可能性が高い。、どちらにせよ、この人物は西域の地において中原文化に則った棺に葬られた。四神木棺は、当時の国際的状況、その中での于闐国の位置取りをそのまま反映している。

本稿は、早稲田大学シルクロード調査研究所の現地調査に参加させていただいたことがきっかけである。中国考古学が専門でない筆者でも、各地で様々な知見を得ることができた。その経験を未だ生かしきれていないことを猛省すると同時に、調査に同行させて下さった岡内三眞先生に、深く感謝申し上げる。

註

（1）①から⑤の文献は以下の通りである。①「一九八四年新疆文物考古工作簡況」『新疆文物』一九八五年第一期、②超静一九九七「一九九〇～一九九六年新疆考古発掘与調査記事」『新疆文物考古新収穫（続）』③新疆ウイグル自治区文物事業管理局ほか一九九九『新疆文物古蹟大観』、④姚　書文二〇〇二「和田布扎克墓地出土一号彩色木棺的修復加固」『新疆文物』二〇〇二年第三、四期、⑤新疆文物考古研究所二〇〇四「和田地区文物普査資料」『新疆文物』二〇〇四年第四期

（2）一号棺は正しい四神配置であるが、二号棺は青龍・白虎の配置が逆であった。その理由は不明である。

（3）この様な表現は、北魏から少なくとも五代まで確認することが出来た。これも布扎克木棺の系譜を示す属性かもしれ

ないが、今回は資料不足のため、今後に検討してみたい。
（4）岡林孝作二〇〇四「第四章　中国における木棺と棺形舎利容器　―いわゆる「片流れ形式」の木棺形態をめぐって―」『シルクロード学研究』二一
（5）岡林氏は明言されていないが、前後の幅の差だけでなく高さの差も、この過程で強調されていったと考えているようである。
（6）来村多加史二〇〇一『唐代皇帝陵の研究』学生社
（7）小山　満二〇〇二「ホータン地区ブザク古墓出土の木棺」『シルクロード研究』第三号
（8）李　星明二〇〇四『唐代墓室壁画研究』陝西人民美術出版社
（9）宿　白一九八二「西安地区唐墓壁画的布局和内容」『考古学報』一九八二年第一期
（10）山本忠尚氏は墓誌蓋に四神を彫刻するのは、南朝で始まったと指摘している。山本忠尚二〇〇五「鳳凰と朱雀に違いはあるか」『古事』第九冊
（11）山本氏は北朝期の正面形朱雀は漢代の延長上にあり、「立体的でなく体部が扁平」で造形的に後続のものと異なるとする。しかし後述するように、唐代の例に北朝と通じる点があり、筆者は唐代の正面形朱雀は北朝から受け継がれたものと考える。
（12）林巳奈夫一九六六「鳳凰の図像の系譜」考古学雑誌第五二巻第一号
（13）王　子雲一九八八『中国美術全集　絵画編一九　石刻線画』上海人美術出版社
（14）朱　暁芳・王　進先二〇〇五「山西長治故県村宋代壁画墓」『文物』二〇〇五年第四期
（15）遼王朝の時期区分については様々な意見があるが、李　逸友氏や王　秋華氏がとる三期区分に則る。前期は世宗まで、中期は景宗～興宗、後期は道宗～天祚帝である。李　逸友一九九〇「略論遼代契丹与漢人墓葬的特征和分期」『中国考

古学会第六次年会論文集』文物出版社、王　秋華一九八二「遼代墓葬分区与分期的初探」『遼寧大学学報』一九八二年第三期
(16) 李　宇峰一九八六「遼代石棺綜述」『東北地方史研究』一九八六年第二期

引用・参考文献

1 東京国立博物館二〇〇二『シルクロード　絹と黄金の道』
2 新疆ウイグル自治区文物事業管理局ほか一九九九『新疆文物古蹟大観』
3 常州市博物館一九九三「江蘇常州半月島五代墓」『考古』一九九三年第九期
4 沈　仲常・李　顕文一九八三「四川楽山出土的五代陶棺」『文物』一九八三年第二期
5 新疆博物館ほか一九九九「莎車県喀群彩棺墓発掘簡報」『新疆文物』一九九九年第二期
6 林巳奈夫一九九二『石に刻まれた世界』東方書店
7 林巳奈夫二〇〇四『中国古代の神々』吉川弘文館
8 山東省文物考古研究所ほか二〇〇二「山東臨朐北斉崔芬壁画墓」『文物』二〇〇二年第四期
9 磁県博物館一九八四「河北磁県東魏茹茹公主墓発掘簡報」『文物』一九八四年第四期
10 湯　池一九八四「東魏茹茹公主墓壁画試探」『文物』一九八四年第四期
11 中国社会科学院考古研究所ほか二〇〇三『磁県湾漳北朝壁画墓』科学出版社
12 磁県文化館「河北磁県東陳村北斉堯峻墓」『文物』一九八四年第四期
13 陝西考古所唐墓工作組一九六〇「西安東郊唐蘇思勗墓清理簡報」『考古』一九六〇年第一期
14 寧夏回族自治区固原博物館一九九六『固原南郊隋唐墓地』文物出版社

15 王　仁波一九九〇『隋唐文化』学林出版社
16 東　潮一九九九「北朝・隋唐と高句麗壁画」『国立歴史民俗博物館研究報告』第八十集
17 劉　友恒一九八三「唐成徳軍節度使王元逵墓清理簡報」『考古與文物』一九八三年第一期
18 遼寧省博物館・遼寧鉄嶺地区文物組一九七五「法庫葉茂台遼墓記略」『文物』一九七五年第一二期
19 曹　汛一九七五「葉茂台遼墓中的棺床小帳」『文物』一九七五年第一二期
20 鄭　紹宗一九六二「契丹秦晋国大長公主墓誌銘」『考古』一九六二年第八期
21 張　翠榮・白　雲香「浅談遼大長公主石棺的彫刻芸術」『文物春秋』二〇〇一年第三期
22 朱　曉芳・王　進先二〇〇五「山西省長治故県村宋代壁画墓」『文物』二〇〇五年第四期
23 山西省考古研究所一九八八「太原市南郊唐代壁画墓清理簡報」『文物』一九八八年第一二期
24 劉　海文・只　梅梅二〇〇三「河北張家口市宣化区発現唐代石棺墓」『考古』二〇〇三年第八期
25 高　文・高　成剛一九九六『中国画像石棺芸術』山西人民出版社
26 陝西省文物管理委員会一九六六「陝西省三原県双盛村隋李和墓清理簡報」『文物』一九六六年第一期
27 劉　建国・楊　再年一九八五「江蘇句容行香発現唐代銅棺、銀槨」『考古』一九八五年第二期
28 陝西省博物館一九七四「唐李寿墓発掘簡報」『文物』一九七四年第九期
29 項　春松一九八九「内蒙古翁牛特旗遼代広特公墓」『北方文物』一九八九年第四期
30 靳　楓毅一九八〇「遼寧朝陽前窗戸村遼墓」『文物』一九八〇年第一二期
31 李　大鈞一九九七「朝陽溝門子遼墓清理簡報」『遼海文物学刊』一九九七年第一期
32 内蒙古文物考古研究所二〇〇四「内蒙古通遼市吐爾基山遼代墓葬」『考古』二〇〇四年第七期
33 昭烏達盟文物工作隊一九七九「遼寧昭烏達地区発現的遼墓絵画資料」『文物』一九七九年第六期

34　洛陽博物館一九八〇「洛陽北魏画像石棺」『考古』一九八〇年第三期
35　山西考古研究所二〇〇〇『唐代薛儆墓発掘報告』科学出版社
36　常　叙政・朱　学山一九八七「山東省恵民県出土定光佛舎利棺」『文物』一九八七年第三期
37　長澤和俊一九九三『シルクロード』講談社
38　張　郁一九九一「草原絲綢之路」『内蒙古東部区考古学文化研究文集』海洋出版社
39　今野春樹　二〇〇三「遼代契丹墓の研究」『考古学雑誌』第八七巻第三号

図版出典

図1　文献1・頁一四〇・一四一の写真を筆者トレース、写真：文献2・頁九八
図2　1：文献3・頁八一六　図一、2：文献4・頁五五　図四・図五、3：文献5・頁四九　図七・図八
図3　1：文献10・頁一五　図五、2：文献14・頁五一　図三八―一、3：文献15巻頭カラー図版、4：文献36・頁六一　図五、5：文献19・頁六二　図二四、6：文献21・頁六一　図三、7：文献22・頁五五　図八
図4　1：文献33・頁二九　図八、2：文献31・頁三二　図三、文献32・図版一―一
図5　1：文献34・頁二二九　図一、2：文献10・頁一五　図五、3：文献8・頁一二　図―七、4：文献26・頁二九　図五、5・6：文献26・頁39　図四一、7：文献24・頁九二　図一、8：文献27・頁一八三　図三、9：文献14頁五一　図三八―一、10：文献23・図版六―一、11：文献35・頁五六　図七三、12：文献36・頁六〇　図一、13：文献36・頁六一　図五、14：文献36・頁六一　図七、15：文献38・頁二八　図五、16：文献19・頁六二　図二四、17：文献21・頁六二　図四

第二部

中原文化と地域文化交流

中国の卜骨とその伝播について

菊地有希子

一　はじめに

中国の卜骨にみられる占卜方法は、中国、朝鮮半島、日本に分布する点状焼灼法を用いたものであり、大陸から日本へ伝播したということはすでによく知られている。卜骨の考古学的な検討を通して、「占う」という行為について考えることは、人類の精神文化の発達を考える上で重要であり、その伝播過程を明らかにすることは、東アジアの文化交流の実態に迫ることでもある。しかし卜骨の出土例が増え、各国における研究も少しずつ進められている状況の中で、中国と朝鮮半島や日本の卜骨の具体的な比較検討については進んでいるとはいえない。これは、中国の卜骨と朝鮮半島および日本の卜骨とではかなりの時期差があり、直接比較検討できないためである。本稿では、占卜の際に卜骨に施す加工など視覚的に卜骨に残る痕跡や技術的側面に注目して現状を整理し、時期差の問題を踏まえた上で、卜骨が中国でどのような発達と展開を経たのか、ひいてはそれが日本で出土する卜骨にどうつながり、どのような経路で日本へ伝播したのかについて考えてみたい。

二　卜骨の展開と伝播

卜骨とは、占卜のために用いられたウシ・ヒツジ・ブタなどの獣骨であり、肩甲骨が多く用いられる。そのままの骨に直接焼灼を加えて生じた亀裂で占うものもあるが、亀裂を生じやすくするために骨を削ったり磨いたりするものもある。骨に加えられるこのような整形は「整治」と呼ばれる。北浦弘人氏は、整形についてより具体的に考えるため、一般に整治に含まれる削りをケズリ、磨きをミガキとして、整形全般を「整治」と一括りに言及することを避けている（北浦ほか二〇〇一　二六一頁）。ケズリとは、肩甲骨の突出部分を削り、より平板な形態を指向した成形を示す。本稿では基本的にこれに従ってケズリ、ミガキの用語を用い、整治という場合は削りや磨きなど整形全般を含むものとする。また、錐状工具で円形の孔を擂鉢状に彫り込んだ「鑽」や、ノミで楕円形の孔を彫り込んだ「鑿」などを施して、さらに骨を薄くするものもある。

削りについては、鋭利な金属製の工具を用いていることが加工痕から明らかであり、中国では小屯遺跡から出土した甲骨の甲橋や骨臼部分に鋸でひき切った跡があることから、青銅製の鋸を使用したと考えられている（伊藤一九五八）。また青谷上寺地遺跡では鉄製利器の使用が想定されている（北浦ほか二〇〇一　二六一頁）。

中国の卜骨―出現と展開

新田栄治氏によれば、卜骨には、骨を焼いて生じた亀裂や色調の変化に基づいて占う有灼法と、骨を焼かずに自然のままの骨の特徴に基づいて占う方法と大きく分けて二つの方法があり、前者の一つである点状焼灼法は、中国、朝鮮、日本の地域に限られる（新田一九七七）。この点状焼灼法の起源地である中国では、亀甲や獣骨を占卜に使用する風習が広く分布し、時代や地域によって使用する亀甲や獣骨の種類、その使用方法に変化があることはかなり以前から知られていた（伊藤道治一九五八　四九頁）。卜骨の素材やその使用方法、変化についてみておきたい。

中国における占卜の初現は新石器時代中期後半である。現在のところ馬家窰文化石嶺下類型（前四千年期後半）の甘粛省武山県傅家門遺址の例がもっとも古く、中国北西部の黄河上流域を含む黄土高原西部を起源地とする説が有力視されている（今村二〇〇四　一五五頁、岡村二〇〇五　一一八頁）。謝端琚氏によれば、新石器時代後期にはヒツジの肩甲骨が五五・六％で、ヒツジの卜骨が半数を占めていた。とくに甘粛地区ではヒツジの卜骨が七一％を占め、ヒツジの牧畜と関連してヒツジの地位が高かったとされる（謝一九九三）。

卜骨の素材の変化を詳細に検討した岡村秀典氏は、次のように述べている。新石器時代には甘粛省周辺ではすべてヒツジであったのに対し、河南省を中心とする中原ではウシとブタが中心であった。甘粛省と河南省の中間に位置する陝西省岐山県双庵遺跡や長安県客省荘遺跡ではすべてヒツジであることから、関中盆地まではヒツジの飼養と骨卜の風習とが結びついて伝播したが、以東へは骨卜の風習だけが先行して伝わったと考えられる。二里頭時代になると中原での出土数が増加し、ウシの比率は変化しないが、ブタが減少してヒツジが増加する。特に西の黄土台地ではヒツジ、華北台地ではウシの比率が高い傾向がみられるようになる。殷代になると出土数はさらに増えて、ウシの割合が倍増し、中原ではウシの卜骨と卜甲に限定されるようになる。このような骨卜の盛行とウシ中心への転換は殷前期に起こり、殷人の習俗として定着した。また、中原を中心とするこのような大きな流れに対し、中原の殷周文化の圏外では、それぞれ独自の骨卜がおこなわれていたようで、岳石文化では家畜ではなく狩猟対象のシカを骨卜に用いる風習があった（岡村二〇〇五　一三六―一四〇頁）。これに関しては、中国北辺部では一貫してヒツジやシカ、イノシシが多く使用されたとする中国東北地方の独自性に関しての指摘も重要である（木村一九七九　一五―一六頁）。

卜骨の整治や焼灼にみられる変遷と展開については今村佳子氏による詳しい言及があり、まとめると次のようになる。占卜は新石器時代の黄土高原西部に起源したものが、二里頭時代以降に華北平原西部において発達し、黄河中・下流域で受け入れられていった。二里頭時代の卜骨は、ウシではほとんどが整治を経て鑽を施し、焼灼するが、ブタやヒツジの肩甲骨の場合は直接焼灼されることが多かった。殷後期になると、黄河流域でしかみられなかった分布が長江中・下流域にまで及ぶようになる。占卜の中心地は、二里崗文化期には河南省の鄭州を中心とする黄河中流域、殷墟期には河南省安陽を中心とする太行山脈東部というように、分布の集中する地域が移る状況がみられ、王都の移動との密接な関係がうかがえる。ウシの卜骨に鑿を施し、ヒツジやブタの卜骨にも整治を施すようになるのは殷代である。華北平原では素材としてウシを選択したために、黄土高原西部の卜骨よりも複雑な工程が必要になって整治・鑽、鑿の発達が促され、占卜の方法が確立していった（今村二〇〇四　二六〇―二六一頁）。

このように新石器時代後期に始まった骨卜の風習は、過渡的な二里頭時代を経て、殷代に盛行した。卜骨に対する加工技術については、整治と鑽が二里頭時代に出現して殷代には主流となり、鑿が殷代から施されるようになる。この技術の変化は、素材が肩甲骨の厚いウシへ特化していったことと密接に関係している。ウシを使う理由としては、犠牲として捧げられたウシが、神意を人間に伝える媒介になるものと考えられていたと推測されている（伊藤一九五八　五二頁）。ウシに特化したことの背景には、殷代に骨卜や亀卜は国家の占いとして採用されたことがある。骨卜の役所を置くことはこれ以後の王朝でもおこなわれ、唐代まで続いた（藤野一九七六　四一一頁）。以上のような変遷を経た卜骨が、ある段階で時間をかけて朝鮮半島や日本にまで伝わっていったのである。

日本への伝播

日本に卜骨が伝わったのは、中国で卜骨が盛行した殷代から遅れること約一〇〇〇年後のこととされている。日本の占卜風習は、紀元前三世紀頃の大陸系文物の流入と相前後して弥生時代前期後半に伝わったとみるのが妥当と考えられている（神沢一九七六　二二頁）。

神沢勇一氏は、日本で出土している弥生時代から古代までの卜骨を、整形手法と焼灼手法をもとに次のようなⅠ～Ⅴの五形式に分類している（神沢一九七六、一九九〇）。第Ⅰ形式：わずかに磨いただけの獣骨の片面に偏円形の焼灼を施すもの、第Ⅱ形式：表面をわずかに磨き、ときに一部を薄く削ぎ、焼灼するもの、第Ⅲ形式：骨の片面を大きく削り、不整円形の粗雑な鑽を彫りこむもの、第Ⅳ形式：骨面を磨くか粗く切り削ったのちに断面が半円形の整った鑽を彫りこむもの、第Ⅴ形式：整形した獣骨・亀甲の片面に長方形の鑽を彫り、鑽の内側底面を十字形に灼くもの。第Ⅰ形式は一例しかなく例外的なものだが、他の形式についてはおおむね古い順にあらわれ、弥生時代はすべて第Ⅱ形式、古墳時代前期には第Ⅲ形式、中期には第Ⅳ形式が登場し、古墳時代後期以降には第Ⅴ形式になるという変遷をたどるとしている。

表面に直接焼灼する第Ⅱ形式から片面を大きく削って粗雑な鑽を設ける第Ⅲ形式、円形の整った鑽を施す第Ⅳ形式、長方形の鑽を施す第Ⅴ形式へのおおまかな変遷は、大陸にみられる卜骨・卜甲の変遷とよく似ている。大陸の卜骨とは時期的な隔たりがある一方で、卜骨の技術の変遷にみられるこの類似性について、神沢氏は次のように説明する。整治・焼灼手法の五形式はそれぞれ個性が強く、第Ⅴ形式の鑽が横長に変化するのを除けば、連続性を認め難い。また各形式の中間的な例もない。これは、日本の卜骨が第Ⅱ形式から順次発展したものではなく、次々に伝播する新しい手法を受容していったために大陸の変遷とかなり似た変遷をたどることになったことを表している（神沢一九七六　二三頁、一九九〇　九八—九九頁）。説得力のある説だが、最近大量の卜骨が出土した鳥取県青谷上寺地遺跡では神沢氏の分類でいう第Ⅱ形式と第Ⅲ形式の中間的な例が多数出土しており、再検討の必要があるだろう。

大陸からの伝播経路としては、中国東北地方から朝鮮半島を経て日本に入って来たとする説が有力視されている。壱岐島の卜骨を検討した木村幾太郎氏は、中国北辺部の卜骨にはヒツジ・イノシシなど中型動物が多く、ウシの卜骨がみられない点、占卜方法などが壱岐のト骨のあり方と類似する点を指摘し、中国北辺部地域から朝鮮半島を経て伝播したと考えるのが妥当であるとした。壱岐島は朝鮮半島南部と同じ文化圏に属し、弥生中期から後期に朝鮮半島南部から対馬、壱岐にかけて占卜風習が広まったと考える方が現状では妥当性を持っているとも述べている。（木村一九七九　一六—一七頁）。渡辺誠氏も朝鮮半島経由ルートを主張する。弥生時代のト骨はすべて第Ⅱ形式だが、韓国の郡谷里遺跡のト骨も大部分が第Ⅱ形式に相当し、技術的にも同じ系統上に位置していること、卜占終了後には人為的に破砕され廃棄される点やシカが素材として多い点などに共通性があることから、日本のト骨は弥生時代中期に、朝鮮半島東南部の慶尚南道から伝えられたものであろうとしている（渡辺一九九五　一二二頁）。

三　中国のト骨の変遷

本稿では中国のト骨について、特にト骨に加えられた加工に注目し、ト骨の技術的側面を中心とした特徴と展開についてあらためて具体的に検討していきたい。

分析資料については、岡村秀典氏によるト骨集成（岡村二〇〇五）を基に、写真または図面でト骨の形態が確認できるものを取り上げた（第1表）。報告には素材の種類が記載されているものが多いが、図および写真で観察される形態から判断して明らかに種類が違っている場合には修正した。この再集成にしたがってト骨に使用している肩甲骨の種ごとにケズリの程度、焼灼および鑽を施す面、鑽の有無、鑿の有無について分析した。

ケズリについてはその有無だけではなく、青谷上寺地遺跡における分類（北浦ほか二〇〇一、二〇〇二）を参考に以下のように設定した（第6図上）。A～D類は、青谷上寺地遺跡のケズリA～Dの内容にほぼ対応するが、報告では判別が困難な図や写真が多い状況を考慮し、次のように細分した。

第１表　中国におけるト骨出土遺跡

遺跡名	時代	数	ウシ				ヒツジ				イノシシ				シカ				文献
新石器時代																			
河南省淅川下王岡	仰韶後期	1					A2	内	×	×									淅川下王岡
河南省淅川下王岡	龍山文化	3					E	?	×	×	E	内	×	×					淅川下王岡
河南省西平上坡H50	龍山後期	1					E	内	×	×									考古2004—4
河南省禹州瓦店	龍山文化	6	A1	内	×	×	E	?	?	?									考古2000—2
河南省鄭州大河村T41	龍山中期	1					E	内	×	×									鄭州大河村
河南省孟津小潘溝H42	龍山後期	1	A2	内	○	×													考古1978—4
河南省夏邑清涼山	龍山後期	1	E	内	×	×													考古学研究（四）
山西省襄汾陶寺	龍山文化	1									A2	内	×	×					考古1980—1
山西省襄汾陶寺	龍山文化	4									A1	内	×	×					考古2003—3
山西省夏県東下馮	龍山後期	1					E	?	×	×									考古学報1983—1
山西省忻州游邀H196	龍山後期	1									B1	外	×	×					考古1989—4
山西省五台陽白	仰韶後期	1	E	内	×	×													考古1997—4
陝西省臨潼康家	龍山文化	19					A1	内	×	×	A	内	×	×	A	内	×	×	考古与文物1992—4
甘粛省武山傅家門	馬家窰文化	6	E	陰 刻	×	×	A1	内	×	×	E	陰 刻	×	×					考古1995-4
甘粛省武威皇娘娘台	斉家文化	261	B2	内	×	×	A1	内	×	×	A1	内	軽 微	×					考古学報1960—2
甘粛省武威皇娘娘台	斉家文化	13					A1	内	×	×	A1	内	×	×					考古学報1978—4
甘粛省永靖大何荘	斉家文化	9					A1	内	×	×									考古1960—3
甘粛省永靖大何荘	斉家文化	14					A1	内	×	×									考古学報1974—2
寧夏海原林子梁F13	仰韶後期	1	E	内	×	×													寧夏菜園
寧夏隆徳頁河子	斉家文化	2	A1	内	×	×													考古学研究（三）
内蒙古准格爾旗永興店	龍山文化	多数					E	?	×	×	E	?	×	×					内蒙古文物考古文集1
内蒙古准格爾旗二里半	龍山文化	?	E	?	?	?	E	?	?	?	A1 B1	内	×	×					考古学集刊11
内蒙古准格爾旗寨子塔		?	E	?	?	?					B2	外	×	×					内蒙古文物考古文集2
内蒙古巴林左旗富河溝門	富河文化	?													A1	内	×	×	考古1964—1
河北省任邱唖叭荘	龍山文化	3	A1	内	×	×					A1	外	×	×					文物春秋1992増刊
河北省唐山大城山	龍山文化	4	B2 C2	内	×	×									B2	内	×	×	考古学報1959—3
山東省曹県莘冢集	龍山文化	1	A2	内	○	×													考古1980—5
二里頭時代																			
河南省鄭州洛達廟	洛達廟期	3					E	内	×	×	E	内	×	×					文物参考資料1957-10
河南省鄭州南関外下層	二里頭3-4期	11	E	内	×	×					E	?	?	?					考古学報1973—1
河南省鄭州黄委会	洛達廟後期	4	E	?	×	×	A2	外	×	×	A1	外	×	×					河南省文物研究所1993
河南省滎陽竪河H86	二里頭３期	1	A2	内	×	×													考古学集刊10
河南省滎陽西史村	二里頭3～4期	1	C2	外	×	×													文物資料叢刊５
河南省鄭州上街	二里頭文化	2	A1	?	×	×					A1	?	×	×					考古1966—1
河南省夏邑清涼山	岳石文化	3	C2	外	○	×													考古学研究４
河南省新郷潞王墳	先商文化	1									E	?	×	×					考古学報1960—1
河南省輝県瑠璃閣Ｈ１	先商文化	17	C2 D1 D2	外	○	×					A2 B2	内 外	○	×					輝県発掘報告
河南省鞏義黄寨Ｈ１	二里頭２期	1	E	?	×	×													華夏考古1993—3
河南省鞏義新砦	二里頭１期	?	E	内	×	×	E	内	×	×					E	内	×	×	考古1981—5
河南省鞏義稍柴	二里頭２期	2	C2	外	×	×													華夏考古1993—2
河南省鞏義稍柴	二里頭３期	6	D1	外	○	×	E	内	×	×									華夏考古1993—2
河南省伊川白元T11③	二里頭２期	1	E	内	×	×													中原文物1982—3
河南省登封王城岡	二里頭２期	5	E	?	×	×	E	?	?	?									登封王城崗與陽城
河南省登封王城岡	二里頭３期	6					E	?	?	?	E	内	×	×					登封王城崗與陽城
河南省登封王城岡	二里頭４期	3					B1	内	×	×	E	?	?	?					登封王城崗與陽城
河南省偃師二里頭	二里頭文化	?	E	内	×	×	E	?	×	×	E	?	×	×					考古1961—2
河南省偃師二里頭	二里頭１期	?	E	両	×	×	E	両	×	×	E	両	×	×					偃師二里頭
河南省偃師二里頭	二里頭２期	?	A2	内	×	×	B1	両	×	×	E	両	×	×					偃師二里頭
河南省偃師二里頭	二里頭３期	?	A1	両	×	×	B2	両	×	×	B2	両	×	×					偃師二里頭
河南省偃師二里頭	二里頭４期	?	E	両	×	×	A1	両	×	×	E	両	×	×					偃師二里頭
河南省偃師灰嘴	二里頭文化	4	A1	?	×	×	E	外	×	×									華夏考古1990—1

遺跡名	時代	数	ウシ				ヒツジ				イノシシ				シカ				文献
河南省洛陽中州路	二里頭3期										E	内	×	×					洛陽中州路
河南省洛陽東干溝	二里頭文化	10+	A2	内	○	×	E	?	?	×	E	?	?	×	E	?	?	×	洛陽発掘報告
河南省澠池鹿寺	二里頭文化	4	A2	?	?	×	A2	?	?	×									考古1964—9
河南省澠池鄭窯	二里頭1期	3									E	内	×	×					華夏考古1987—2
河南省澠池鄭窯	二里頭2期	13	C1 E	内 外	×	×													華夏考古1987—2
河南省澠池鄭窯	二里頭3期	25					A1	内	×	×									華夏考古1987—2
河南省陜県西崖村	二里頭文化	2	E	内 外	×	×													華夏考古1989—1
河南省陜県七輪鋪	二里頭文化	24	B2	内	○ ×	×	A1	内	×	×	A1	内	×	×					考古学報1960—1
河南省淅川下王岡	二里頭1期	4					E	?	×	×					E	?	×	×	淅川下王岡
河南省淅川下王岡	二里頭3期	1									E	?	×	×					淅川下王岡
山西省垣曲豊村H301	東下馮類型	1									A1	両	×	×					考古学集刊5
山西省垣曲小趙H6	東下馮3期	1	A2	内	×	×													考古学報2001—2
山西省永済東馬鋪頭	東下馮類型	12					A1	?	×	×									考古1980—3
山西省夏県東馮下	Ⅱ期(二里頭)	8									A2	?	×	×					夏県東下馮
山西省夏県東馮下	Ⅲ期(二里頭)	39	D2	外	○	×	E	両	×	×	E	内	×	×					夏県東下馮
山西省夏県東馮下	Ⅳ期(二里頭)	57	D2	両	○	×	E	?	×	×	E	?	×	×	E	?	×	×	夏県東下馮
山西省垣曲垣曲城	二里頭後期	?	C2	両	×	×	C1	内	×	×	C1	外	○	×					垣曲商城
山西省太原光社	東太堡文化	11	D2	外	○	×													文物参考資料1957—1
山西省翼城感軍	東太堡文化	1					E	内	×	×									考古1980—3
山西省忻州游邀	東太堡文化	1					E	?	×	×									考古1989—4
山西省婁煩河家荘H4	東太堡文化	1					E	内	×	×									晋中考古
甘粛省民楽東灰山	四壩文化	2									A1	?	×	×					民楽東灰山考古
河北省邢台葛家荘1996	先商文化	2	E	内	×	×													河北省考古文集2
河北省磁県下七垣第四層	先商文化	3					E	?	×	×									考古学報1979—2
河北省邢鄲北羊台	先商文化	7	A2	内	×	×					A2	内	×	×					考古2001—2
河北省永年何荘	先商文化	2									E	内	×	×					華夏考古1992—4
内蒙古伊克昭盟朱開溝	朱開溝文化	51	C2	灼 無	○	×	E	?	?	?	B1	内	○	×	D2 E	内 外	○	×	考古学報1996—4
内蒙古赤峰夏家店	夏家店下層	?									B1	?	×	×					考古1961—2
山東省泗水尹家城	岳石文化	3	E	?	○	×									?	?	?	?	泗水尹家城
山東省桓台史家	岳石文化	2					B1	外 刻	×	×									考古1997—11
山東省牟平照格荘	岳石文化	12					B1	?	○	×	E	?	?	?	B2	?	○	×	考古学報1986—4
山東省煙台芝水	岳石文化	2									E	?	×	×					膠東考古
遼寧省大連羊頭窪	岳石文化	1													D2	外	○	×	羊頭窪
安徽寿州闘鶏台	二里頭文化	30	E	?	×	×	E	?	×	×					E	?	×	×	考古学研究（三）
殷代																			
河南省鄭州1953-1955	二里岡下層	13	D1	外	○	×	E	?	?	×	E	?	?	×					考古学報1957—1
河南省鄭州1953-1955	二里岡上層	17	E	?	?	×	E	?	?	×	E	?	?	×					考古学報1957—1
河南省鄭州1953-1955	人民公園期	32	E	?	?	?									E	?	?	?	考古学報1957—1
河南省鄭州南関外中層	二里岡下層	69	D1 E	内 外	○	×	E	?	?	?	E	?	?	?					考古学報1973—1
河南省鄭州南関外上層	二里岡上層	55	D2	外	○	×	E	?	?	?	E	?	?	?					考古学報1973—1
河南省鄭州二里岡1952	二里岡文化	386	D2	外	○	×	B2	?	?	×	B2	?	?	×	B2	?	?	×	殷墟卜辞綜述
河南省鄭州二里岡1953	二里岡文化	401	A1 D1	両 内 外	○	×	E	外	?	×	A1	外 ?	?	×	E	?	?	×	鄭州二里岡
河南省鄭州木材公司	二里岡下層	8	D2	外	○	×					A2	外	×	×					華夏考古1990—4
河南省鄭州木材公司	二里岡上層	44	D1 D2	外	○	×					E	?	?	?	E	?	?	?	華夏考古1990—4
河南省鄭州T61M1	二里岡上層	2									E	?	×	×					文物2003—4
河南省鄭州外郭城T1	二里岡上層	4	D1 D2	外	○	×													考古2004—3
河南省鄭州黄委会H64	二里岡下層	1					A1?	?	×	×									鄭州商城考古新発現与研究
河南省鄭州銘功路東H3	二里岡下層	1	D1	外	○	×													考古2002—9
河南省鄭州銘功路東	二里岡上層	2	D2	外	○	×													考古2002—9

遺跡名	時代	数	ウシ				ヒツジ				イノシシ				シカ				文献
河南省鄭州陳荘	二里岡文化	30	D1	外 両	○	○					B1?	?	×	×					中原文物1986—2
河南省鄭州大河村H13	二里岡文化	1	E	?	?	×													鄭州大河村
河南省鄭州小双橋VG 3	二里岡上層	2									B1	外	×	×					華夏考古1996—3
河南省登封王城岡	二里岡文化	3	E	?	○	×													登封王城崗與陽城
河南省登封王城岡	殷後期	5	E	?	○	×													登封王城崗與陽城
河南省鞏義稍柴	二里岡上層	11	E	?	○	×	E	内?	×	×									華夏考古1993—2
河南省偃師商城Ⅳ	二里岡期	2	D1	外	○	×													考古1999—2
河南省偃師商城Ⅱ号址	二里岡上層	?	E	?	○	×	A1	外	○	×									考古1995—11
河南省新郷潞王墳	二里岡上層	3					B1?	外	×	×									考古学報1960—1
河南省安陽郭村西南台	殷	40+	D2	外	○	○													考古学報1991—1
河南省安陽洹北花園荘	白家荘期	16	D2	外	○	×	D2?	外?	○?	×									考古1998—10
河南省安陽殷墟	殷後期	13931	D1 D2	外	○	○													劉1997
河南省安陽劉家荘	殷後期	3	C2	外	○	○	E	?	○	○									華夏考古1997—2
河南省商丘塢墻	殷代	2	E	?	○	○													考古1983—2
河南省夏邑清涼山	殷墟Ⅱ期	4	D2	外	○	×	E	?	?	?									考古学研究4
河南省夏邑清涼山	殷墟Ⅲ期	9	D2	外	○	○	E	?	?	?									考古学研究4
山西省夏県東馮下	Ⅴ期(二里岡)	39	E	両	○	○	E	内	×	×	E	内	×	×					夏県東下馮
山西省夏県東馮下	Ⅵ期(二里岡)	30	D2	両	○	×					E	両	×	×					夏県東下馮
山西省垣曲垣曲城	二里岡下層	?	D1 D2	外 両	○	×	D2?	外	×	×	?	?	?	?					垣曲商城
山西省垣曲垣曲城	二里岡上層	12	D1	外	○	×	C1 D1	内	○	×	B2	外	×	×					垣曲商城
山西省夏県東陰	二里岡上層	4	D1 D2	外	○	×													考古与文物2001—6
山西省汾陽杏花村	二里岡上層	2	D2	外	○	×													晋中考古
山西省洪趙坊堆村	殷後期	1	D2?	外	○	×													文物参考資料1956—7
陝西省西安老牛坡	1期	2					C2	外	○	×									老牛坡
陝西省西安老牛坡	2期	13	D2	外 両	○	×	E	外	○	×									老牛坡
陝西省西安老牛坡	3期	28	D1 D2	外	○	×	A1 D2	外	× ○	×	A1 D1	外	× ○	×					老牛坡
陝西省西安老牛坡	4期	59	D2	外 両	○	○	C1	外	○	×	D2	外	○	×					老牛坡
陝西省藍田懐珍坊	二里岡上層	17	D2	外	○	×	E	?	?	×									考古与文物1981—3
陝西省渭南南沙村	二里岡上層	13	D2	外	○	×	D2	外	×	×									考古学報1980—3
陝西省武功鄭家坡H 9	二里岡下層	1	D1	外	○	×													文物1984—7
陝西省耀県北村	二里岡上層	10	C2	外	○	×	D1	外	○	×					E	?	?	×	考古与文物1984—1
陝西省耀県北村	二里岡下層	43	D1 D2	外	○	×	D2	外	○	×									考古学研究（二）
陝西省長安灃西97H18	殷後期	1	C2	外	○	×													考古学報2000—2
陝西省長安羊元坊	殷後期	10	C2	外	○	×													考古与文物2003—2
陝西省彬県断涇	殷後期	19	D1	外 両	○	×	E	?	?	×									考古学報1999-1
陝西省扶風壹家堡	殷後期	2	D1 D2	外	○	×													考古学研究（二）
陝西省扶風案板H14	殷後期	1	D2	外	○	×													文物1992-11
陝西省麟游蔡家河	殷後期	7	D2	外	○	○													華夏考古2000—1
陝西省長武碾子坡H151	殷後期	1	D2	外	○	×													考古学集刊6
陝西省武功岸底H29	殷後期	1	D2	外	○	×													考古与文物1993—3
陝西省綏徳薛家渠	殷後期	?					D2	外	×	○									文物1988—6
河北省武安趙窰	二里岡上層	2	D2	外	○	○													考古学報1992—3
河北省邢台曹演荘下層	殷代	?	D	外	○	○	E	外	○	×	A2	外	?	×					考古学報1958—4
河北省邢台曹演荘上層	殷代	?	D	外	○	○	E	外	○	×									考古学報1958—4
河北省邢台葛家荘北区	二里岡上層	?	C2	両	○	×													考古2000-11
河北省邢台葛家荘北区	殷後期	?	D1 D2	外 両	○	○													考古2000-11
河北省邢台東先賢H18	殷墟Ⅳ期	1	D2	外	○	○													考古2002—3

遺跡名	時代	数	ウシ				ヒツジ				イノシシ				シカ				文献
河北省邢台東先賢１期	花園荘期	4	D2	外 両	○	○													考古2003-11
河北省内邱小駅頭	殷代	5	D2	外	○	×													河北省考古文集
河北省隆堯双碑	殷代	3	D2	外	○	○													河北省考古文集
河北省藁城北龍宮	殷代	2	D1	外	○	○													文物1985-10
河北省藁城台西	殷代	494	D1 D2	外 両	○	○					D2	外	○	○					藁城台西商代遺址
河北省藁城台西墓葬	殷代	11	D1	両	○	×													藁城台西商代遺址
河北省滄県倪楊屯	殷代	1	D1	外	○	○													考古1993－2
山東省泗水尹家城	二里岡上層	9	C2	両	○	×									B2	外	○	×	泗水尹家城
山東省梁山青固堆	殷代	2	C2	外	○	×													考古1962－1
山東省寿光益都侯城	殷後期	2	D	外	○	○													文物1985－3
四川省成都十二橋	殷後期	8	C2	?	○	×													文物1987-12
湖北省黄陂盤龍城M11	殷前期	1	C2	外	○	×													盤龍城
湖北省黄陂盤龍城H７	殷前期	1	E	?	?	?													盤龍城
湖北省荊州周梁玉橋	殷後期	11	C2	外	○	○													考古1986－4
江蘇省徐州高皇廟	殷代	?	D2	外	○	×													考古学報1958－4
江蘇省銅山丘湾	殷代	?	D2	外	○	○													考古1973－2
江蘇省南京北陰陽営	湖熟文化	12	C2	外	○	×													北陰陽営
西周以降																			
河南省洛陽北窰	西周前期	35	D2	外	○	○													考古1985－4
河南省洛陽鄭鉄一段H1	西周中期	11	D2	外	○	○													考古与文物1989－4
河南省淅川下王岡	西周前期	6									E	?	○	○					淅川下王岡
河南省固始平寨古城	西周	2					D	?	?	?									考古学報2000－3
陝西省長安張家坡	西周	13	D1 D2	外	○	○													考古1964－9
陝西省長安灃西97H11	西周前期	1	D2	外	○	○													考古学報2000－2
陝西省扶風斉家村東	西周	7	D2	外	○	○													文物1981－9
陝西省扶風斉家村H90	西周	13	D2	外	○	○													考古与文物2003－4
陝西省扶風雲塘M10	西周	1	C2	外	○	○													文物1980－4
陝西省岐山賀家村墓地	西周	9	D2	外	○	?													文物資料叢刊８
甘粛省卓尼芭児	寺窪前期	8	E	内	×	×	B2	両	×	×									考古1994－1
山東省泗水尹家城	西周	1	C2	外	○	×													泗水尹家城
山東省済陽劉台子M３	西周	1	C2	両	○	○													文物1985-12
山東省済南王府	西周	4	D2	外	○	○													高速公路報告集
山東省濰坊姚官荘	西周	7	D2	外	×	○													文物資料叢刊５
山東省兗州六里井	春秋前期	2					A2	外	×	×									兗州六里井
河北省邢台南小汪H75	西周	1	E	外	○	○													文物春秋1992増刊
北京琉璃河	西周	?	D2	外	○	○													文物1996－6
遼寧省義県向陽嶺	西周前期	2	C2	外	○	×													考古学集刊13
内蒙古林西大井古銅鉱	夏家店上層	1					A2	外	×	×									文物資料叢刊７
内蒙古赤峰夏家店	夏家店上層	5									B1	外	×	×					考古学報1974－1
黒龍江省海林東興H13	後漢代	1									B2	外	○	×					考古1996-10
湖北省圻春毛家嘴	西周	?	C2	外	○	○													考古1962－1
湖北省襄樊真武山	春秋	2	D2	外	○	×													考古学集刊９
湖北省宜城肖家嶺	春秋	1	C2	外	○	○													文物1999－1

各欄については左から、ケズリの程度、焼灼・鑽を施す面、鑽の有無、鑿の有無
焼灼・鑽を施す面の欄の太字は、両面を確認できたもの（その他は片面のみ確認）

A類　肩甲棘を削らないもの（可能性のあるものを含む）
　A1：肩甲棘を削らないもの
　A2：肩甲棘を削らないものの可能性があるもの。少なくとも一部は肩甲棘が残っていることが確認できるもの。A
　　1かB1、B2の可能性がある。
B類　肩甲棘の上方を欠くもの
　B1：削ったか、割れたか、意図的に割ったかは不明のもの
　B2：肩甲棘の欠け口が直線的で、棘の一部を明らかに削ったもの
C類　肩甲棘を全去するもの（関節窩にはケズリがおよばない）
　C1：肩甲棘を全去するが、明らかに関節窩にケズリがおよばないもの
　C2：肩甲棘を全去するが、関節窩が欠損のためC1かD1、D2の可能性があるもの
D類　肩甲棘の全去が関節窩におよぶもの
　D1：肩甲棘の全去が関節窩におよぶが、腹端は削られないもの
　D2：肩甲棘の全去が関節窩および腹端におよぶもの
E類　不明のもの（判別が困難、あるいは図や写真が非掲載）

焼灼および鑽を施す面については、図や写真で確認できる限り観察した。したがって、内側面や外側面としたものは、両面に焼灼あるいは鑽を施している可能性がある。両面を確認した上で内側面のみ焼灼・鑽、外側面のみ焼灼・鑽、あるいは両面焼灼・鑽と判別できたものについては、第1表において太字で示している。なお、内側面は肋骨側の面、外側面は背中側の面を示す。

卜骨の特徴と分布

各時期の卜骨の特徴および形態や素材の分布について、時代ごとにみていきたい。

新石器時代

新石器時代の二三遺跡でケズリの状況をみると、A1が一一遺跡、A2が四遺跡、B1が二遺跡、B2が三遺跡、C2が一遺跡で確認される。肩甲棘を全去するC1およびD類は、この段階では認められない。A～D類に分類された遺跡の八〇％以上で、肩甲棘を削らないあるいはその可能性のあるA類が認められる。A類は卜骨の分布域全体に広がるが、特に黄河上流域および渭水流域で出土した卜骨はすべてA1である点に注目したい（第1図上）。この黄土高原西部は、卜骨の起源地とされている地域である。B1の二例は、山西省忻州游邀遺跡と内蒙古准格爾旗二里半遺跡の卜骨であり、いずれもイノシシである。游邀遺跡H196出土の卜骨はこれ．点で、肩甲棘の先端を欠いており、少なくとも外側面に焼灼痕がみられる（第2図―2）。二里半遺跡ではウシ、ヒツジ、イノシシの卜骨の出土が報告されているが、図化されている二点はいずれもイノシシである。削らないA1（同図―1）と、肩甲棘の1／2ほどを欠いているB1（同図―4）である。B1の分布は太行山脈西部の一部地域付近に偏るようにもみえるが、事例が少なく確実ではない。資料の増加が待たれる。なお、C2とした河北省唐山大城山遺跡の例は、肩甲棘側を下にしても平らに置かれている状況および記載内容から、肩甲棘が全去されていると判断したが、B類の可能性も残る。

焼灼を施す面について、確実に両面の状態が確認できたのは三例だけであり、ほとんどは内側面のみを図示するにとどまる。しかし、確実に外側面を焼灼する例もあることから、A類およびB類は内側面のみ焼灼あるいは両面焼灼であることがわかる。鑽・鑿については、鑿はないが、鑽の施された例が河南省孟津小潘溝遺跡と山東省曹県莘冢集遺跡の二遺跡で出土しており、いずれもウシである。また写真では判別できないが、甘粛省武威皇娘娘台遺跡ではイノシシの卜骨に軽微な鑽孔のある例が報告されている。

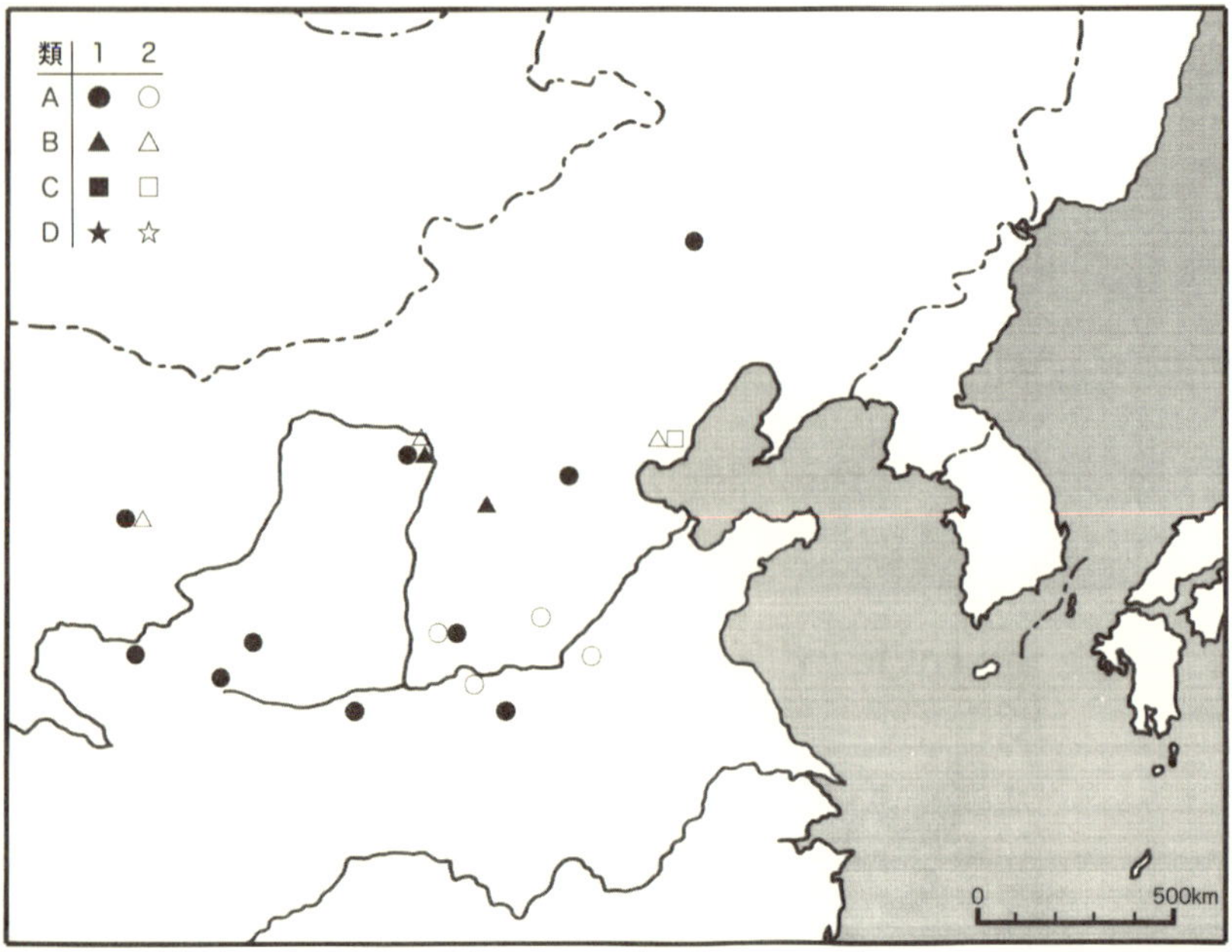

新石器時代

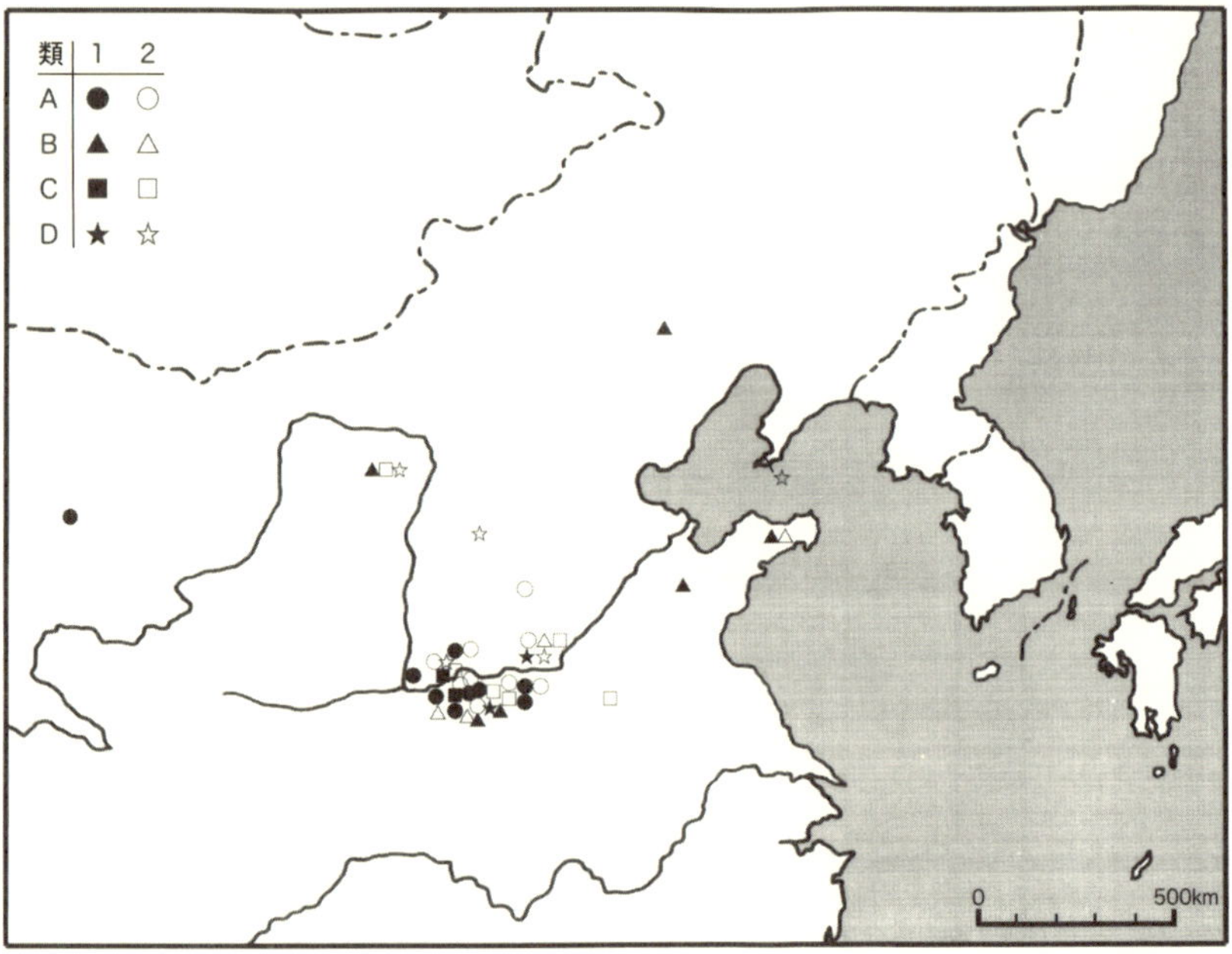

二里頭時代

第１図　ケズリの分布（１）

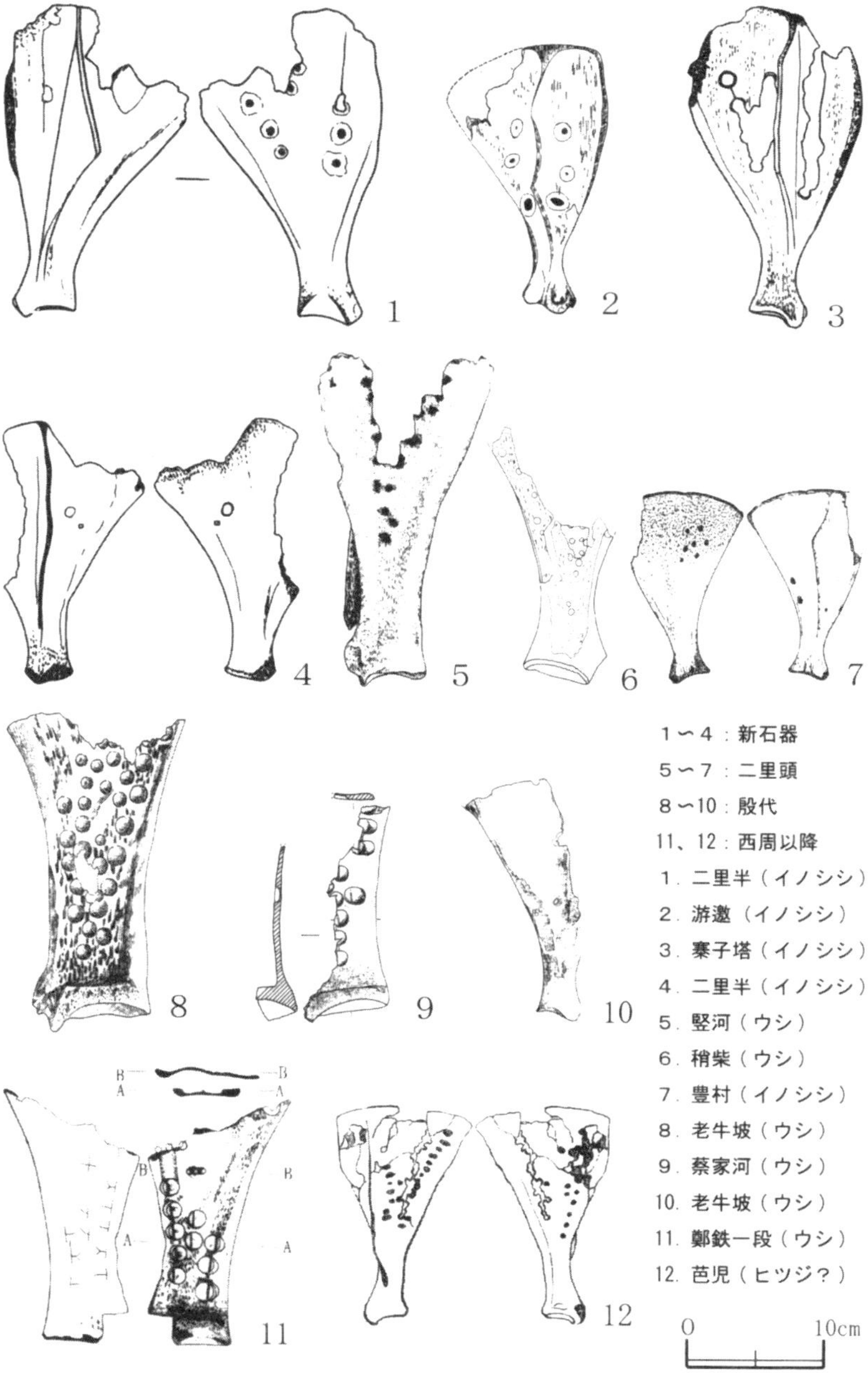

1
2
3
4
5
6
7
8
9
10
11
12
A
B
1〜4：新石器
5〜7：二里頭
8〜10：殷代
11、12：西周以降
1．二里半（イノシシ）
2．游邀（イノシシ）
3．寨子塔（イノシシ）
4．二里半（イノシシ）
5．竪河（ウシ）
6．稍柴（ウシ）
7．豊村（イノシシ）
8．老牛坡（ウシ）
9．蔡家河（ウシ）
10．老牛坡（ウシ）
11．鄭鉄一段（ウシ）
12．芭児（ヒツジ？）
0
10cm

第2図　中国の卜骨

素材の傾向では、ウシを素材とする遺跡数は一三、ヒツジ一二、イノシシ一一と、ウシ、ヒツジ、イノシシの三種ではほとんど変わらない。シカの卜骨が確認されるのは三遺跡のみである（註1）。岡村氏も指摘するように、黄河中流域でも河南省を中心とする中原ではウシとイノシシが中心であるが（岡村二〇〇五　一三六頁）、中原のなかでも黄河以南ではウシとヒツジ、黄河以北ではヒツジとイノシシを多用する傾向がみられる。また、太行山脈の東西ではウシとイノシシが多く利用される傾向がある。シカは陝西省臨潼康家遺跡でも確認されているが、ほかの二遺跡および表には挙げていない山東省の城子崖遺跡での出土例を加えると、分布が黄河下流域および中国東北地方に偏っている。

二里頭時代

二里頭時代の四五遺跡ではケズリA1が一〇遺跡、A2は八遺跡、B1は六遺跡、B2は四遺跡、C1は二遺跡、C2は六遺跡、D1は二遺跡、D2は六遺跡でみられる。A類が出土する遺跡の割合は減少するものの、約四〇％の遺跡でみられ、依然として高い割合を占めている。その一方で、新石器時代にはほとんどなかった肩甲棘を全去するC類とD類が全体の約二五％の遺跡でみられるようになる。肩甲棘の全去も鑽と同様、骨の厚いウシにまず出現する。ウシを素材とする遺跡でA～D類に分類できた一八遺跡のうち、半数にあたる九遺跡で肩甲棘の全去が確認される。ヒツジやイノシシでは、依然として九割近くをA類とB類が占めている。C類は遅くとも二里頭二期以降、D類は二里頭三期以降に確認される。中原ではA～D類のすべてが認められるが（第1図下）、黄河下流域や中国東北地方ではA類がみられない点が目をひく。中原から離れたこれらの地域ではB類が多く、全去しないまでも、肩甲棘に対して何らかの加工を加えることが多いようである。ヒツジ、イノシシ、シカにケズリを加えるこのような傾向は、これらの地域では素材にウシを利用する例がそもそも少ないことに起因すると思われる。

焼灼面を確認できる例は少ないが、確実に内側のみに焼灼を施す例はA類とB類に多い。両面の状態を確認できない大多数の例についても、A類とB類は少なくとも内側面に、C類とD類は少なくとも外側面に焼灼を加えている。両面焼灼の例もケズリのタイプにかかわらずそれなりの数があると予想される。

鑿はまだ出現しないが、鑽を施す例はこの時期、骨が厚いウシの肩甲骨で確実に増加する。ウシでは二八遺跡中一〇遺跡と三割強の遺跡で鑽を施す卜骨が出土している。ウシの次に鑽を施す例が多いのはシカであり、渤海沿岸から中国東北地方に分布が比較的まとまる傾向が認められる（第5図上）。河南省陜県七輪鋪遺跡や山西省夏県東馮下遺跡のように、同じ遺跡内でもウシには鑽を施すがヒツジやイノシシには直接焼灼を加える遺跡がある。素材については、事例の少ないシカ以外の三種はほぼ横並びで、ウシがやや多いものの新石器時代と大差はない。太行山脈の東西でウシとヒツジの利用が多く、イノシシが少ない傾向がみられる。

殷代

殷代では五八遺跡のうちケズリA1が四遺跡、A2が一遺跡、B1が三遺跡、B2が二遺跡、C1が二遺跡、C2が一二遺跡、D1が二二遺跡、D2が三二遺跡で確認される。A～D類に分類できる資料のある五四遺跡のうち五一遺跡でC類およびD類が確認され、肩甲棘を全去する手法が広く展開するようになる。ウシについてはほぼすべてがC1、D1、D2類となる。すでに知られるとおり、殷代になると卜骨の分布は長江流域でも確認されるようになる。検討した四遺跡で出土しているのはいずれもCまたはD類のウシであり、長江流域に伝わったのはウシを利用した占卜であったと考えられる（第3図上）。長江中流域では卜甲も多数みられ、かつ整治・鑽・鑿がそろって認められることから、この地域の占卜は殷代に完成された形で黄河中流域からもたらされたとの指摘もある（今村二〇〇四　二六〇頁）。焼灼および鑽を施す面については、C類、D類の場合は基本的に外側面のみあるいは両面のいずれかである。A類とB類でもそうだが、両面に焼灼および鑽を施す例は常に存在していたようである。

鑽を施す例の増加はさらに顕著になり、確認できたウシの卜骨の九五％に鑽が施される。明らかに鑽を施さない例はみられないため、おそらく殷代のウシの卜骨についてはほとんど例外なく鑽を施していたと考えられる。ほかの素材に

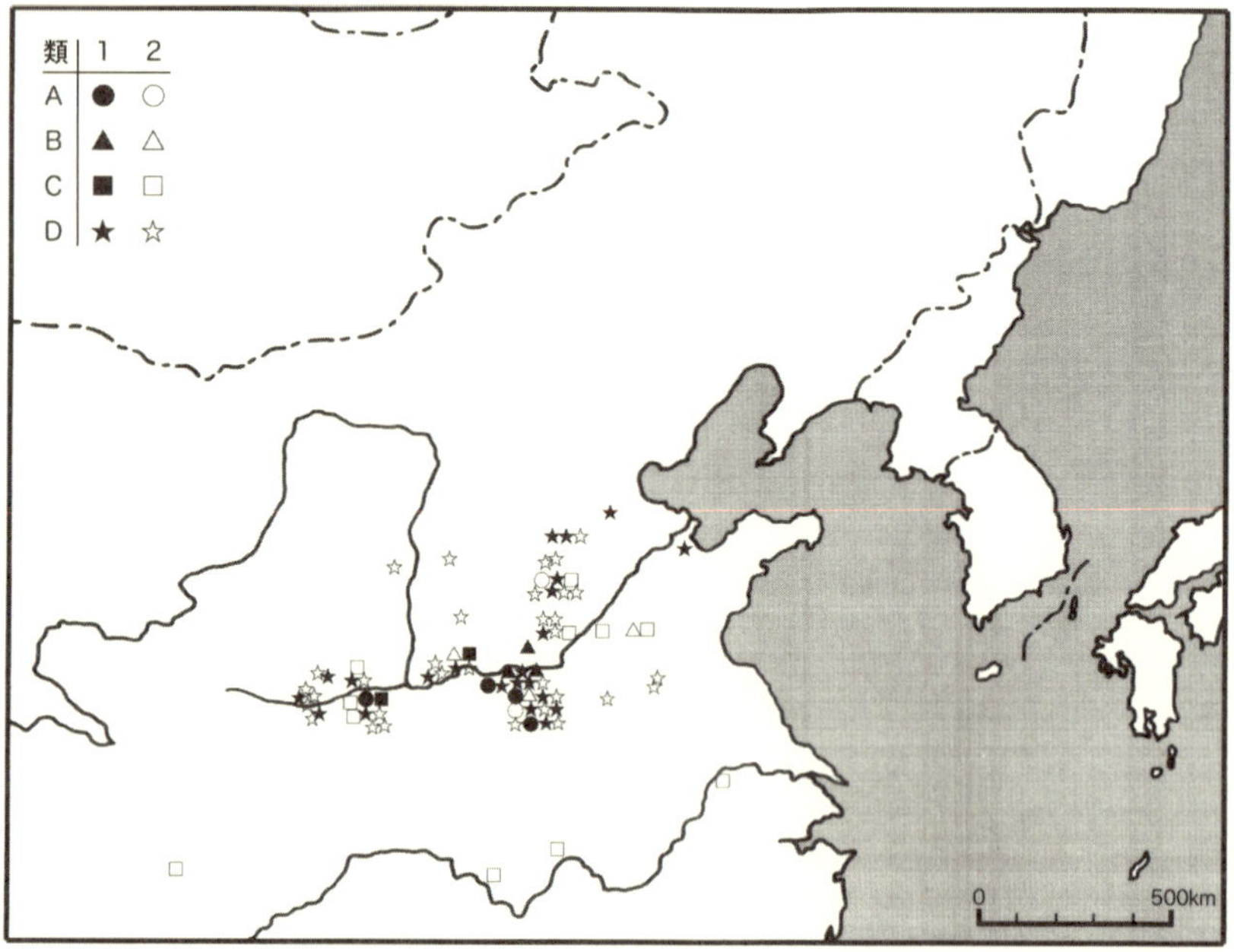

殷代

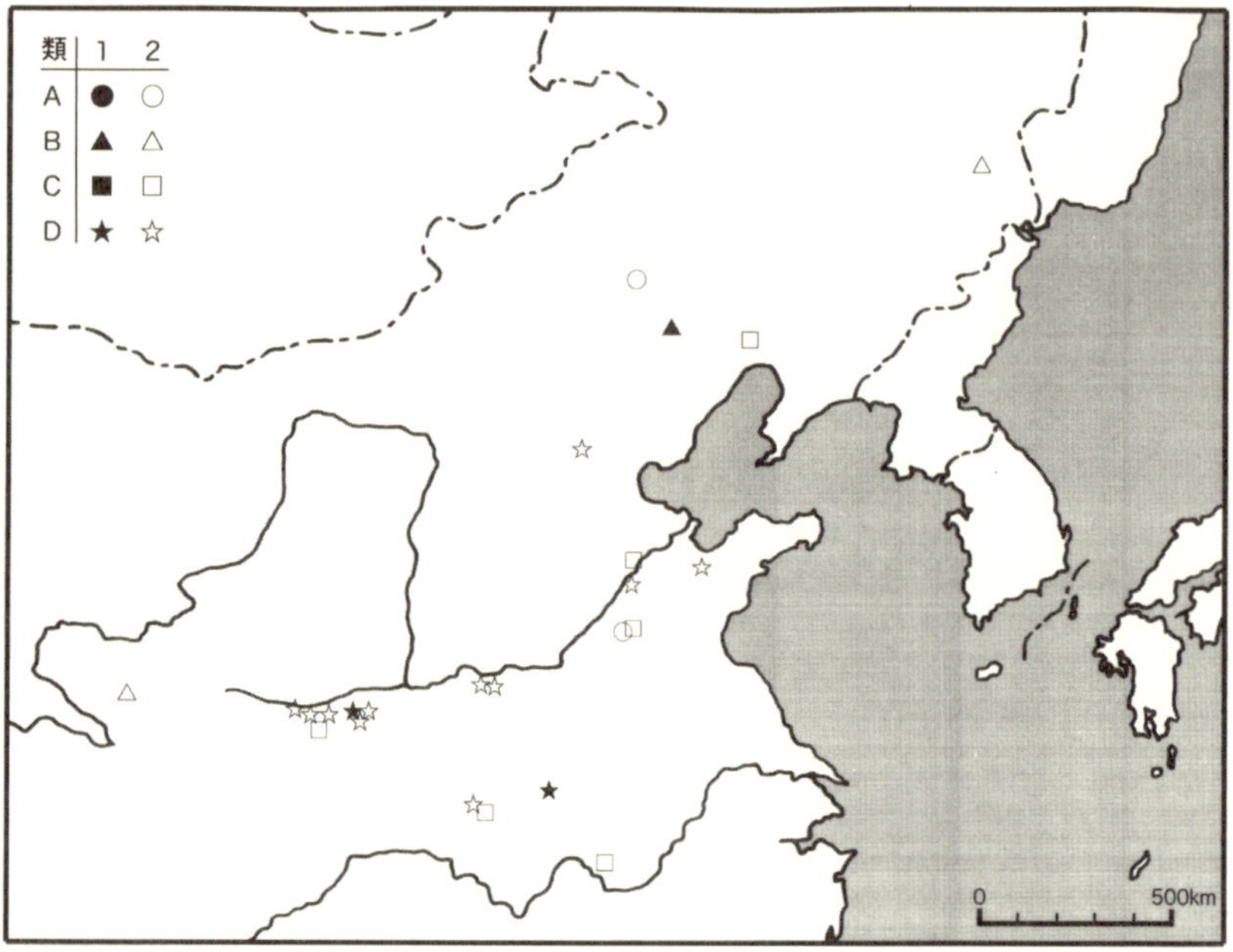

西周以降

第３図　ケズリの分布（２）

ついては、ヒツジで四割ほどの卜骨に鑽が確認されるが、イノシシでは一二遺跡のうち二遺跡と極少ない。イノシシよりもヒツジに鑽が施される例が多いのは、ヒツジとウシの両者を素材とする遺跡が多く、ウシの卜骨と同じ加工がヒツジの卜骨に施されやすい状況下にあったためと考えられる。

鑿は殷代になって始めて登場する。鑿についても鑽と同様ウシに多くみられ、ヒツジやイノシシに施されたものは一、二例にとどまる。もっともウシの卜骨が確認できた五六遺跡のうち、鑿を施した例があるのは一九遺跡で、全体の約1／3と必ずしも多くはない。分布は点々と卜骨の分布全域に広がるが、明らかに太行山脈東部地域に分布が集中する傾向が認められ、ほかに洛陽付近でもまとまった分布がある（第5図下）。

素材についてはウシが圧倒的に多くなる。ウシの利用は全域に広がるが、中原ではヒツジとイノシシ、渭水流域ではヒツジをともに使用する遺跡が多い。また素材とケズリの関係については、イノシシに比べてヒツジで肩甲棘を全去するC類、D類が多い。これはヒツジに鑽を施す例が多いのと同様、ウシとの利用が多いためではないかと考えられる。A類、B類については、ヒツジにA類が多く、イノシシにはB類が多いが、これはイノシシの肩甲棘がもともと大きく曲がっており、作業の都合上、肩甲棘を部分的に削る必要があったためかもしれない。

西周以降

西周以降の二六遺跡でケズリの程度をみると、A2が二遺跡、B1が一遺跡、B2が二遺跡、C2が六遺跡、D1が三遺跡、D2が一一遺跡で確認される。C類、D類が主体である点は殷代と変わらないが、A類はほとんどみられなくなり、肩甲棘全去への変化がいっそう進んでいることがうかがえる。またD類のなかでも腹端まで半裁するD2のタイプが主体を占め、D1からD2への変化も進んでいる。確認したA類、B類についてはすべてヒツジやイノシシ素材の卜骨である。

焼灼や鑽を施す面は、殷代と変わらず外側面のみか両面である。鑽は、ウシのほとんどにみられるが、甘粛省卓尼芭児遺跡と山東省濰坊姚官荘遺跡ではウシの卜骨でも鑽が認められない。芭児遺跡のウシの卜骨は部分的にしか遺存していないため、欠損部分か外側面に鑽が施された可能性もあるが、現状では内側面に直接焼灼が一箇所認められるだけで鑽や鑿は認められない。姚官荘遺跡の例は、鑽がなく鑿のみが施されている。鑿を施す例は殷代からさらに増加し、ウシでは一九遺跡のうち一四遺跡と約七割の遺跡で鑿が施される。ほかには殷代と同様、イノシシに施される例もある。素材については、ウシの使用が前段階と変わらず分布域全体に広がり、長江流域でも引き続きウシの卜骨のみが認められる。イノシシの卜骨は中原よりも上流ではみられない。また、中国東北地方でイノシシやヒツジが散見される点も興味深い。この地域に肩甲棘を全去しないA類やB類がみられるのは、A類やB類の多いヒツジやイノシシが多用されているためである（第3図下）。

卜骨にみられる技術の変化

卜骨に施される加工技術の変化は次のようにまとめられる。新石器時代には、全体の傾向として肩甲棘を削らないA類が主体を占め、肩甲棘を全去するものや鑽、鑿を施すものはみられない。これが二里頭時代になると、ウシを素材とする遺跡が増加し、肩甲棘を全去するC類・D類や鑽が出現する。殷代の卜骨では肩甲棘の全去および鑽が主体的となり、これ以降はこの傾向が顕著になる。ひとつ注意されるのは、素材によってケズリの現れ方が異なる点である。

素材別にケズリ変化をグラフに表すと第4図のようになる。ウシでは二里頭時代から肩甲棘を全去するC類およびD類が増加し始め、殷代にはC類とD類が大半を占めるようになる。これに対してヒツジやイノシシでは、ウシから一時期遅れて殷代になってから肩甲棘全去の増加がみられるものの主体的とはならず、肩甲棘を削らないA類や一部のみ削るB類が一定量を占めている。これはすでに指摘されているように、ヒツジやイノシシはもともと肩甲骨自体が薄く、必ずしも削る必要がなかったのに対して、骨が厚いウシの卜骨に亀裂を生じやすくするために、必然的に削って薄くす

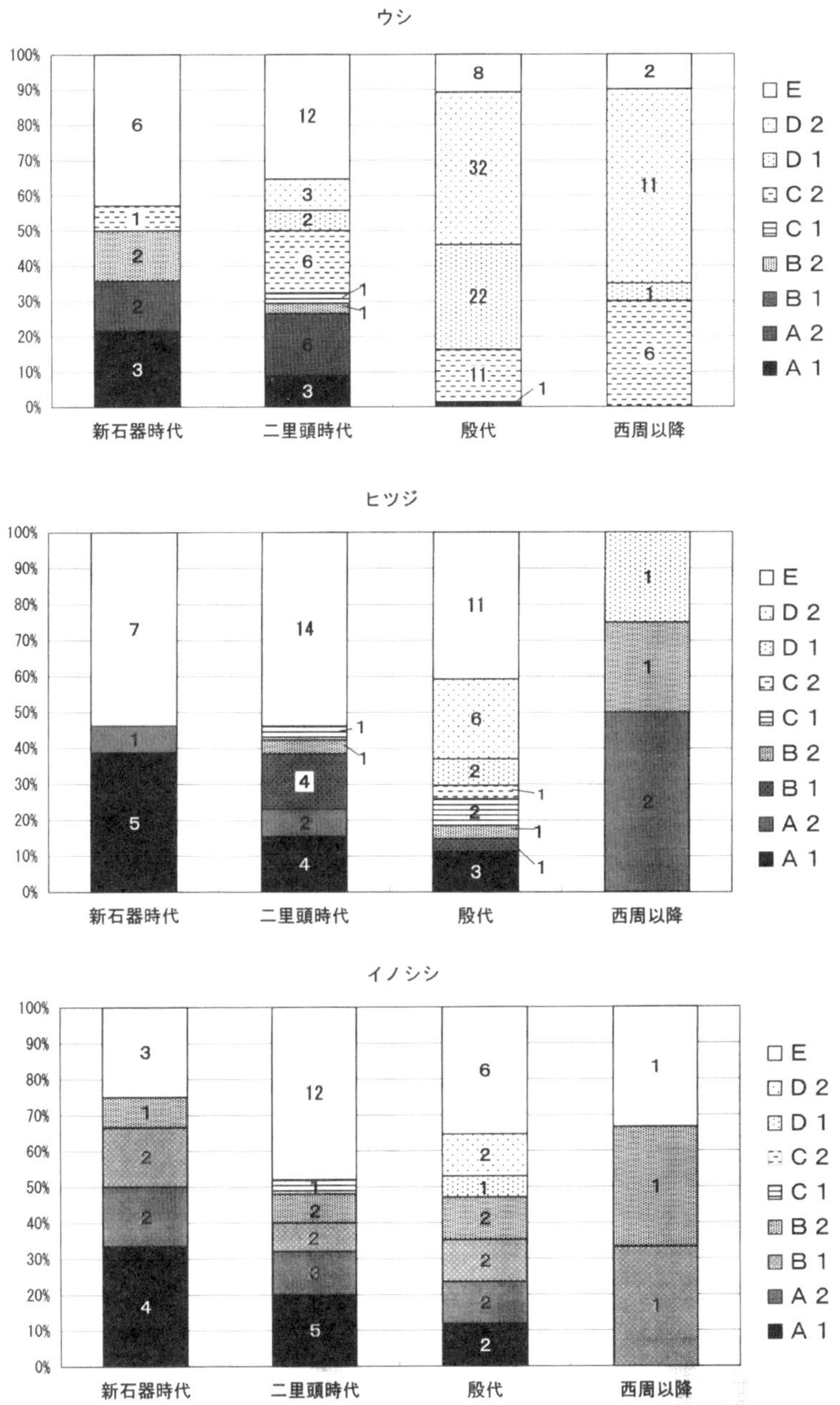

第4図　素材とケズリの関係

る必要があったためと考えられる（岡村二〇〇五　一一八頁など）。それでも二里頭時代は、河南省の二里頭遺跡や竪河遺跡の例のように、骨の厚いウシでも内側面や両面に直接焼灼を加えるタイプがまだ認められ、変化の過渡的な様相を示している。イノシシに比べてヒツジにC類・D類がやや多いのは、ヒツジがウシと共に出土する遺跡が多く、ウシに用いられた方法がそのままヒツジに適用されるといった背景のあったことが想定される。

鑽や鑿をめぐる変化はどうであろうか。鑽の出現は二里頭時代であり、ケズリと同様、骨の厚いウシに施されるようになる。出現期には主に黄河流域に多くみられる（第5図上）。中原ではウシに鑽を施し、ヒツジ、イノシシ、シカには鑽を施さない例がある。一方、ウシの利用が少ない中国東北地方や渤海沿岸ではヒツジやシカに鑽を施している。鑽という手法の採用形態には地域性があったとみられる。また、ケズリと鑽には密接な関係がうかがえる。ケズリC、D類の卜骨のほとんどに鑽が施される。こうした中で、鑽は施すがケズリA、B類であるものや、逆にケズリC、D類であるのに鑽を施さない例もわずかに認められる。このような例は特に二里頭時代に多く（各四例）、過渡的な様相を示している。殷代にもこのような例はみられるが（各二例）、ウシの例がない点で二里頭時代とは異なる。これは、殷代にはウシの卜骨の加工が定型化したためと考えられる。

鑿の出現は殷代以降であり、西周以降にはその割合が増加する。やはりほとんどの例はウシに施されたものだが、ヒツジやイノシシに鑿を施す例も少なからず認められる。分布傾向で注目されるのは、遺跡数は多いにもかかわらず黄河流域や渭水流域よりも太行山脈東部で特に鑿を施す卜骨が多くみられる点である（第5図下）。今村氏も、太行山脈東部ではカメ・ウシ・ヒツジ・ブタのいずれにも整治、鑽、鑿が施されていると指摘する（今村二〇〇四　二六〇頁）。分布状況からだけでは鑿を太行山脈東部起源と想定するのは危険だが、鑿という技法が好んで用いられた地域であったことは確かである。

以上のように、整治や鑽の成立はウシの肩甲骨を素材に選んだことと密接な関係を持っている。殷代以降の卜骨にみ

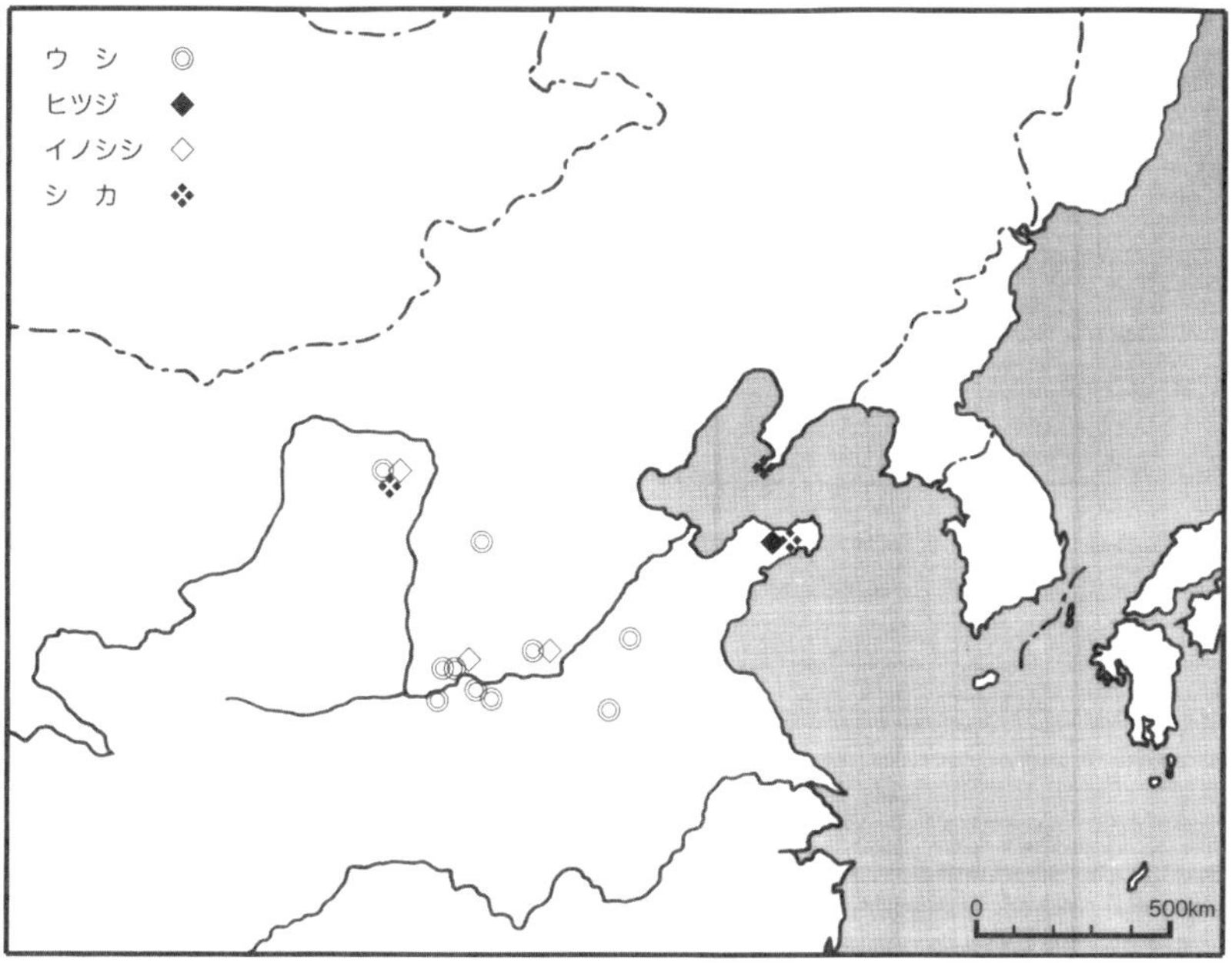

二里頭時代の鑽分布

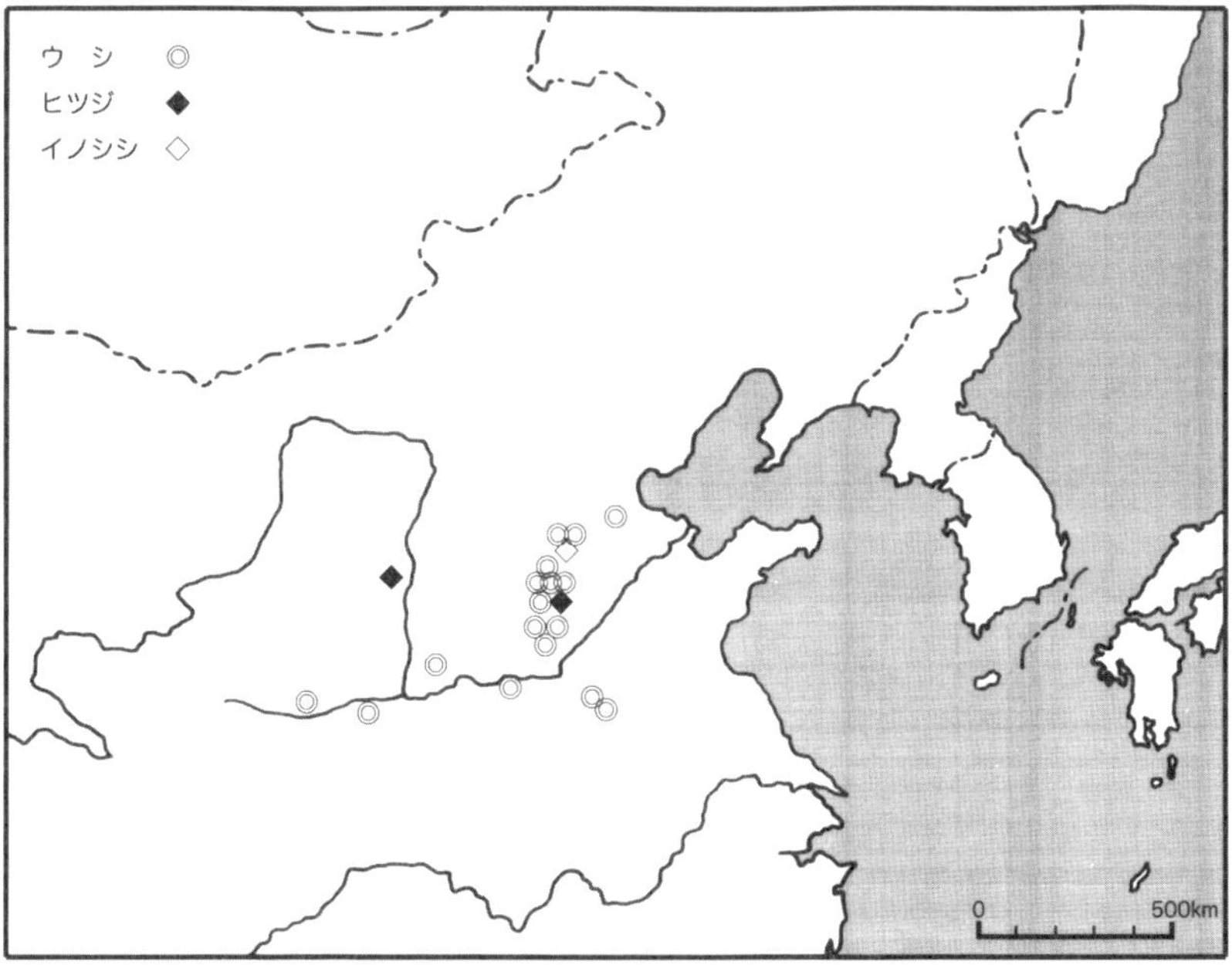

殷代の鑿分布

第５図　出現期の鑽と鑿

られる整治や鑽、鑿の急激な発達と増加と分布域の拡大は、殷王朝において王が祭祀儀礼や政治目的のために占卜を導入し、ウシを大量に占卜に利用したことの結果であるとあらためて理解することができる。一方、気になるのはケズリ、鑽、鑿と定型化するかのように見えるウシに対して、ヒツジ、イノシシ、シカに施される加工は個々の資料にばらつきがある点である。卜骨に複数種の素材を用いる遺跡についてはウシのみを図化した報告が多く、使い分けなどについて現状では具体的に検討できないのが残念である。

四　青谷上寺地遺跡の卜骨の変遷

日本で卜骨の出土が確認されているのは弥生時代からであり、現在のところ上限は弥生時代の前期後半と考えられている（神沢一九九〇　九二頁）。弥生時代の卜骨の事例は三二遺跡一五〇例以上が知られており（宮崎一九九九　五八頁）、弥生中期の卜骨の出土が確認されているのは一二遺跡ほどある。その一つである青谷上寺地遺跡では、それまでの国内出土例の合計点数を上回る数の卜骨が出土し、遺跡内での変化について次のような具体的な検討がなされている。

青谷上寺地遺跡は鳥取県の気高郡青谷町に所在し、一九九八～二〇〇一年にかけての調査で二二七点の卜骨が出土した。卜骨の時期は弥生時代前期末～古墳時代前期初頭である。骨角器の報告をおこなった北浦弘人氏は、卜骨の属性として焼灼痕、ケズリ、ミガキ、鑽の四つを取り上げた。特に焼灼痕とケズリの分類を通して、青谷上寺地遺跡の弥生時代中期から後期にかけての卜骨に、焼灼の方法やケズリの程度に変化がみられることを明らかにした（北浦ほか二〇〇一、二〇〇二）。

北浦氏のケズリの分類は以下のとおりである（第6図上）。ケズリA：肩甲棘を削らないもの、ケズリA′：肩甲棘が割れて欠損したもの（意図的な可能性もある）、ケズリB：肩甲棘の上方を削るもの、ケズリC：肩甲棘を全去するもの、ケズリD：肩甲棘の全去がさらに肩甲頸、関節窩にまで及ぶもの、である。弥生前期末〜中期中葉まではケズリAやケズリBが主体だが、弥生後期以降にケズリCが出現し、その後にケズリDが成立するという変遷をたどる。

焼灼も四つのパターンに分類された。焼灼1：肩甲棘にみられるもの、焼灼2：肩甲棘上窩、肩甲棘下窩にみられるもの、焼灼3：肩甲棘上窩、肩甲棘下窩から背縁にかけての範囲に広がるもの、焼灼4：肩甲棘から背縁にかけての範囲に広がるもの、である。中期中葉では焼灼1で、焼灼面とト面が同一であったものが、中期後葉になると焼灼範囲が広がって、焼灼2がみられるようになる。焼灼2で焼灼される部分は骨が薄く、焼灼面とト面の分離が指摘されている。後期〜古墳時代前期初頭にはさらに焼灼範囲が拡大し、焼灼3、焼灼4が増加する傾向がうかがわれる（北浦ほか二〇〇一　二五六頁、北浦ほか二〇〇二　四一四—四一五頁）。

以上のように、弥生中期から後期を画期としてケズリAからケズリDへ、焼灼1から焼灼4への変遷過程が確認されている。青谷上寺地遺跡はト骨の伝播経路と考えられる朝鮮半島に近い地理的な位置にあり、一遺跡内で変化が認められる点で、日本への伝播を考える上で鍵を握る資料である。ここではその変化の状況についてさらに具体的にみていきたい。

青谷上寺地遺跡で出土したト骨のうち、中期中葉、中期後葉、後期、後期末〜古墳初頭など細かい時期が特定可能な資料は一六〇点ある。各時期の点数は、弥生時代前期末〜中期後葉のト骨六七点、弥生後期初頭〜古墳初頭のト骨が九三点である。弥生前期末〜中期後葉の資料でさらに時期が特定されているのは、前期末〜中期前葉が一点、中期中葉が三点、中期中葉〜中期後葉が一〇点、中期後葉が四九点、弥生後期〜古墳初頭では、後期初頭〜後期後葉が二二点、後期が三六点、後期末〜古墳初頭が一四点である。これらのト骨について、素材の変化、素材とケズリの関係、ケズリの変化についてみていく。分析に際して、報告されているケズリA〜Dの分類を再検討し（註2）、焼灼面およびヒビが生じている面を検討した。ケズリDについては中国出土のト骨でおこなった分類と同様に、関節窩の腹端を削らないも

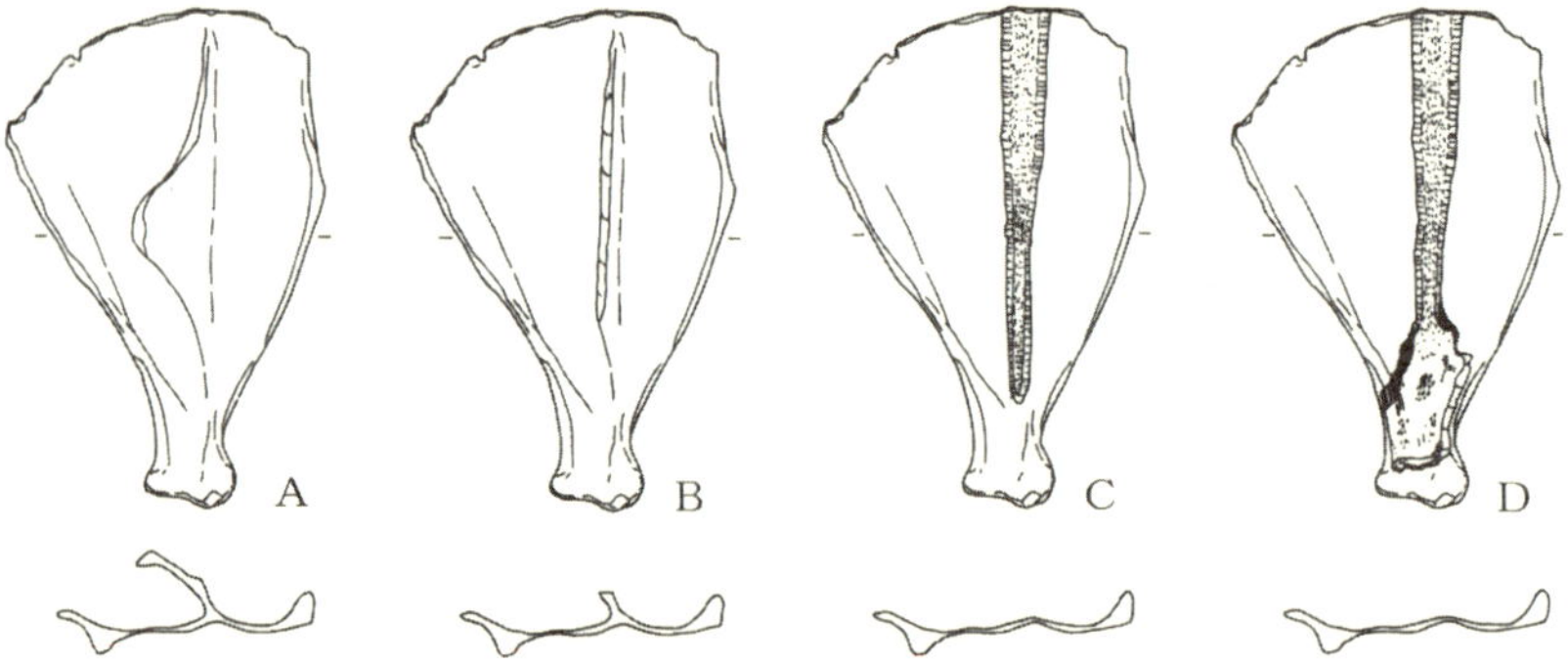

ケズリの分類（北浦ほか2001）

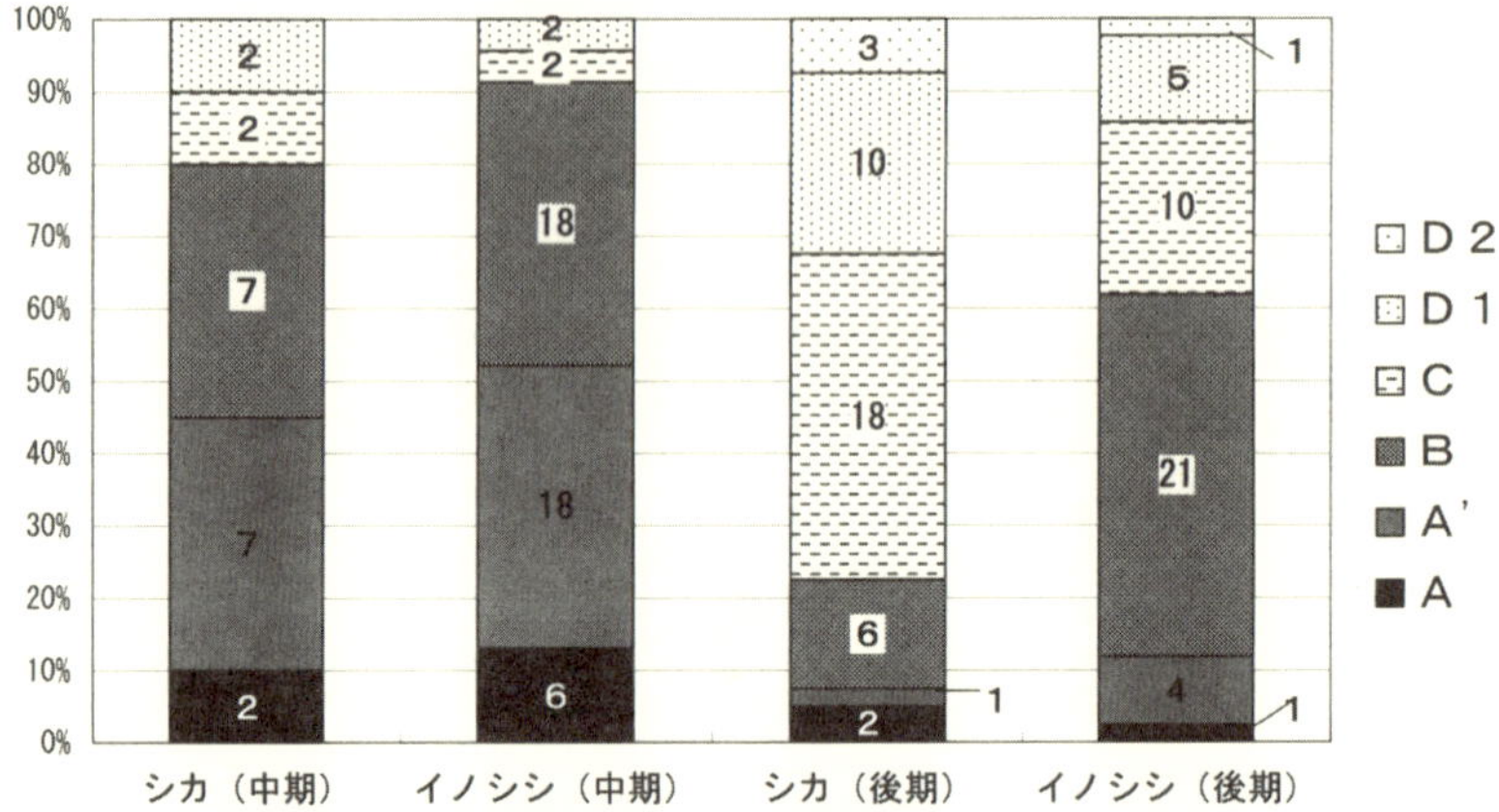

素材とケズリの関係

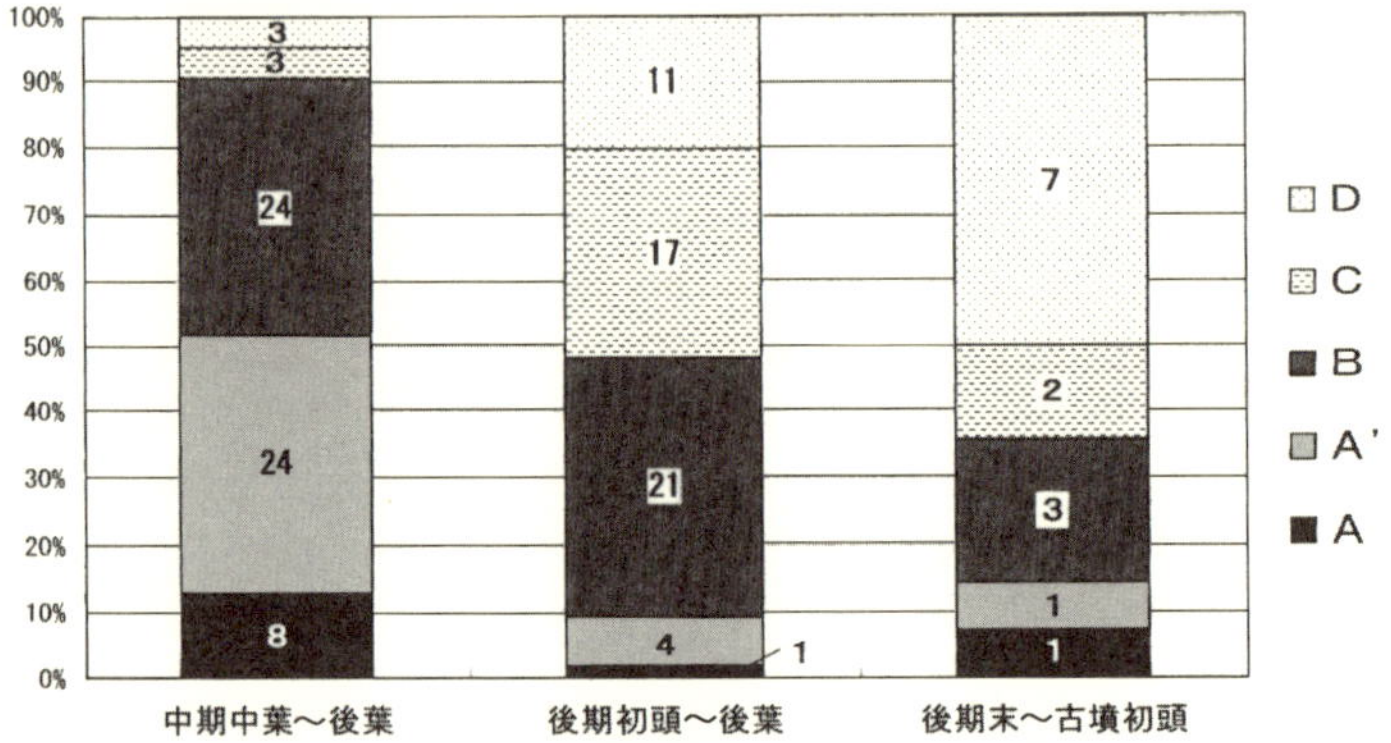

ケズリの変化

第６図　青谷上寺地遺跡出土卜骨のケズリ

のをＤ１、腹端を半裁するものをＤ２とした。また一部の資料では、再調査であらためて両面からの焼灼が確認された例もある。

素材の変化

青谷上寺地遺跡の卜骨の素材は主にイノシシとシカの肩甲骨であり、その比率はイノシシ対シカが四：三である（北浦ほか二〇〇二　四一四頁）。使用された素材に変化がないか調べてみると、まず弥生前期末～中期前葉の一点および中期中葉の三点の卜骨はいずれもシカである。中期後葉になるとイノシシ対シカはほぼ七：二となる。前期末からのものをあわせても中期までの比率は四七：二〇で全体の比率に比べてイノシシに対するシカの使用数が少ない。ところが後期になるとシカの利用が増え、後期全体でほぼ一：一、後期末～古墳初頭に限れば五：八でシカがイノシシを上まわるようになる。前期末～中期中葉については点数が少ないため断定し難いが、中期にはイノシシを多く使用していたのが後期になってシカを多く用いるようになったと考えられる。

朝鮮半島でもこれと同様な傾向を示す遺跡がある。郡谷里貝塚で出土した二三点の卜骨を年代別にみると、Ⅱ期（ＢＣ二世紀後半～一世紀前半）ではシカ対イノシシの比率が一：三であったのが、Ⅲ期（ＡＤ一世紀後半）には七：四とシカがイノシシを上回り、以降Ⅴ期（ＡＤ三世紀前半）まではシカを素材とした卜骨のみとなる。（渡辺一九九五　九七頁、一二一頁）。一律に関連づけるのは適切ではないが、青谷上寺地遺跡での変化が朝鮮半島のものと連動するものであった可能性が考えられる。

素材とケズリの関係

卜骨に用いた素材の種類とケズリの程度に相関関係はあるのか。素材および時期別にケズリＡ～Ｄの数量を示すと第

6図中のようになる。弥生中期にはシカとイノシシにみられるケズリにそれほど大きな違いはなく、半数近くをケズリAが占め、ケズリBと合わせると八～九割となる。ところが後期の卜骨では、特にケズリB、C、Dに大きな違いが生じてくる。すなわちシカでは八割の卜骨の肩甲棘が全去されるのに対し、イノシシでは肩甲棘の全去は四割程度にとどまり、半数近くはケズリBが占める。弥生後期に伝わったとみられる肩甲棘除去の加工技術は、シカに対して、より選択的に施されたと考えられる。

北浦氏は、イノシシの肩甲骨の形態とケズリの状況から、ケズリの必然性は焼灼痕との関連性に求めることができるのではないかと指摘する。例えば、ケズリAのイノシシの卜骨で焼灼2のパターンだと、肩甲棘の上部が屈曲しているため卜面となる外側面の焼灼痕が一部隠れてしまってみえないが、肩甲棘の屈曲部分を除去してしまえば、不都合なくみられるようになる。肩甲棘がまっすぐであるシカでも肩甲棘の先端が割れたケズリA´がみられるのは、始めはイノシシでおこなわれていた肩甲棘の除去がシカでもおこなわれるようになった可能性があるという（北浦ほか二〇〇二　四一五頁）。この想定が正しいとすれば、イノシシに最初にA´がみられ、続いてシカにみられるようになっても良いと考えられるが、このような状況を資料から読み取ることはできなかった。実際に想定通りであったとしても、短期間のうちに起こった変化であったと思われる。シカの方にケズリB、C、Dが多いところをみると、イノシシの屈曲した肩甲棘とケズリは無関係と考えられる。

ケズリの変化

ケズリはA～Dへと具体的にどう変化してるか。時期別にみられるケズリの種類をあらためて第6図下に示した。中期から後期にかけて、九割を占めていたケズリA、Bに対して、ケズリCとDが急増して半数近くを占めるようになる。一方で削らないAタイプは激減する。後期末～古墳初頭になるとケズリBの割合も減少し、肩甲棘全去が関節窩におよぶケズリDの割合が倍増する。中期から後期にかけての時期がケズリの変化にみられる画期であったと考えられる。

鑽について

これまでは弥生時代の卜骨には鑽はみられないとされてきた。ところが、青谷上寺地遺跡では鑽の可能性のあるものが施された卜骨が三点報告されている。これらが鑽であるならば、神沢氏のいう第Ⅲ形式に相当するが、いずれも裏面に変化をきたしておらず、極めて不明瞭である（北浦ほか二〇〇二　四一七―四二五頁、田中ほか二〇〇六　九頁）。「鑽的な凹み」をもつとされているこの三点のうち二点については弥生後期末～古墳初頭の遺構から出土している。ＳＤ三八出土の方（取上番号16314）は内側面に鑽的な凹みがあると報告されているが、実際に観察すると確かに不明瞭で、二ミリメートルほどある厚さの半分ほどまで抉れているが、剥離が重なった末の凹みにも見える。ＳＤ六九から出土した方（取上番号27651）は、関節窩しか遺存していないケズリDタイプで、外側面を削って薄くした部分に二箇所、鑽的凹みが施される。三点のうちで最もしっかりした鑽的凹みである。凹みの底面には焼灼したような小さく弱い痕跡もみられた。ただ鑽の真裏に相当する部分には亀裂もなく、何の影響も認められなかった。

もう一点の卜骨は弥生中期～古墳初頭のⅡ層から出土したもので、報告書に図面は掲載されていない。実見したところ、卜骨は二片に分かれており、腹端を含む関節窩の一部と棘下窩から後縁にかけての一部が遺存していた。関節窩の方は、腹端は完存しているが、外側面が極一部削り取られている。ケズリBとされているがどちらかといえばCかDのようである。鑽的な凹みは、棘下窩の内側面とみられる方に一箇所確認された。不明瞭ではあるが、剥離が重なった末の凹みとは違い、斜めになっている孔の側面はなめらかで直線的あった。神沢氏のいう第Ⅲ形式にみられる粗雑な鑽のようにもみえる。

これら三点の鑽的な凹みが、意図的に施されたいわゆる鑽なのかは明らかではない。しかし第一に、このうち二点は弥生時代末から古墳初頭という青谷上寺地遺跡のト骨のなかでも遅い時期のものであること。第二に、青谷上寺地遺跡に影響を与えた可能性が指摘される韓国の江門洞低湿地遺跡では、青谷上寺地遺跡にやや先行する紀元前二世紀前後のト骨が出土しており、これらのト骨には一部鑽が施されていること（田中ほか二〇〇六）。第三に、古墳時代以降の手法とされていた肩甲棘の全去が弥生後期にすでにこの地に伝わっていること。以上の点を考慮すると、数が少ない上に不明瞭ではあるが、青谷上寺地遺跡のト骨の鑽的凹みは日本における初期の鑽と考えて良いかもしれない。

青谷上寺地遺跡出土のト骨は、ケズリの変化をみても、用いる素材選択の変化をみても、中期と後期の間に画期を見出すことができる。日本のト骨が神沢氏のいうように次々に伝播したものだとすれば、青谷上寺地遺跡では中期から後期が、新たな手法が伝播した時期の一つだったといえる。青谷上寺地遺跡では弥生後期には、その後のト骨の基本形はほぼ確立されたのである（北浦二〇〇二　一七頁）。「鑽的な凹み」が鑽だとすれば、弥生後期末～古墳初頭もまた新たな手法が伝わった時期ということになるかもしれない。重視すべきなのは、中国のト骨にみられるケズリA、B類からC、D類へ、焼灼のみから鑽へという変化と同様の過程が大まかにいって認められる点と、肩甲棘を全去するケズリC、D類と鑽がセットではなく、時間差をもって伝播している点である。

五　中国から日本へ―ト骨の比較―

あらためて中国と日本および朝鮮半島のト骨を比較し、その系譜と伝播過程について考えてみたい。

ト骨にみられる大きな変化の一つとして神沢氏は、灼面とト面一致型から灼面とト面分離型への変化ということを指摘する（神沢一九九〇　九六頁）。神沢氏によれば、第Ⅰ形式は例外的として、第Ⅱ形式だけが「灼面ト面一致型」で他の第Ⅲ～第Ⅴ形式の三形式はいずれも「灼面ト面分離型」である。第Ⅱ形式は弥生時代のト骨の特徴的手法であり、日本では弥生時代から古墳時代が灼面と卜面が分離した画期と捉えられていた。ところが青谷上寺地遺跡では、鑽の出現は曖昧であるものの、外側面を大きく削って焼灼する第Ⅲ形式の手法の一部がみられ、これまで弥生時代から古墳時代とされていた灼面卜面分離の画期が少なくとも青谷上寺地遺跡では弥生中期から後期にみられる可能性がある。ただ、もちろん青谷上寺地遺跡の卜骨には両面を灼面としているものも多く、生じるはずの亀裂も不明瞭で、どちらが卜面か判断できない曖昧な資料もある。

中国の卜骨では、肩甲骨の外側面を作業面、加工面とし始めたのは二里頭時代と考えられる。二里頭時代は変化の過渡期であり、殷代にはウシを中心にほとんどの卜骨で外側面を削って鑽や鑿を加え、内側面には亀裂だけが現れるようにしている。灼面卜面一致型から灼面卜面分離型への変化というのは言い換えれば、卜面は基本的には常に内側面で変わらないが、手を加える面が卜面である内側面から占う際には見る必要のない外側面に変わったということである。灼面と卜面の分離は、卜面である内側面に亀裂だけをきれいに生じさせることを意図して外側面へのケズリや鑽、鑿などの手法が工夫され、発達した結果生じたものと考えられる。

中国と日本の卜骨にある時期差の問題はすでに指摘されてきたことであり、灼面卜面分離の画期についても中国では紀元前二〇〇〇～一五〇〇年頃、日本では紀元前後頃と大きな隔たりがある。ケズリや鑽の出現過程に似たような変遷が認められるとはいえ、それぞれの導入が日本でみられるまでには少なくとも一五〇〇年の時を経ている。弥生時代の卜骨に削りが出現する頃には、中国ではすでに最盛期は過ぎ、はるかに発達した技術を用いていた。この時間的な隔たりについて神沢氏は、諸々の文化要素の伝播が遅れるのは卜骨に限らず青銅器や鉄器の使用も同様であり、海に隔てられた日本列島の地理的環境から生じた差であると理解する（神沢一九九〇　九四頁）。ところが、朝鮮半島と日本の資料を比較すると、確かに共通点も多いが、ケズリDや鑽など各手法、技術が必ずしも順序通りに伝わっているわけではない事を示唆する状況もみられ、技術や手法が時に先行したり遅れたりしながら伝わった可能性がうかがえるのである。

ところで、朝鮮半島と日本の卜骨で注目される加工方法の一つに、内側面の側縁の部分を削って素材を平らに加工する手法がある。朝鮮半島の郡谷里貝塚で出土している初期鉄器時代の二三点の卜骨のうち、一五点でこの手法がみられる。朝鮮半島ではほかに虎谷洞遺跡でも側縁の削りが確認できる。日本でも弥生後期になるが、壱岐の原ノ辻遺跡で出土した卜骨九点のうち同様の削りが施されたものが五点あり、肋骨面の後縁寄りの肥厚した部分を刀子のようなもので削平している（木村一九七六　九―一〇頁）。青谷上寺地遺跡でも後期に比定されている卜骨の二点に肋骨面後縁の削りがみられるものがある。側縁の削りは、占卜技術が朝鮮半島を経て日本に伝わったことを示す共通点の一つと考えても良いと思われる。だとすれば、中国から日本への伝播経路に関する従来説を補強する特徴の一つということになる。

朝鮮半島では、遺跡による差はあるが、初期鉄器時代にすでに鑽を施す例が多く（渡辺一九九五　九九頁、一一七頁）、ケズリD類と鑽の両者がすでに認められる。ところが青谷上寺地遺跡では、ケズリについてはD類がすでに確実に伝わっているが、鑽は不明瞭である。なぜ、青谷上寺地遺跡の卜骨には明瞭な鑽はないのにケズリDが多くみられるのだろうか。鑽を伴わないケズリDの存在は、順次伝播したとする従来の説からすれば、ケズリの技法だけが先行して伝播したことになる。あるいはまた、鑽を施さないD類の系統がどこかにあり、それが伝播した可能性も残されている。いずれにしてもこのような事例は、日本への伝播について、より複雑な過程があったことを示唆しており、再考を促すものと言える。また伝播過程の背景には、卜骨自体の伝播だけではなく、口承のみによる伝播や書物の介在なども想定する必要があるだろう。今後、中国東北地方や朝鮮半島の事例が増えれば伝播の過程が少しずつ明らかになると期待される。

六　おわりに

大きな時期差は伴うものの、中国と日本の卜骨にみられる技術や方法の変化が連動するかのような状況がみられ、東アジアでは常に行き交う大小の交流の波があったことがうかがえる。中国と日本の卜骨を技術的な観点から整理し、変遷や伝播過程についていくつかの状況を明らかにしてきたが、本稿で取り上げたような技術の伝播に関する問題の解決には中国や朝鮮半島の卜甲を含めたさらなる資料調査と検討が不可欠である。また青谷上寺地遺跡の例についても、中国や朝鮮半島の卜骨だけではなく、これまで出土している国内の資料とも十分に比較検討してゆく必要があると考えている。

謝辞

本研究を進めるにあたり、早稲田大学文学学術院教授岡内三眞先生には洛陽や西安の資料を実見する機会を頂いたほか、多くの有益な助言や御指導を賜りました。また資料調査にあたり、財団法人千葉県教育振興財団の白井久美子氏、鳥取県埋蔵文化財センターの茶谷満氏、京都大学大学院文学研究科助手の阪口英毅氏に多大な便宜をはかって頂きました。中国の文献については後藤健氏、獣骨に関する文献については上奈穂美氏に御教示および御提供頂きました。末尾ながら、記して感謝申し上げます。

引用・参考文献

荒木日呂子一九九八「中国新石器時代の卜骨とその社会的意義について」『東洋大学中国哲学文學科紀要』第六号　一—三六頁

伊藤道治一九五八「卜占具と文字」『世界考古学大系六　東アジアII』平凡社　四九—六二頁

今村佳子二〇〇四「中国新石器時代における占卜の起源と展開についての一考察」『東アジアにおける新石器文化と日本I』國學院大学二一世紀COE第Iグループ考古学班　二五三—二六二頁

岡村秀典二〇〇五『中国古代王権と祭祀』学生社
加藤嘉太郎一九七〇『家畜比較解剖図説―上巻―』養賢堂
神澤勇一一九七六「弥生時代、古墳時代および奈良時代の卜骨・卜甲について」『駿台史学』第三八号　一―二五頁
神澤勇一一九八七「日本の卜骨」『考古学ジャーナル』No.281　四―九頁
神澤勇一一九八七「卜骨」『弥生文化の研究八　祭と墓と装い』雄山閣　六六―七〇頁
神澤勇一一九九〇「呪術の世界―骨トのまつり―」『考古学ゼミナール　弥生人とまつり』六興出版　六九―一〇七頁
北浦弘人二〇〇二「鳥取県青谷上寺地遺跡出土の卜骨」『考古学ジャーナル』No.492　一四―一七頁
北浦弘人ほか二〇〇一『青谷上寺地遺跡3』鳥取県教育文化財団調査報告書七二
北浦弘人ほか二〇〇二『青谷上寺地遺跡4』鳥取県教育文化財団調査報告書七四
金　建洙二〇〇二「韓半島の卜骨」『考古学ジャーナル』No.492　一八―二二頁
木村幾太郎一九七九「長崎県壱岐島出土の卜骨」『考古学雑誌』第六四巻第四号　二八三―三〇四頁
謝　端琚一九九三「中国原始卜骨」『文物天地』一九九三年第六期
田中弘道・小山浩和・茶谷満二〇〇六「江門洞低湿地遺跡出土遺物調査報告―青谷上寺地遺跡における環日本海交流の実像を求めて―」『鳥取県埋蔵文化財センター調査研究紀要一』鳥取県埋蔵文化財センター　一―一〇頁
田邉由美子二〇〇三「勝浦市こうもり穴洞穴出土の卜骨」『千葉県立中央博物館研究報告』八（二）　一―一三頁
張　光直（伊藤誠司、森雅子、市瀬智紀訳）一九九四「商代の卜占活動」『古代中国社会』東方書店　頁
中村　勉二〇〇二「三浦半島における卜骨・卜甲研究の現状」『考古学ジャーナル』No.492　六―九頁
新田栄治一九七七「日本出土卜骨への視角」『古代文化』第二九巻一二号　二七―四二頁
花島理典・田井知二・西野雅人一九九五「市原市草刈遺跡出土の卜骨」『研究連絡誌』第四三号　三―一四頁

藤野岩友一九七六「亀トについて」『中国の文学と礼俗』角川書店　四〇七―四五六頁
宮崎泰史一九九九「まつりの品々」『平成一一年度春季と区別展　渡来人登場―弥生文化を開いた人々―』大阪府立弥生文化博物館図録一八　大阪府立弥生文化博物館　五七―五八頁
渡辺　誠一九九五「全羅南道郡谷里貝塚出土のト骨」『日韓交流の民族考古学』名古屋大学出版会　九一―一二五頁
渡辺　誠二〇〇二「ト骨・ト甲でなにが占われたのか」『考古学ジャーナル』No.492　四―五頁
Schmid 1972 "Atlas of Animal Bones" p. 101

註

（1）岡村氏の集成では四遺跡挙げられている。
（2）『青谷上寺地遺跡3』では、A類はA′類とAとに細分されていなかったため、実見できたものも含めて可能な限りあらためて細分した。

朝鮮式細形銅剣の成立過程再考
―東北アジア琵琶形銅剣の展開のなかで―

宮里　修

Ⅰ　はじめに

東アジア国際社会へ本格的に参入した最初の朝鮮半島勢力は『史記』や『魏略』の「朝鮮」である。衛氏朝鮮に先立つ紀元前三世紀代にあたり、該期の朝鮮半島には細形銅剣文化が展開していた。細形銅剣文化は、紀元前一千年紀の東北アジアに展開した琵琶形銅剣文化が朝鮮半島で独自化したものである。朝鮮半島青銅器文化の独自化は「朝鮮」という地域勢力の台頭と連動している。細形銅剣文化の形成過程は当時の国際情勢の反映でもある。本稿は細形銅剣文化の中心資料である青銅短剣を対象に、中国東北地方からの文化受容・定着・独自化の過程を地域間の比較を通して検討するものである。対象地域は琵琶形銅剣が分布する東北アジア一帯である（図1）。まず遼西・遼東（遼北＋遼南）を中心とした中国東北地方の琵琶形銅剣、つづいて朝鮮半島の琵琶形銅剣を整理・検討し、最後に中国東北地方との関連のなかで朝鮮半島琵琶形銅剣の変遷を捉え直し、細形銅剣の成立過程を考察する。

II　中国東北地方の琵琶形銅剣

中国東北地方の琵琶形銅剣についてはすでに多くの取り組みがある（秋山一九六八・六九・九五、烏恩一九七八、林澐一九八〇・九七、李康承一九七九、王成生一九八一、遅雷一九八二、靳楓毅一九八二・八三、近藤一九八四・二〇〇〇、翟徳芳一九八八、姜仁旭一九九六、徐光輝一九九七、村上一九九七・二〇〇〇、宮本一九九八、劉国祥二〇〇〇、呉江原二〇〇六など）。特筆すべき成果として秋山（一九六八・六九）、林澐（一九八〇・九七）、靳楓毅（一九八二・八三）らの論考がある。秋山（一九六八・六九）は剣身、柄、把頭飾の総体的検討という継承すべき方法を示した。林澐（一九八〇・九七）は、剣身型式の系統性と変化の方向、さらに地域性の発現を型式組列として示し、剣身の時空的変遷についての基本枠を整えた。靳楓毅（一九八二・八三）は、剣柄・剣身の型式組列をふまえ、地域ごとの時期相および併行関係と具体的な年代を示し、地域間の共通性と特殊性についての理解を前進させた。

以上の方法、型式の基本枠、変化階梯、地域性についての理解は継承すべき成果である。以下、型式間の類似・差異を比較する本稿の意図にあわせて若干の修正をくわえつつ、T字形剣柄・剣身の型式を再設定し配列・分期をおこなう。

一　T字形剣柄の再検討

1　型式分類

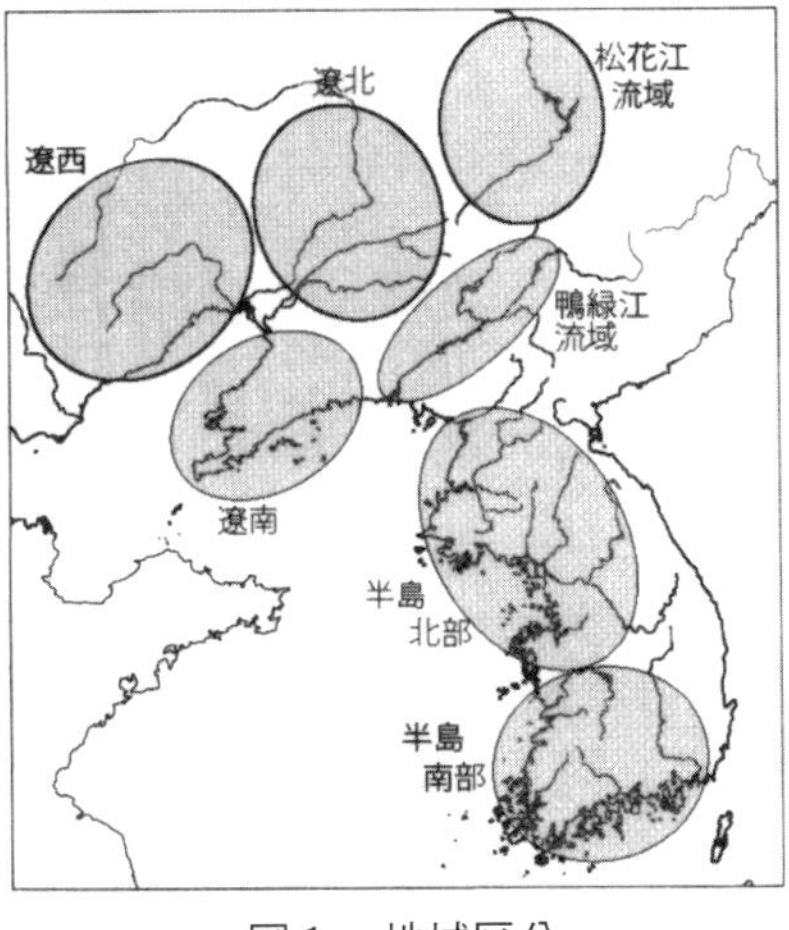

図1　地域区分

T字形剣柄は秋山（一九六八・六九）が分期の基準としたように編年上重要な位置をしめる。盤部の垂下が新古を分かつ基本属性であり本稿でも重視する。盤部上面形の差異（梭形と8字形）は第二の属性とされてきたが（秋山一九六八、林澐一九八〇・九七、靳楓毅一九八二）、近藤（二〇〇〇）が示したようにさほど有意でない。他の観点を模索し五六点の資料を検討した結果、「盤部の垂下」にくわえ「盤部正面形」「柄部の形状」「文様の施文部位」に注目することでT字形剣柄の変遷をより具体的に把握できると考えた。以下に設定する八型式により剣柄の体系を整理する。

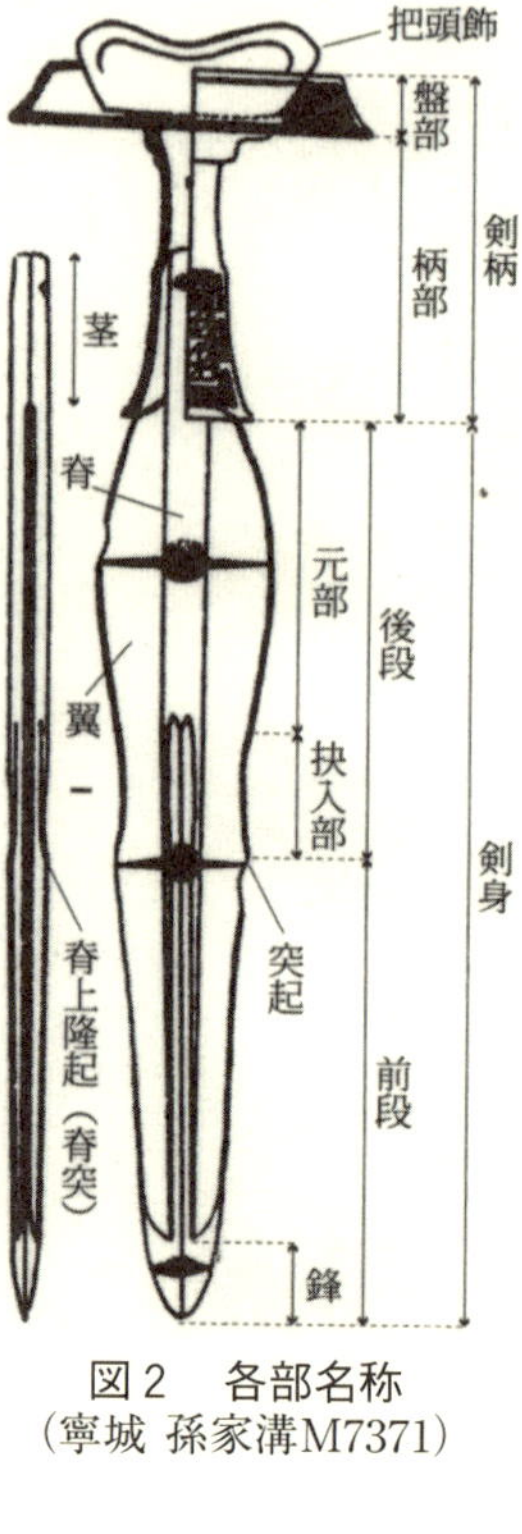

図2　各部名称
（寧城 孫家溝M7371）

小黒石溝型（図3—1・2）　T字形剣柄の祖型となる。盤部は短く正面形は逆台形に近い。柄部は筒状の把握部と大きく開く柄元が段状に連結された形状である。文様は確認されていない。小黒石溝（図3—1）には円盤状の把頭飾がつくが、木頭溝（図3—2）には枕形の把頭飾が挿入されており後続型式の祖型となる。三例がありいずれも遼西に分布する（表1）。

何家溝型（図2、図3—3、図4—10）　盤部が垂下しない古段階の型式である。盤部正面形は裾広がりで角が立つ台形で盤部はほぼ水平である。柄部は上下段が段状に区分される形状で柄元は大きくひろがる。上段は小黒石溝型の把握部、下段は柄元に対応する。小黒石溝型の柄元が拡張された形状といえる。文様は盤部・柄部の全面に陰鋳される。六例があり大部分が遼西に分布する。

南洞溝型（図3—4）　盤部が上反する古段階の型式である。盤部正面形は角が丸みをおびる台形で何家溝型のように裾広がりにはならない。盤部に紐掛けがつく事例は南洞溝型に限定される。柄部の形状・文様の施文部位は何家溝型と同様である。一五例があり大部分が遼西に分布する。

楊樹溝型（図3—8）　盤部が垂下する新段階の型式である。盤部正面形は何家溝型系統の裾が広がる台形で盤部高が低い特徴をもつ。柄部は中央にめぐる節帯で上下段に区分される。柄元は大きくひろがる。文様は盤部・柄部の全面に陰鋳される。二例がありいずれも遼西に分布する。

上馬石型（図3—6、図4—11・12・13）　盤部が垂下する新段階の型式である。盤部は何家溝型系統の裾が広がる台形である。柄部は中間がわずかに隆起するが形状による上下段の区別は不明瞭となる。柄元のひろがりはさほど大きくない。文様は盤部と柄部下段にあり柄部上段は無文となる。望周墓（図4—13）のように柄部文様が柄元に限定される事例もある。一〇例があり遼南を中心に遼西から朝鮮半島（一例）にまでひろく分布する。

翟家村型（図4—16・17）　盤部が垂下する新段階の型式である。何家溝型系統の盤部は上馬石型に似るが複数の段をなす点が特異である。柄部は節帯もしくは文様帯の表現によって上下段に区分されるが、形状による区分は不明瞭になる。柄元は大きくひろがる。盤部は無文で柄部は全面に文様が陰鋳される。四例があり遼北のなかでも遼河中流域に分布が限定される。

表1　中国東北地方の剣柄出土数

剣柄	遼西	遼北	遼南	鴨緑江	松花江	不　明	計
小黒石溝型	3						3
何家溝型	4		1			1	6
楊樹溝型	2						2
南洞溝型	13	1				1	15
後砒石型	1						1
老爺廟型	2						2
上馬石型	2	1	5		1	1	10
劉家哨型		3	2		1		6
翟家村型		3				1	4
小計	27	8	8	0	2	4	49
不明 他	6	1					7
合計	33	9	8	0	2	4	56

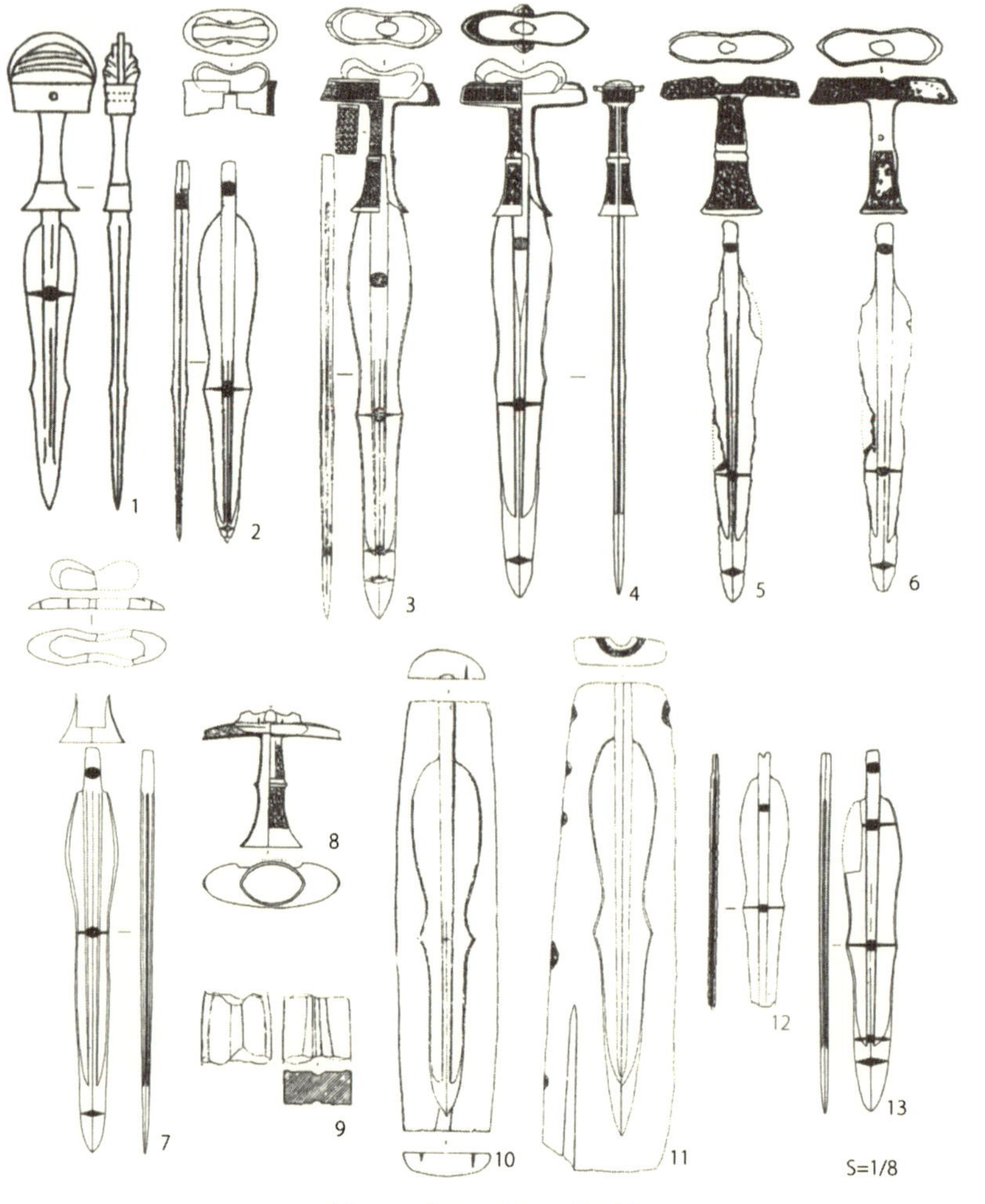

図３　遼西の琵琶形銅剣
（1. 寧城 小黒石溝、2. 朝陽 木頭溝Ｍ１、3. 北票 何家溝M7771、4. 喀左 南洞溝、5・6. 綏中 後帆石、7. 喀左 老爺廟、8. 北票 楊樹溝、9・10. 敖漢旗 山湾子、11. 朝陽 黄花溝、12. 朝陽 大波羅赤、13. 建平 老窩ト村）

後矾石型

（図３―５）盤部が垂下する新段階の型式である。盤部は南洞溝型系統の角が丸みをおびる正面台形である。柄部は中間の切れ込みで上下段に区分される。柄元は大きくひろがる。文様は盤部・柄部の全面に陰鋳される。一例が知られるのみで

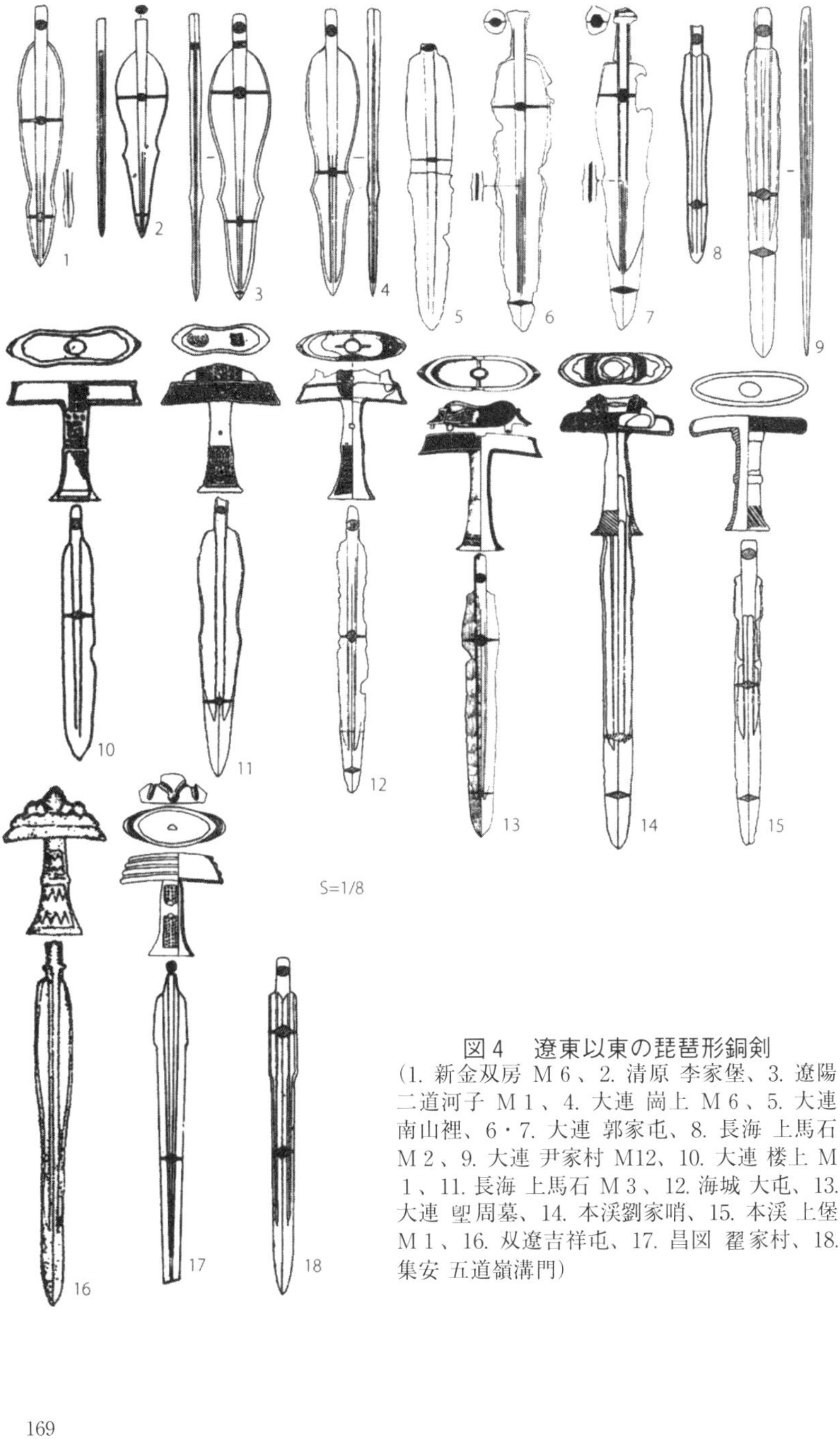

図4　遼東以東の琵琶形銅剣
(1. 新金双房 M6、2. 清原 李家堡、3. 遼陽二道河子 M1、4. 大連 崗上 M6、5. 大連南山裡、6・7. 大連 郭家屯、8. 長海 上馬石M2、9. 大連 尹家村 M12、10. 大連 楼上 M1、11. 長海 上馬石 M3、12. 海城 大屯、13. 大連 卲周墓、14. 本渓劉家哨、15. 本渓 上堡M1、16. 双遼吉祥屯、17. 昌図 翟家村、18. 集安 五道嶺溝門)

遼西に分布する。

劉家哨型（図4—14・15、図10—12・13）　盤部が垂下する新段階の型式である。盤部は南洞溝型系統の角が丸みをおびる台形である。柄部は中間がわずかに隆起するが上下段の区分は不明瞭である。文様は盤部と柄元に陰鋳される。柄部の形状が上馬石型に通ずる狐山里（図10—13）や柄部中間に節帯がめぐる上堡（図4—15）のような事例もある。柄元のひろがりはさほど大きくない。六例（朝鮮半島にも二例）があり遼東から朝鮮半島にまで分布する。遼西にはみられない。

その他に一部の金具のみが知られた事例を「老爺廟型」（図3—7）として集計したが具体的な形態は不明である。

2　T字形剣柄諸型式の関係

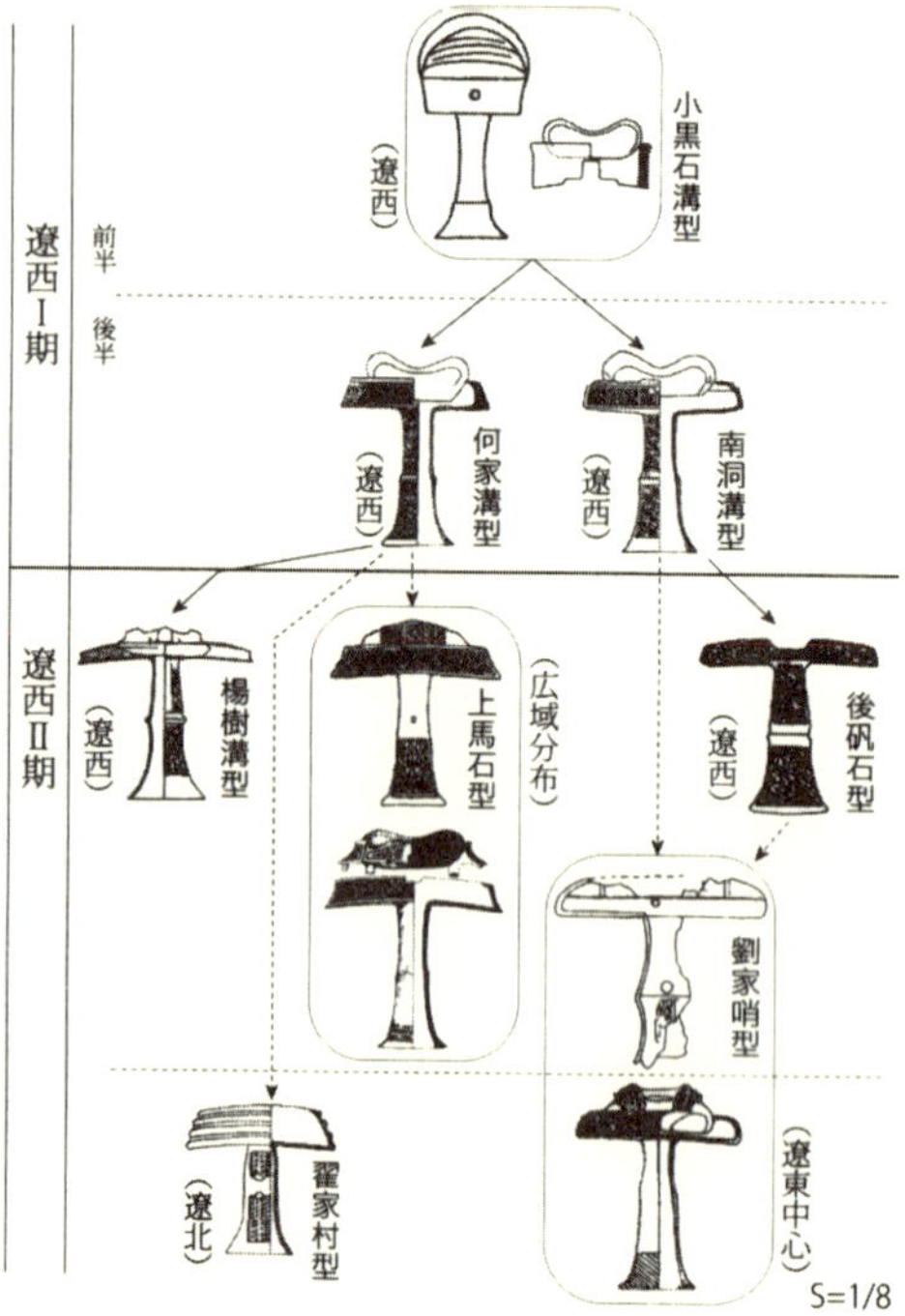

図5　T字形剣柄系統図

前節で設定したT字形剣柄の諸型式は形態の類似性や変化の方向などから以下のように配列される（図5）。

祖型となる小黒石溝型に、把頭飾を挿入する盤部構造、柄元の拡張、有文化などの変化が加わって何家溝型と南洞溝型の二型式が成立する。この二型式は垂下しない盤部、柄部形状、文様施文部位の共通性からみて同段階である。

盤部が垂下する新段階には、何家溝型と南洞溝型を基点とし、盤部形状で区分される二系列が展開する。何家溝型系列には楊樹溝型、上馬石型、翟家村型の三型式がある。楊樹溝型は何家溝型と上馬石型をつなぐ型式にもみえるが、盤部高が低い形状は中間的でない。上馬石型は柄部上段が無文の孫家溝（図2）や柄元のひろがりが小さい楼上M1（図4―10）を経て成立したとみる。楊樹溝型と上馬石型は何家溝型、南洞溝型に後続する点から同段階とみる。翟家村型は文様の施文部位・柄元のひろがりが楊樹溝型と類似するが、後述する剣身との組合せをみると編年上の位置は上馬石型より遅れる。何家溝型系統ではあるが遼河中流域で独自化した型式であり形成過程には不明な点が多い。

南洞溝型系列の新段階には後矾石型と劉家哨型の二型式がある。後矾石型は一例が知られるのみであり型式内容の幅を詳しく知ることはできないが、南洞溝型と劉家哨型の中間形態と評価できる。ただし後矾石型は遼西のみ、劉家哨型は遼東以東と分布域がことなり、継承性の判断には慎重を要する。劉家哨型には柄部形状が上馬石型に類似する例（狐山里）があり、また上馬石型にも柄部文様が柄元のみに鋳出される例（堲周墓、三官甸子）がある。編年上、劉家哨型は上馬石型に後行しつつも一部重複する。南洞溝型から劉家哨型までには若干の空白期間がある。後矾石型が空白を埋めるか否かについては資料の増加をまち、劉家哨型の形成過程については図5のように二つの可能性を考えておく。以上をまとめると全体は大きく四つの段階に整理される。一つめは小黒石溝型、二つめは何家溝型・南洞溝型、三つめは楊樹溝型・上馬石型・後矾石が中心、四つめは翟家村型・劉家哨型が中心の段階である。

二　剣身の再検討

1　型式分類

剣身には多くの関心が寄せられ、様々な分類案が提示されてきた（秋山一九六八・六九・九五、烏恩一九七八、林澐一九八〇・九七、王成生一九八一、遅雷一九八二、靳楓毅一九八二、翟徳芳一九八八、姜仁旭一九九六、徐光輝一九九七、村上一九九七・二〇〇〇、宮本一九九八、柳田二〇〇四など）。起源論については異論もあるが、典型的な形状を段階的に喪失するという変化の方向、地域差の存在、型式の基本枠については概ね共通理解が得られている。筆者も共通理解を共有するが、型式間の関係整理に重点をおく意図のもとでは従来の型式内容の記述に不足を感じる。そのため先行研究の大部分を継承しつつも以下の属性にしたがって型式の内容を再整理し提示する。

とくに重視する属性は「全長（図6）」「鋒長（図7）」「脊の前後段つくり分け（脊上隆起の有無）」「突起・元部の突出程度」である。以下の八型式にまとめ型式間の関係を整理する。[1]

表2　中国東北地方の剣身出土数

剣身	遼西	遼北	遼南	鴨緑江	松花江	計
木頭溝式	62	2				64
南洞溝式	19	5				24
老爺廟式	9	5	1	1		16
二道河子式		5	6		2	13
崗上式			12			12
上馬石式	3	3	19		2	27
尹家村式	7	9	13	3	2	34
五道嶺式		4		2	1	7
小計	99	33	51	6	7	197
不明 他	7	1	2	1	4	15
合計	107	34	53	7	11	212

木頭溝式（図2、図3―2・10）　長さは三〇㌢台前半で鋒は短い（一～二㌢）。突起は尖り、抉入部は明瞭で元部幅が広い。前段の脊は細く断面方形で鎬が立ち、後段は相対的に太く断面円形で鎬はほとんど及ばない。山湾子鎔笵（図3―10）によれば前段の脊鎬は鋳型に刻まれている。鋳出し＋研磨の鎬と考えられる。六四例があり遼西に分布する。

南洞溝式（図3―3・4・11）　木頭溝式に対して、全長がやや長く（三〇㌢台中盤）鋒も伸長する（四～五㌢）。突起と元部の張出しが弱まり抉入部との幅差が減少する。脊のつくり分けは木頭溝式と同様で鎬は前段に形成される。南洞溝例（図3―4）を典型とするが平面形では木頭溝式と区別しがたい場合もある。黄花溝鎔笵（図3―11）には長さ三・六㌢の鋒がつくり込まれており、新段階で鋒がさらに伸長することを勘案して、鋒長（三㌢を境界）を基準に木頭溝式と南洞溝式を分かつ。二四例があり遼西を中心に一部が遼北に分布する。

二道河子式（図4―1～3）　長さは短く（二五～二八㌢を中心）、全長に対して前段が短い。鋒は短い（一〜二センチ）。元部幅がひろく特異な平面形態をもつ。脊は前後段でつくり分けられ隆起も確認される。前段の脊には鎬が形成される。秋山（一九九五）は質の粗さを指摘しており鋳放しであれば鋳出し鎬となる。双房M6も二道河子式にふくまれる。一三例があり遼東を中心に分布し一部が松花江流域におよぶ。

崗上式（図4―4）　長さは二〇センチ台後半で、鋒も短い（一〜二センチ）。形態的特徴は木頭溝式に準じる。一二例が遼南

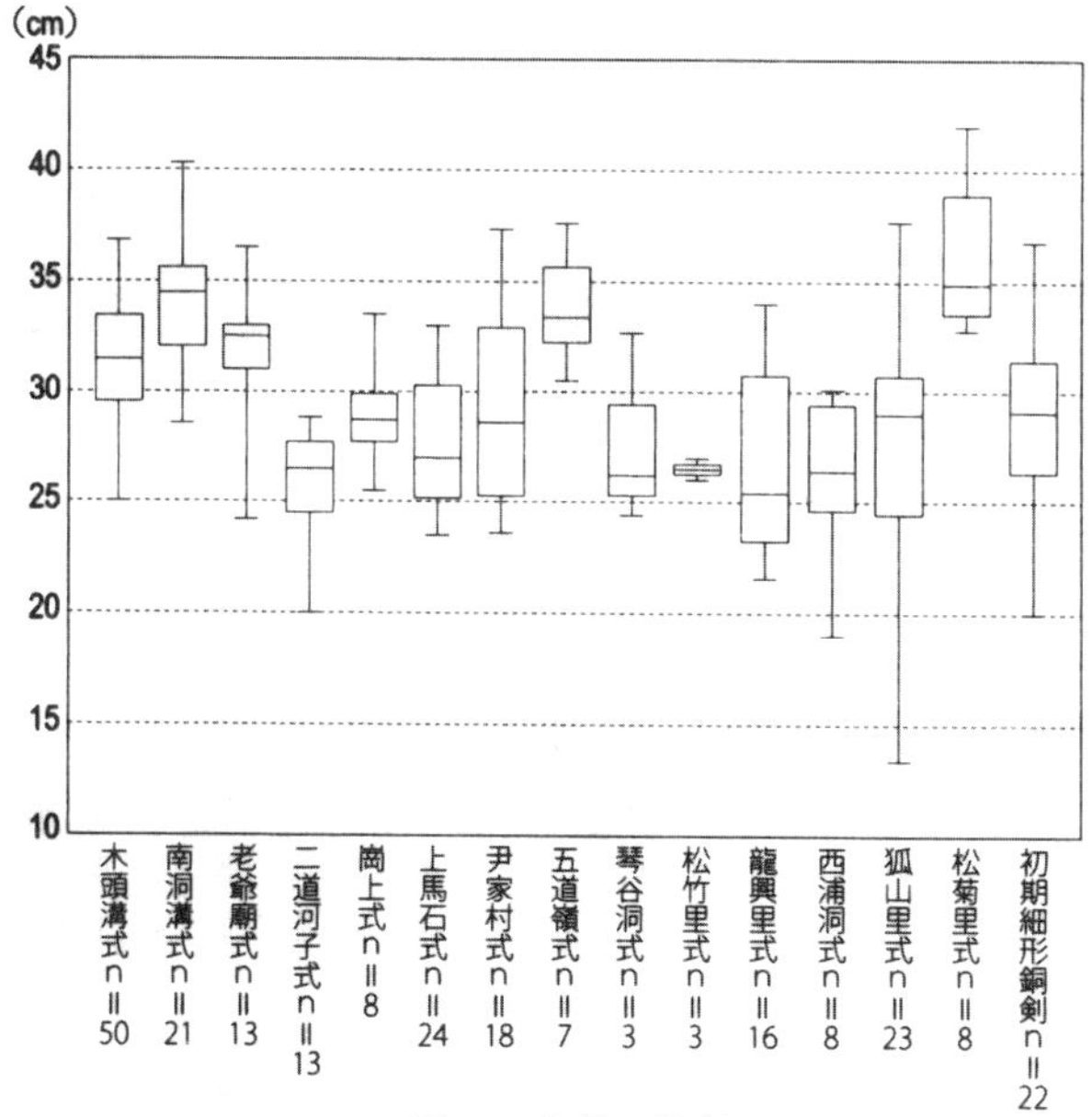

図6　全長の比較

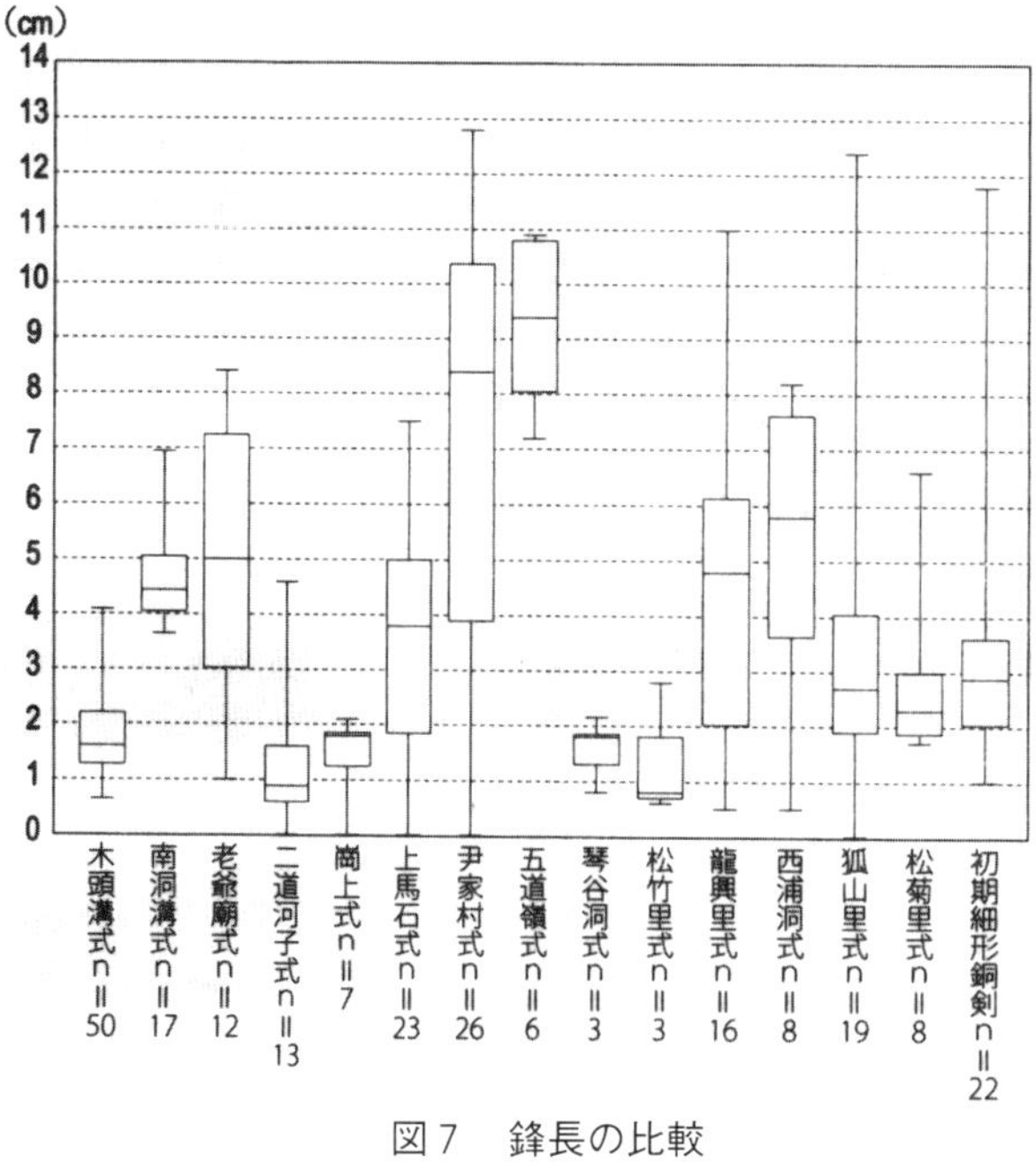

図7　鋒長の比較

でのみ確認される。

老爺廟式（図3—5・6・7・12、図4—8）　長さは三〇センチ台前半で鋒が長い（三～七センチを中心）。突起はほぼ失われ元部の幅もせまい。脊のつくり分けはなく隆起もほぼ消失する。脊鎬は大部分が後段にまで及ぶ。鋳放しとされる大波羅赤（図3—12）には脊鎬が確認されない。木頭溝式（山湾子鎔笵）や南洞溝式（黄花溝鎔笵）とは異なり研磨のみで形成された鎬とみられる。一五例があり遼西を中心に一部が遼東以東にひろがる。

上馬石式（図3—13、図4—4～7・11）　長さは二〇センチ台後半で、鋒は二～五センチと伸長傾向にある。突起は丸みを帯びるものが多く、突起・抉入部・元部の幅差が減少する。脊のつくり分けは不明瞭になり脊上隆起もほとんどみられない。鋳放しとみられる郭家屯（図4—6・7）には鋳出し鎬があり、同様に鋳放しの南山裡（図4—5）には鎬がみられない。脊鎬のおよぶ部位は鋒部相当から後段までと様々であるが、後段におよぶ事例の出現は重要である。二七例があり大部分は遼南に分布するが遼西から松花江流域にまでひろくみられる。

尹家村式（図4—9・12～14）　長さは二五～三五センチと変異があり、著しく長いものや短いものが出現する。鋒は四～一〇センチと長い。直刃化が進行し突起はほぼ消失、元部は痕跡的に残る。脊のつくり分けはなく脊鎬は後段相当部分におよぶ。三四例があり遼南への集中傾向をみせるが遼西・遼北など他地域にも一定度みられる。

五道嶺式（図4—15・18）　長さは三〇センチ代中盤で鋒は八～一一センチと長い。直刃化が進行した形態で突起はほぼ消失、直線的な元部が段をなして連なる。老爺廟式が直刃化した形態ともいえる。脊のつくり分けはなく脊鎬は後段におよぶ。いわゆる「大青山式」を含む。七例があり遼北・鴨緑江流域・松花江流域に分布し、一部は朝鮮半島にもみられる。

以上の諸型式は林澐（一九八〇・九七）や靳楓毅（一九八二）らが設定した分類案と重なる部分が多いが、崗上式と上馬石式の設定に違いがある。

2　剣身諸型式の関係

先行研究の理解に倣って前節で設定した剣身諸型式を配列する。崗上式・上馬石式の設定により遼西、遼東の二地域における型式組列をより具体的に把握できる（図8）。

遼西では典型的特徴の喪失として木頭溝式→南洞溝式→老爺廟式と変化する。南洞溝式から老爺廟式への変化が画期であり、突起と脊のつくり分け（脊上隆起）が失われ、脊鎬も後段におよぶ。鋳出し鎬がなくなった可能性も高い。老爺廟式以降が従来の新段階である。

遼東においてもやはり典型的特徴の喪失として、崗上式→上馬石式→尹家村式と変化する。上馬石式への変化過程で脊のつくり分けが消失し、尹家村式への変化過程で突起・抉入部・元部の別が失われる。剣柄との組合せをみると典型的な平面形態の喪失は遼西よりもやや遅れるようである。二道河子式と崗上式は両者の中間的形態（双砣子）の存在に推して二道河子式→崗上式とみる。二道河子式の系譜は不明である。

五道嶺式については、成立要件を老爺廟式の形態と尹家村式の直刃化傾向に求め二型式より遅れて成立したとみる。

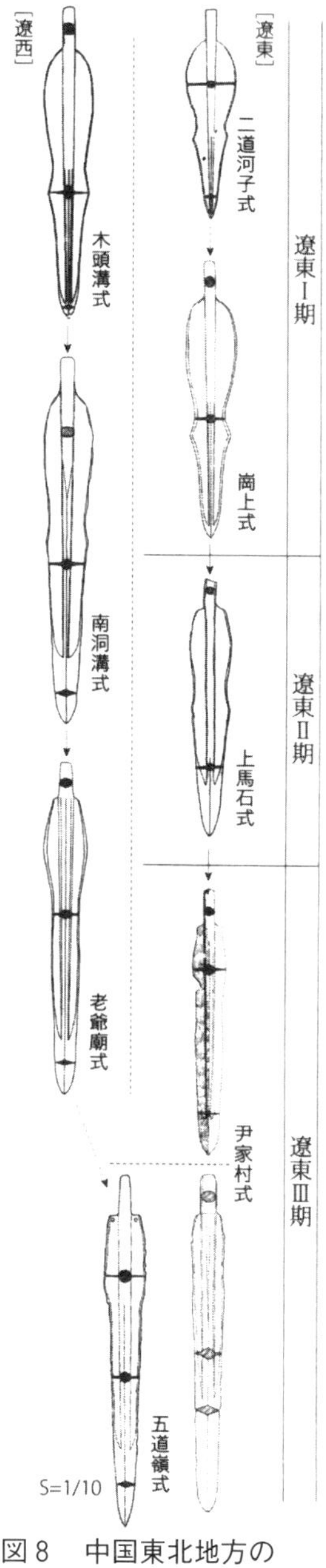

図8　中国東北地方の琵琶形銅剣系統図

三　分期

T字形剣柄・剣身の変化階梯、剣柄と剣身の組合せをもとに中国東北地方琵琶形銅剣の時期区分をおこなう。遼西と遼東の変遷が異なるため個別に分期し対応関係をみる。

遼西はT字形剣柄によって大きく二時期に分かれる（図5）。盤部が垂下しない何家溝型・南洞溝型までを遼西Ⅰ期、つづく段階以降を遼西Ⅱ期とする。遼西Ⅰ期はさらに小黒石溝型の段階と何家溝型・南洞溝型の段階を分かち遼西Ⅰ期前半・後半とする。剣身は木頭溝式が何家溝型剣柄・南洞溝型剣柄と組になる場合もあるが、基本的に遼西Ⅰ期前半に木頭溝式、Ⅰ期後半に南洞溝式、Ⅱ期に老爺廟式が対応し各時期の剣柄と組になる。遼西での実態は不明であるが（老爺廟式に後続する）五道嶺式と組になる翟家村型剣柄は上馬石型・翟家村型・後砚石型につづく時期である。対応する時期を遼西Ⅱ期後半としておく。

遼東では古段階におけるT字形剣柄の出土が稀であるため剣身の変化階梯を編年軸とする。大きく三時期に区分可能である（図8）。遼東Ⅰ期は二道河子式銅剣と崗上式銅剣の時期である。小黒石溝型に伴う円盤状の把頭飾が存在する可能性があるが詳細は不明である。遼東Ⅱ期は上馬石式銅剣の時期である。上馬石式銅剣には変異幅があるため剣身の細かな形状による細分も可能ではある。遼西との対比で存続幅をみると、同じ墓域で何家溝型剣柄が出土した楼上墓M3は遼西Ⅰ期後半に近い時期であり、上馬石型剣柄との組合せ（上馬石M3）は遼西Ⅱ期前半にあたる。遼東Ⅲ期は尹家村式銅剣の時期である。尹家村式銅剣は上馬石型剣柄、劉家哨型剣柄と組になる。劉家哨型と組になる尹家村式銅剣は直刃化がさらに進んだ形態であり、五道嶺式銅剣と組になる劉家哨型剣柄は中心時期が上馬石型剣柄より遅れる。劉家哨型剣柄が主体をなす時期を遼東Ⅲ期後半とする。遼東Ⅲ期前半は上馬石型剣柄によって遼西Ⅱ期前半、遼東Ⅲ期後半は五道嶺式銅剣により遼西Ⅱ期後半に該当する。対応関係は図14のように整理される。

Ⅲ　朝鮮半島の琵琶形銅剣

一　剣身の諸タイプ

朝鮮半島の琵琶形銅剣も研究の蓄積が少なくない（金用玕・黄基徳一九六七、尹武炳一九七二、岡内一九八二、李清圭一九八二、近藤一九八四、朴晋一九八七・九五、李榮文一九九一・九八、宮本二〇〇二、徐国泰二〇〇三、柳田二〇〇四、姜仁旭二〇〇五）。とくに資料の充実してきた九〇年代以降、体系化が進んだ（李榮文一九九一・九八、宮本二〇〇二）。中国東北地方の場合と同様、先行研究の成果を継承し若干の修正を加えることで概況が把握できる。中国東北地方の型式と比較する意図から、同様の属性（「全長」「鋒長」「脊のつくり分け」「突起・元部の表現」）[2]を用い、さらに初期細形銅剣との比較から「研ぎ分け」にも注目すると以下の六タイプにまとめられる。なお地域区分は図9のようである。琵琶形銅剣の分布

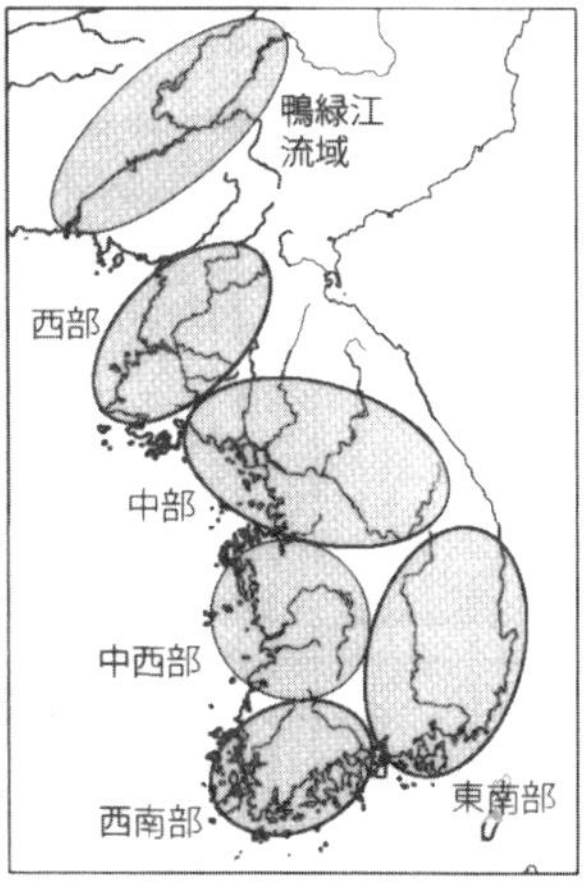

図9　朝鮮半島の地域区分

表3　朝鮮半島の剣身出土数

剣身	半島北部		半島南部			不明	計
	西部	中部	中西部	西南部	東南部		
琴谷洞タイプ	1	1				1	3
松竹里タイプ	1	3	1		1	1	7
龍興里タイプ	6	1	5		3	1	16
西浦洞タイプ	6	2				1	9
狐山里タイプ	8	6	3	2	8	2	29
松菊里タイプ			1	3	6		10
小計1	22	13	10	5	18	6	74
再加工		2	2	5	2		11
破片				9	2		11
小計2		2	2	14	4		22
上馬石式						1	1
五道嶺式	4	1					5
小計3	4	1				1	6
合計	26	16	12	19	22	7	102

においては中部地方を半島北部にふくめて考える（表3）。

琴谷洞タイプ（図10―1・2）　長さは二〇㌢台後半で鋒は一～二㌢と短い。突起は尖り、抉入部は明確で元部には一定の幅がある。脊は前後段でつくり分けられ脊上隆起がみられる。琴谷洞（図10―1）には前段脊に鎬があるが、芳良里（図10―2）の鎬は鋒のみで前段の脊は上面が平坦である。後段の脊は断面円形である。三例があり半島北部に限定される。

松竹里タイプ（図10―3・4）　長さは二〇㌢台後半で鋒は一～二㌢と短い。脊上隆起はわずかに残るが脊の前後段つくり分けは明瞭でなく、前段脊の上面は丸みを帯びる。松竹里や大雅里（図10―3）を典型例とすれば脊鎬は発達せず鎬は鋒のみである。元部は膨らみを維持するが突起は尖らず丸みを帯びる。七例があり半島北部を中心に一部が東南部におよぶ。

龍興里タイプ（図10―5～7・14・17）　長さは二〇㌢台後半を中心とするが長短の変異が大きく、著しく長いものと短いものが含まれる。鋒は二～六㌢と相対的に長い。全長と鋒長には正の相関関係がみられ、細分型式も設定可能である。脊のつくり分けはみられず脊上隆起もない。脊鎬は抉入部相当におよぶものが大部分で、研ぎ分けもしばしばみられる。一六例があり分布相は松竹里タイプと同様であるが中西部の割合が増す。

西浦洞タイプ（図10―8・9）　長さは二〇㌢台後半が中心で、二〇㌢程度の小型をふくむ。鋒は四～八㌢と長い。脊のつくり分け・脊上隆起はみられない。脊鎬は元部相当におよぶこともしばしばで、研ぎ分けも間々みられる。全体の幅が一定で突起と抉入部が痕跡的に残る。西浦洞タイプの最大の特徴は鋒から八㌢程度までの翼を肥厚させることで、宮本（二〇〇二）が指摘した。結果として前段のなかほどに小さな樋が形成される。後述の琵琶形銅矛に通ずる形状である。九例があり分布は半島北部に限定される。

狐山里タイプ（図10―12・13）　長さは二〇㌢台後半を中心とするが、長短の変異が大きく、著しく長いものと短い

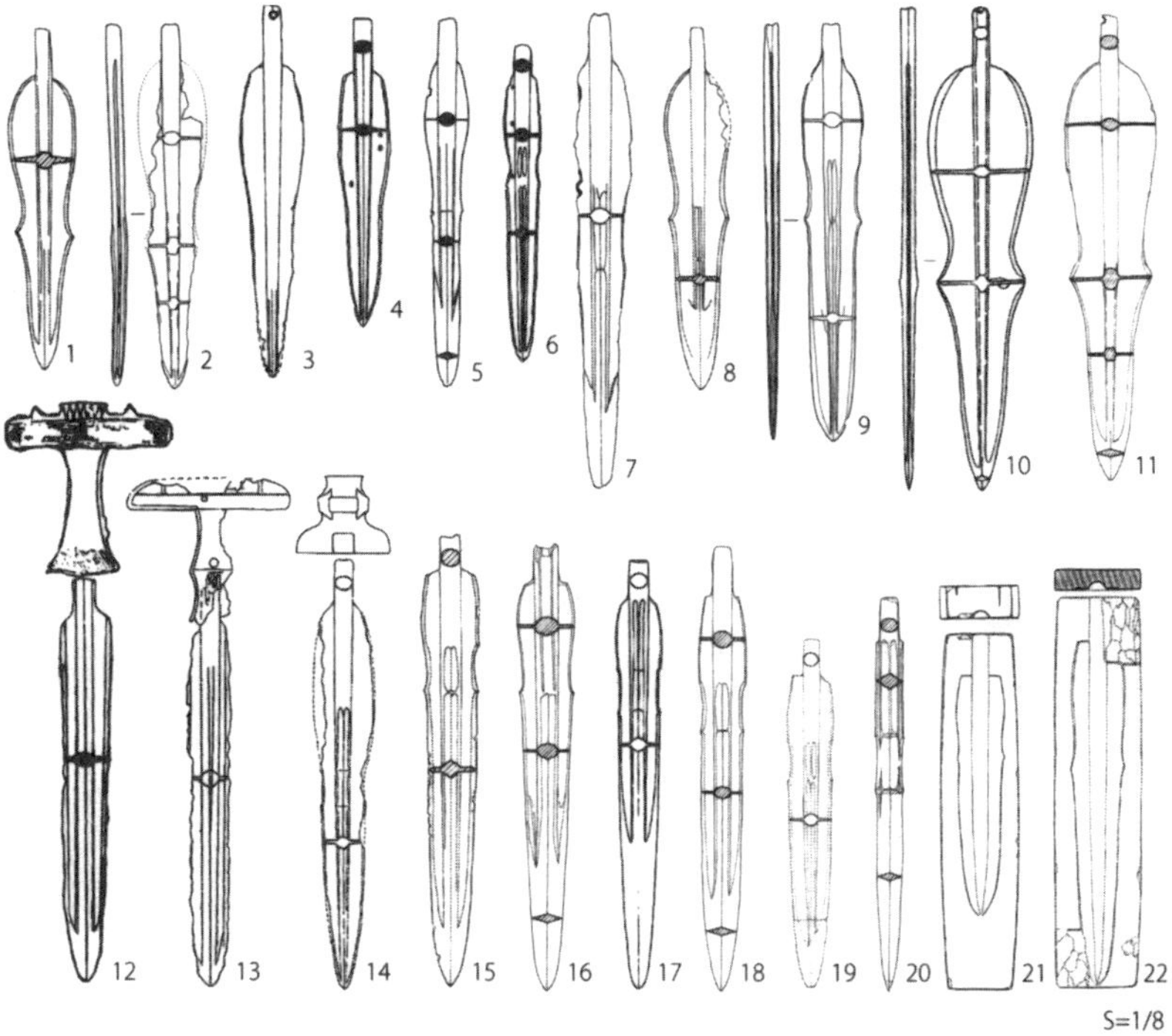

図10　朝鮮半島の琵琶形銅剣と関連資料
(1. 延安 琴谷洞、2. 洪川 芳良里、3. 白川 大雅里、4. 新坪 仙岩里、5. 价川 龍興里、6. 楊平 上紫浦里、7. 洛東面、8. 平壌 西浦洞、9. 平壌付近、10. 清道 礼田洞、11. 扶餘 松菊里、12. 平原 新松里、13. 信川 狐山里、14. 伝全羅北道、15. 大田 槐亭洞、17-20. 礼山 東西里、21・22. 龍仁 草芙里)

ものをふくむ。鋒は二〜四《チセン》を中心とするが長短の変異が大きい。脊・平面形ともに前後段の区別が失われている。脊鎬は後段相当におよぶ。劉家哨型剣柄との共伴事例があり、剣柄は狐山里(図10—13)が古く、新松里(図10—12)が新しい。対応する剣身には直刃化の進行が看取される。二九例がありほぼ全域に分布する。

松菊里タイプ(図10—10・11)　長さは三〇《チセン》中盤台から後半で、元部幅もひろい(六・六〜八・四《チセン》)。鋒は二〜三《チセン》とさほど長くない。形態上、典型の特徴を兼ね備えているが、前段脊の細さ・脊上隆起の高さ、元部幅の広さなどは典型の特徴が過度に強調された印象をうける。積良洞遺跡出土銅剣は脆弱な質感であり、質の違いがふくまれる可能性もある。一〇例があり半島南部に限定される。

二　剣身諸タイプの位置

　前節で設定した剣身諸タイプの編年上の位置を型式学的検討を中心に整理する。
連続した変化と考えられるの、①琴谷洞タイプ→②松竹里タイプ→③龍興里タイプである。①から③への変化は「脊のつくり分け消失、突起の縮小」であり、②から③への変化は「元部幅の縮小、鋒の伸長、脊鎬の伸長、研ぎ分けの出現」である。これら三型式は主に半島北部に分布する。分布域の大部分に展開したコマ形土器文化との関係で編年上の位置を確認しておく。手がかりとなるのは松竹里タイプが出土した「箱式石棺墓」の位置である。

　コマ形土器文化に対する取り組みは一遺跡を一単位とする初期の取り組み（後藤一九七一、藤口一九八二・韓永熙一九八三）を経て、住居址間の層位・重複関係をもとに時期区分する段階にいたっている（徐国泰一九九六）。報告資料が限定されるため、出土遺物の型式学的検討はままならないが、特徴的な遺物の層位・重複関係が繰り返し確認された。徐国泰（一九九六）は住居形態と出土遺物を関連づけた四期を設定している。例外的な住居址の扱いが不明確であり、また美松里型土器と墨房里型土器の区分が不明瞭であるため、徐国泰編年のすべては肯定できないが、ある程度の時期相が把握されたと考える。南京（金用玕・石光濬一九八四）、表垈（김동일二〇〇三）、南陽里（서국태・지화산二〇〇三）、高淵里（石光濬他二〇〇三）などの調査成果によれば、三つの時期相（美松里・墨房里型土器以前、美松里・墨房里型土器の時期、平底長頸壺の時期）は認めてよい。ここでは美松里・墨房里型土器より前を前期、美松里・墨房里型土器および住居址共伴の有樋式磨製石剣の時期を中期、平底長頸壺の時期を後期とする（図11）。松竹里タイプの銅剣が出土した箱式石棺墓は副葬遺物に共通項が多く、大部分の墓葬が同時期と考えられる。箱式石棺墓の代表的な副葬品は有樋式磨製石剣、二段茎式・無茎式磨製石鏃である。他に曲玉や青銅製有茎有翼鏃が加わる。住居址出土の石鏃には明確な時期相が認められず副葬品との対比は困難だが、有樋式石剣の共通性によれば箱式石棺墓の中心時期はコマ形土器中期にあ

たる公算が高い。すると松竹里タイプはコマ形土器中期、後続する龍興里タイプの銅剣が出土した箱式石棺墓（瑞興泉谷里）はコマ形土器後期にあたるだろう。コマ形土器文化の代表的な墓制である（五徳型）支石墓からは平底壺と共伴して細形Ⅱ式銅剣が出土している（成川 百源労働者区九号支石墓）。コマ形土器後期のある時点で細形銅剣が成立した可能性を考慮しなければならない。

また龍興里タイプにはⅠ段階の多鈕鏡（宮里二〇〇一b）との共伴事例（平壌新成洞）やⅡ段階の多鈕鏡・細形銅剣との共伴事例（礼山東西里）があり、箱式石棺墓の出土事例とあわせて、龍興里タイプの存続期間が細形銅剣の出現前後にかかることが分かる。

狐山里タイプは、直刃化の進行した資料が初期細形銅剣と共伴する。古相の劉家哨型剣柄と組になる狐山里が先行するため龍興里タイプと同様、狐山里タイプの存続期間は細形銅剣の出現前後にかかる。

西浦洞タイプは、他地域ではみられない特殊型式である。琵琶形銅矛との形態的類似が編年的位置をさぐ

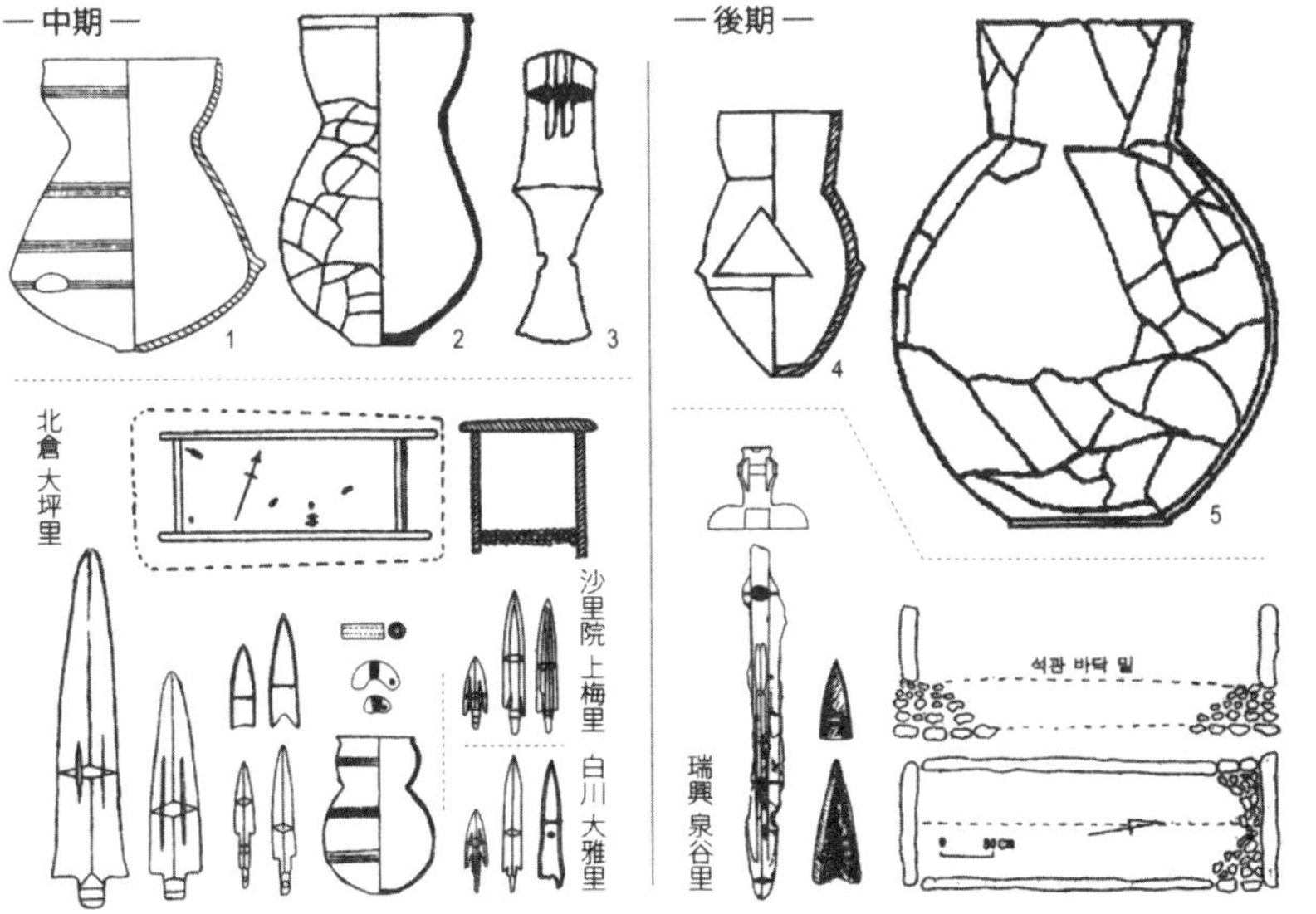

土器はS＝1/10、その他遺物はS＝1/8、石棺墓は縮尺不同

図11　コマ形土器文化中期・後期の文化要素と箱式石棺墓の様相
（1.平壌 南京、2・3.平壌 表垈、4・5.徳川 南陽里）

る手がかりとなる。まず朝鮮半島の琵琶形銅矛を整理する。

管見によれば東北アジア地域の琵琶形銅矛には四一例（遼西二、遼北六、遼南一、鴨緑江流域六、松花江流域八、朝鮮半島一七）が知られる。琵琶形銅剣の分布における周縁地に多いといえる。李健茂（一九九四）や宮本（二〇〇二）が示したとおり朝鮮半島の琵琶形銅矛はまず小型と大型に区分される。これらの共通した特徴は一種のデフォルメであり、「脊を先端まで通す、鋒に該当する部分の翼を肥厚させる、刃部鎬を隆線で表現する」といった形状をもつ。脊のつくり分けも確認される。小型矛には剣身の場合と同様、突起の縮小と脊のつくり分け喪失という変化が認められる。典型を「南陽里式」（図12—9～11）、退化型を「硯谷里式」（図12—12）とする。硯谷里がさらに変化すると形態上のデフォルメがなくなり突起にあたる部分が銎部側に移動する。細

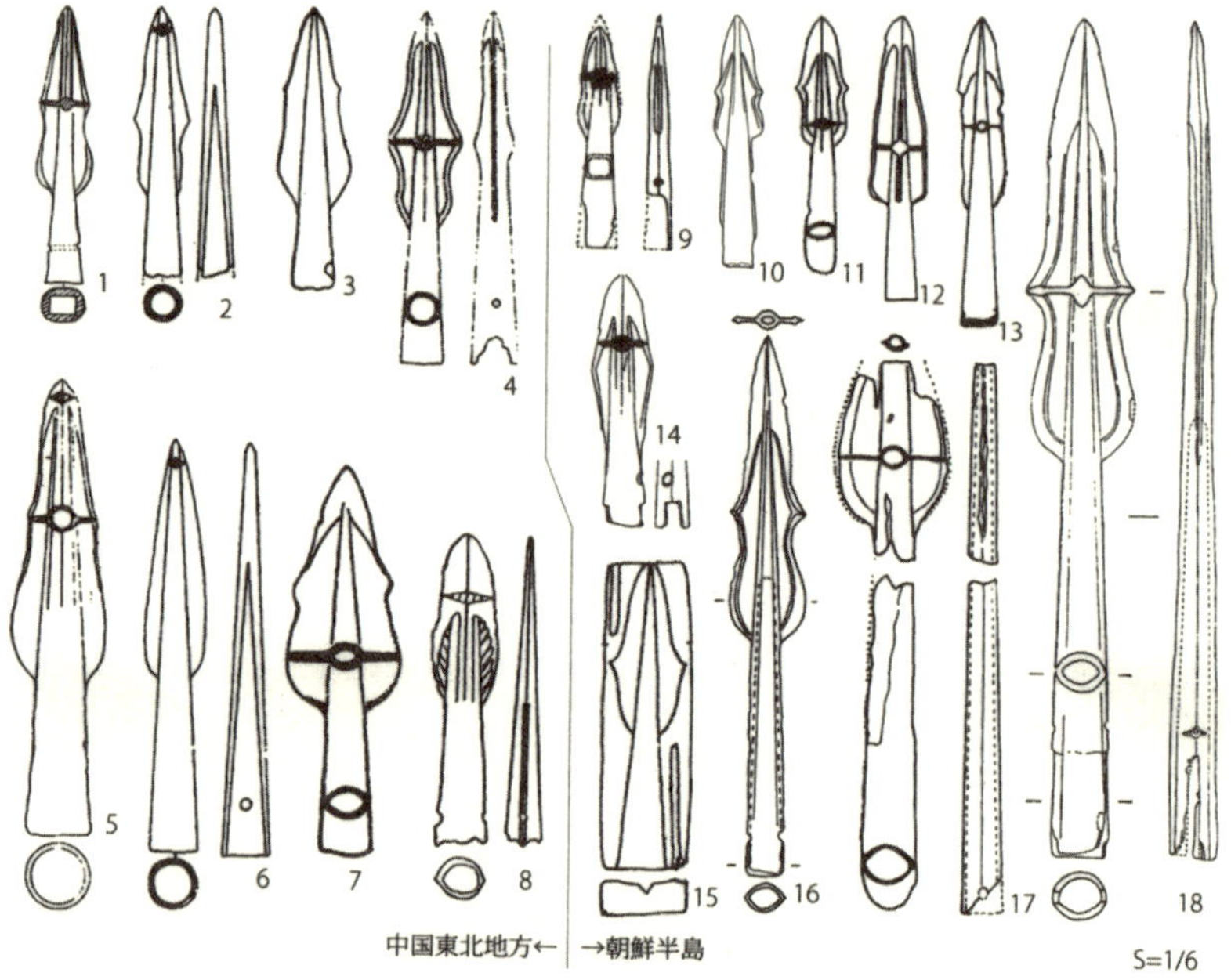

図12　東北アジアの琵琶形銅矛
（1.西豊 誠信村、2・6.清原李家堡、3.吉林 猴石山79M19、4.永吉 東㫋水、5.建平 炮手営子M881、7.吉林 長蛇山57F2、8.本渓 劉家哨、9.平壌 表垈10住、10.徳川 南陽里16住、11.祥原 龍谷里5号支石墓、12.平壌付近、13.大同 硯谷里、14.伝扶餘内山面、15.永興邑、16.伝保寧、17.麗水 積良洞2号石槨墓、18.湖林博物館蔵）

形銅矛の祖型となりうるだろう（図12―14・15）。

西浦洞タイプの形態的特徴は琵琶形銅矛のデフォルメに通じる。脊のつくり分けがない西浦洞タイプは後出型式である硯谷里式銅矛に類似する。琵琶形銅矛はコマ形土器中期の出土事例がある（南陽里一六号住居址、表垈一〇号住居址）。後行する硯谷里式銅矛および西浦洞タイプはコマ形土器中期から後期にかかるといえるだろう。

松菊里タイプは、製作と副葬の時期にズレがある。近藤（一九八四・二〇〇〇）は朝鮮半島の琵琶形銅剣を琴谷洞タイプ・松菊里タイプ・龍興里タイプに区分し、形状が特異な松菊里タイプは琴谷洞タイプから派生した半島独自の銅剣であると主張した。さらに共伴の曲玉を根拠に龍興里タイプが松菊里タイプに先行するとした。武末（二〇〇四）、岩永（二〇〇五）は共伴の磨製石器を中心に琵琶形銅剣の位置づけについて議論し、松菊里タイプの編年上の位置について近藤とほぼ同様の結論を得た。これらは副葬時点についての議論であり筆者の見解も同様である。製作時期とは食い違うようであり、松菊里タイプの銅剣をつくるための情報が存在した期間を他地域との関係のなかで絞り込む必要がある。次章で琵琶形銅矛とも関連させながら検討する。

Ⅳ　朝鮮半島琵琶形銅剣の位置と朝鮮式細形銅剣の成立過程

前章までに各地域の琵琶形銅剣についてそれぞれの変化階梯を示した。朝鮮半島の琵琶形銅剣が他地域とどのように関連しながら独自化をとげ、細形銅剣が成立したのかを、朝鮮半島における変遷にしたがって整理する。

琴谷洞タイプは、典型的な形状を備える点で遼西Ⅰ期前半（木頭溝式）、遼東Ⅰ期（崗上式）の剣身に対応するが、規格は遼東の崗上式にもっとも近い。木頭溝式の鋳型や上馬石式の鋳出し鎬を鑑みると崗上式の鋳型にも脊鎬をつくり込んだ可能性が高いが、琴谷洞タイプの芳良里やつづく松竹里タイプには脊に鎬がなく鋳出し鎬の製品とは区別される。

琴谷洞タイプのなかには一部搬入品がふくまれ、製作においては忠実な模倣がなされたとみられる。

松竹里タイプは、琴谷洞タイプから変化したものである。形態は老爺廟式に近いが全長と鋒長が大きく異なる。上馬石式とは全長こそ似るが鋒長や元部の形状が異なる。松竹里タイプの鋒は琴谷洞タイプを継承したものであり、脊に鎬がみられない点も琴谷洞タイプを継承している。崗上式と琴谷洞タイプとの関係上、段階としては上馬石式に対応するが、前段脊のつくりや平面形態など独自の変化が進行している。他地域に松竹里タイプはみられない。

龍興里タイプは、松竹里タイプから変化したものである。長短のバラツキが目立つ点は上馬石式から尹家村式への変化、すなわち遼東Ⅱ期からⅢ期への変化に対応する。遼東Ⅱ期～Ⅲ期、および遼西Ⅱ

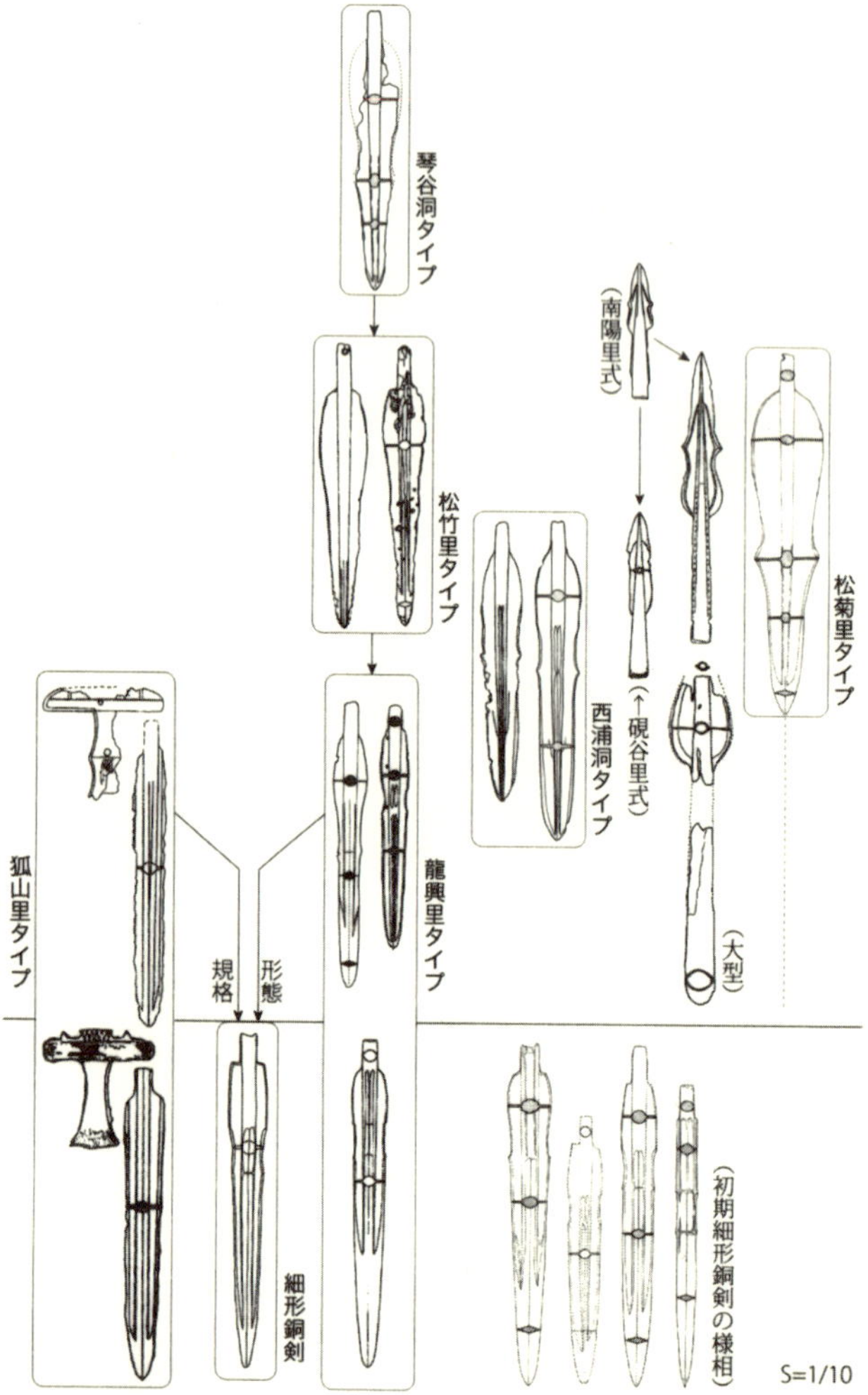

図13　朝鮮半島の琵琶形銅剣系統図

期は諸型式の分布がひろがる時期であり製品や要素が活発に移動した。この影響下に鋒の伸長、脊鎬の伸長、細身化が促され、龍興里タイプが形成された。また龍興里タイプには突起と抉入部への意識を表現する研ぎ分けが出現する。細形銅剣成立の基本用件のひとつである。龍興里タイプは研ぎ分けを顕在化させながら細形銅剣の時期まで存続する。

西浦洞タイプおよび琵琶形銅矛のデフォルメ形態には直接の祖型がないが、各地で鋒長が伸長して以後の型式といえる。朝鮮半島の青銅器が遼東と密接に関係することを考えると、上馬石式の形成時期にあたるだろうか。遼東Ⅰ期からⅡ期にかけ、青銅器の独自化が進んでいた朝鮮半島で、まず南陽里式の琵琶形銅矛が周縁地域独特の武器として成立したとみたい。脊を先端まで通す意識は、このデフォルメで強く発揮され細形青銅武器につながることになる（図10―21・22）。南陽里式の典型的特徴が失われた硯谷里式琵琶形銅矛が成立するとともに同様のデフォルメが銅剣にも発揮され西浦洞タイプが成立した。従来、研ぎ分けを含めた平面形態により細形銅剣の祖型とされてきたが、翼を肥厚させる形態は決して細形銅剣の祖型とはなりえない。

狐山里タイプは、朝鮮半島における型式組列からは発生しない。劉家哨型剣柄と組になって出土することは遼東から流入した型式であることを示す。以後、半島で一つの型式として定着し細形銅剣成立以後もながく存続する。規格という点からみると、全長・鋒長や幅において初期細形銅剣ともっとも近いのが狐山里タイプである（図6・7）。

狐山里タイプの規格と龍興里タイプに発現した形態に対する意識が融合して成立したのが細形銅剣である。関の形成には狐山里タイプでの直刃化傾向とともに、村上（二〇〇〇）のいうような五道嶺式の影響が想定される。鋳型（図10―21）や蓮華里にみられるような長さ二〇センチほどの短い細形銅剣も龍興里タイプ・狐山里タイプの伝統が引き継がれたものである。粗文鏡と共伴する初期の細形銅剣には龍興里タイプ・狐山里タイプが伴出するが、龍興里タイプは細形銅剣の定型化（角研ぎ化、宮里（二〇〇一a））とともに消滅していく。狐山里タイプは細形銅剣の末期まで存続する。細形銅剣の成立時期は、五道嶺式との影響関係および直刃化の進行した狐山里タイプと劉家哨型剣柄との組合せ（新松里）

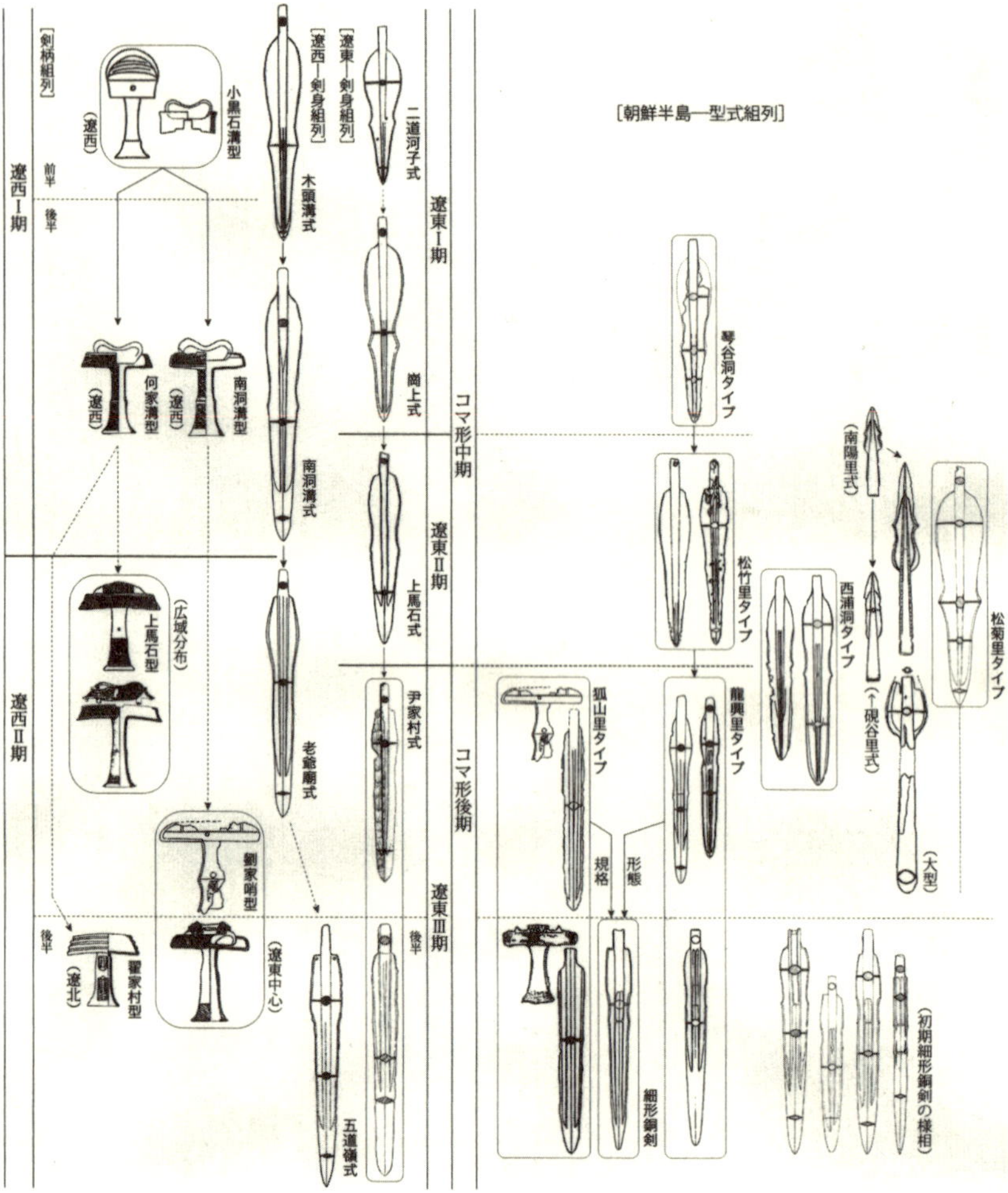

図14　琵琶形銅剣編年表

から遼西Ⅱ期後半、遼東Ⅲ期後半となる。

松菊里タイプは無文土器時代中期後半（松菊里類型後半）に副葬された。形状をみると副葬された時期に製作されたとは考えられない。全長をみるとまず遼東では完全に規格外である。遼西と比較しても南洞溝式をすら上回る。元部幅も松菊里タイプが遼西Ⅰ期の銅剣より二センチ程度幅広い。二〜三センチほどの鋒長は遼西なら木頭溝式〜南洞溝式（遼西Ⅰ期後半）、遼東なら上馬石式（遼東Ⅱ期）にあたる。脊のつくり分け・脊上隆起は過度に明瞭で、遼西なら南洞溝式以前（遼西Ⅰ期）、遼東なら崗上式以前（遼東Ⅰ期）にあたる。また松菊里タイプには脊鎬がなく前段の脊は上段が平らである。木頭溝式・南洞溝式には鋳出し鎬があり、崗上式・上馬石式にも鋳出し鎬が想定される。脊鎬をたてない平らな上面は琴谷洞タイプにはじまる朝鮮半島の特徴である。また宮本（二〇〇二）が大型の琵琶形銅矛と琵琶形銅剣の大型化を関連づけたのは卓見であった。大型琵琶形銅矛の形態的特徴は南陽里式琵琶形銅矛の忠実な模倣と評価できる。南陽里式は硯谷里式に変化すると考えられるので、大型琵琶形銅矛をつくるための情報は、コマ形土器中期、琴谷洞タイプ〜松竹里タイプ、遼西Ⅰ期後半、遼東Ⅰ期〜Ⅱ期への移行期に限定され、それは同時に松菊里タイプの製作時期でもある。副葬までにはかなりの時間が経過するが、あるいは破片・再加工品の副葬が多い点はこのズレに起因する現象であるかも知れない。

Ⅴ　まとめ

以上、資料の詳細な検討にまで立ち入ることはできなかったが朝鮮式細形銅剣の成立を考えるための基本枠を整えた。朝鮮式細形銅剣の成立は遼西Ⅱ期後半、遼東Ⅲ期後半にあたり、この時期、遼西では琵琶形銅剣文化が終息に向かい、遼東以東ではいくつかの地域圏が顕在化していた。該地の社会変動はとくに戦国・燕との関連から読み解く必要があるが、そのためには本稿で設定した時期区分に具体的な年代をあたえねばならない。今後、取り組んでいきたい。

註

（1）管見によれば出土が報じられた剣身の事例は二八〇口以上。西は内蒙古、北は黒竜江省、南は朝鮮半島に及ぶ。写真・図面から形態が知れるのは二一二口、うち型式の識別が可能であるのは約一九六口である。集成漏れが少なくないと思う。今後補充したい。

（2）比較に用いた初期細形銅剣は多鈕粗文鏡と共伴したものであり、大田槐亭洞、礼山東西里、牙山南城里、扶餘蓮華里、扶餘九鳳里を対象とした。

文献

［日本語］

秋山進午　一九六八・六九「中国東北地方の初期金属器文化の様状（上・中・下）―考古資料、とくに青銅短剣を中心として―」『考古学雑誌』第五三巻第四号・第五四巻第一号・第五四巻第四号、東京：考古学会
秋山進午　一九九五「東北アジア初期青銅器をめぐる幾つかの問題」『朝鮮学報』第一六二輯、一―二〇、天理：朝鮮学会
岩永省三　二〇〇五「弥生時代開始年代再考―青銅器年代論から見る―」『九州大学総合研究博物館研究報告』Ｎｏ．３、一―二二、九州大学総合研究博物館
靳楓毅（岡内三眞訳）一九八三「中国東北地方の曲刃青銅短剣を含む文化遺存を論ず」『古文化談叢』第一二集、一―六二、北九州：九州古文化研究会（『考古学報』一九八二年四期・一九八三年一期）
近藤喬一　一九八四「日・韓青銅器の諸問題」井上光貞他編『東アジア世界における日本古代史講座二　倭国の形成と古墳文化』、一四六―二〇九、東京：学生社
近藤喬一　二〇〇〇「東アジアの銅剣文化と向津具の銅剣」『山口県史―資料編　考古1―』、七〇九―七九四、山口県
徐光輝　一九九六「遼寧式銅剣の起源について」『史観』第一三五冊、早稲田大学史学会
武末純一　二〇〇四「弥生時代前半期の暦年代」『福岡大學考古学論集―小田富士雄先生退職記念―』、一二九―一五六、福岡：小田富士雄先生退職記念事業会

千葉基次一九九七「古式遼寧式銅剣―遼東青銅器文化考・二―」『倉田芳郎先生古稀記念　生産の考古学』、三三七―三四四、
東京：同成社
宮里修、二〇〇一ａ「朝鮮半島の銅剣について」『古代』第一〇九号、一二五―一五九、早稲田大学考古学会
宮里修、二〇〇一ｂ「多鈕粗文鏡について」『史観』第一四四冊、六五―八四、早稲田大学史学会
宮本一夫一九九八「古式遼寧式銅剣の地域性とその社会」『史淵』第一三五輯、一二五―一六〇、九州大学文学部
宮本一夫二〇〇二「朝鮮半島における遼寧式銅剣の展開」『韓半島考古学論叢』、一七七―二〇二、東京：すずさわ書店
村上恭通一九九七「遼寧式（東北系）銅剣の生成と変容」『先史学・考古学論究・熊本大学文学部考古学研究室創設25周年
記念論文集』、四五七―四七九、熊本：龍田考古会
村上恭通二〇〇〇「遼寧式銅剣・細形銅剣文化と燕」『東夷世界と考古学』、五六―七七、東京：青木書店
柳田康雄二〇〇四「日本・朝鮮の中国式銅剣」『九州歴史資料館研究論集』二九、一―四八、太宰府：九州歴史資料館

［한글］
姜仁旭一九九六「遼寧地域 琵琶形銅剣에 대한 一考察」『韓国上古史学報』第二一号、一七三―二四七、韓国上古史学会
金用玕・黄基徳一九六七「기원전천년기전반기의 고조선문화」『고고민속』一九六七년제二호、一―一七、과학원 출판사
宮里修二〇〇五「「남한지역 청동기문화의 전환과정」에 대한 토론 요지」『二〇〇五년 서울경기고고학회 춘계학술대회 동북아시아의 청동기시대―동검과 묘제를 중심으로―』、一五四―一五五、서울경기고고학회
朴淳發一九九三「우리나라 初期鉄器時代의 展開過程에 대한 약간의 고찰」『考古美術史論』三、三七―六二、清洲：忠北大学校考古美術史学科
朴晋煜一九八七「비파형단검문화의 발원지와 창조자에 대하여」『비파형단검문화에 관한 연구』、五―九二、평양：과학、백과사전출판사
朴晋煜一九九五「고조선의 비파형단검문화에 대한 재검토」『조선고고연구』一九九五년 제二호、六―九、平壌：사회과학원 고고학연구소
呉江原二〇〇六『비파형동검문화와 요령지역의 청동기문화』、고양：청계출판사
尹武炳一九六六「青銅短剣의 型式分類」『震檀学報』第二九・三〇号合本、四三―五〇、서울：震檀学会
尹武炳一九七二「韓国青銅遺物의 研究」『白山学報』제一二호、五九―一三四、서울：白山学会
李康承一九七九「遼寧地方의 青銅器文化」『韓国考古学報』第六輯、一―九五、韓国考古学会
李榮文一九九一「韓半島出土 琵琶形銅剣 型式分類 試論」『博物館紀要』七、六一―一一〇、서울：檀国大学校
李榮文一九九八「韓国 琵琶形銅剣 文化에 대한 考察―琵琶形銅剣을 中心으로―」『韓国考古学報』第三八輯、六三―一〇四、韓国考古学会
李清圭一九八二「細形銅剣의 型式分類 및 変遷에 대하여」『韓国考古学報』第一三輯、一―三七、韓国考古学会
李清圭一九九三「青銅器를 통해 본 古朝鮮」『国史館論叢』四二、一―三一、서울：国史編纂委員会

〔中国語〕

烏恩一九七八「関於我国北方的青銅短剣」『考古』一九七八年第五期、北京：科学出版社
王成生一九八一「遼河流域及近隣地区短鋌曲刃剣研究」『遼寧省考古・博物館学会成立大会会刊』
朱貴一九八九「試論曲刃青銅短剣的淵源」『遼寧文物学刊』一九八九年二期、瀋陽：遼寧省博物館
翟徳芳一九八八「中国東北地区青銅短剣分群研究」『考古』一九八八年第三期、北京：科学出版社
劉国祥二〇〇〇「夏家店上層文化青銅器研究」『考古学報』二〇〇〇年第四期、北京：考古雑誌社
林澐一九八〇「中国東北系銅剣初論」『考古学報』一九八〇年二期、北京：科学出版社
林澐一九九七「中国東北系銅剣再論」『考古学文化論集』四、北京：文物出版社

角杯に見るユーラシアの東西交流

山田俊輔

はじめに

角杯とは牛、水牛、サイなどの角で作った杯のことである。ユーラシア大陸の各地において、角杯を土器、金属器、玉器などで模したものが知られている。本稿では実際の獣角以外に、土器、金属器、玉器で作ったものも角杯と総称する。角杯の起源は確定しがたいが、紀元前一六世紀までは確実に遡り、最も新しいものではモンゴルの結盟杯やグルジアのカンツェがある。空間的に西はドイツ、東は日本まであり、ほぼユーラシアの全域に分布しているといえる。本稿ではユーラシアの角杯を集成・検討するとともに、角杯の分布から考えられることについて述べてみたい。

1．角杯の形態分類

角杯の形態については、巽善信氏が型式分類をおこなっている（巽一九九七）。筆者の分類案もほぼ同様であるが、新規に一類を追加した（第1図、第1表）。

A類：実際の角の形態と同様のもの。線刻、彩色などの装飾を施したものもある。巽分類の普遍的角杯にあたる。

例：馬王堆一号漢墓出土木製角杯、獅子塚古墳出土須恵器製角杯など

B類：長く、先端部分が湾曲する形状で、先端にグリフィン、騎士などの立体造形を施したもの。巽分類の獣飾角杯Bタイプにあたる。

例：古ニサ遺跡出土象牙製角杯、福泉洞七号墳出土陶質土器製角杯など

C類：短く、湾曲の無い形状で、先端部に羊などの立体造形を施したもの。巽分類の獣飾角杯Aタイプにあたる。

例：ハッサンル出土青銅製角杯、ニムルド出土陶製角杯など

D類：全体の形状はC類に似るが、先端部に現された獣の角や首が把手状となっているもの。

例：西安市韓森寨出土唐三彩鳳首杯など

上記が形態による分類であるが、先端部に注口をもつものともたないものとがある。B、C類は双方あるが、B類は注口があるものが多く、C類は注口があるものがわずかであるという違いがある。A、D類は全て注口がない。林良一氏が指摘するように注口の有無は用法に直結する要素であり、形態より上位の分類項目として整理をおこなうほうが望ましい（林一九七三）。よって、注口があるものを1、無いものを2で表し、注口があるB類を1B類のように表すことにする。

現在、知られる資料によれば、A類は前一四～一一世紀、B類は前八世紀、C類は前一六世紀に初現資料が認められ、D類は唐代のみに限られている。

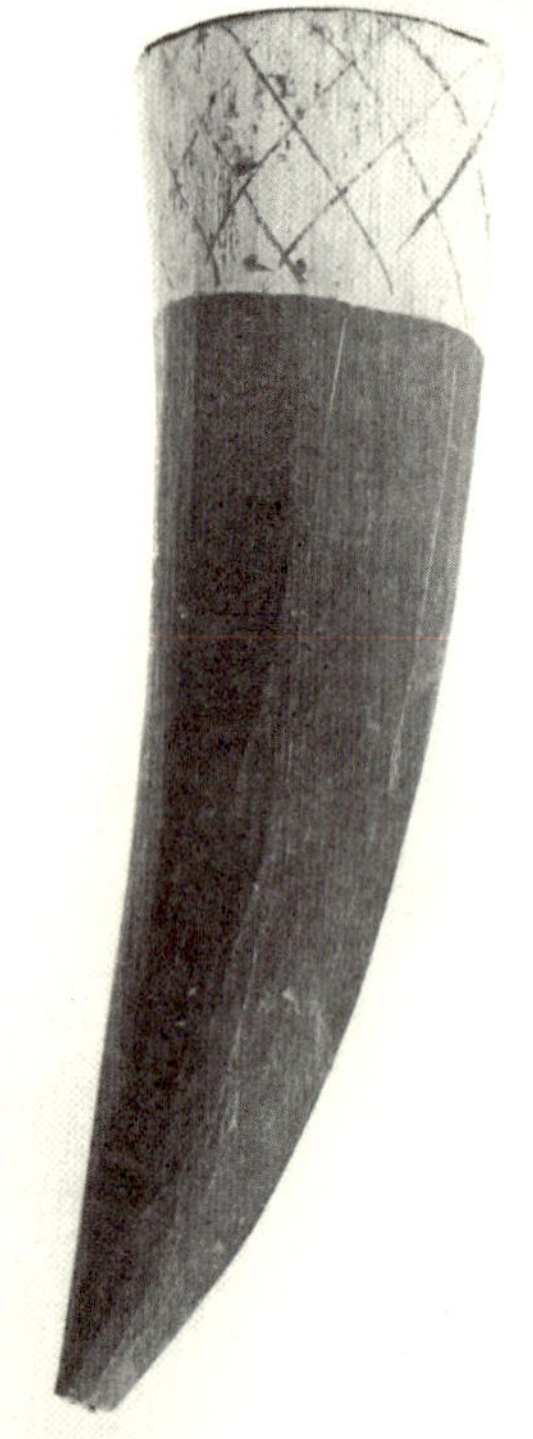

A類　馬王堆１号漢墓
（中国湖南省長沙）

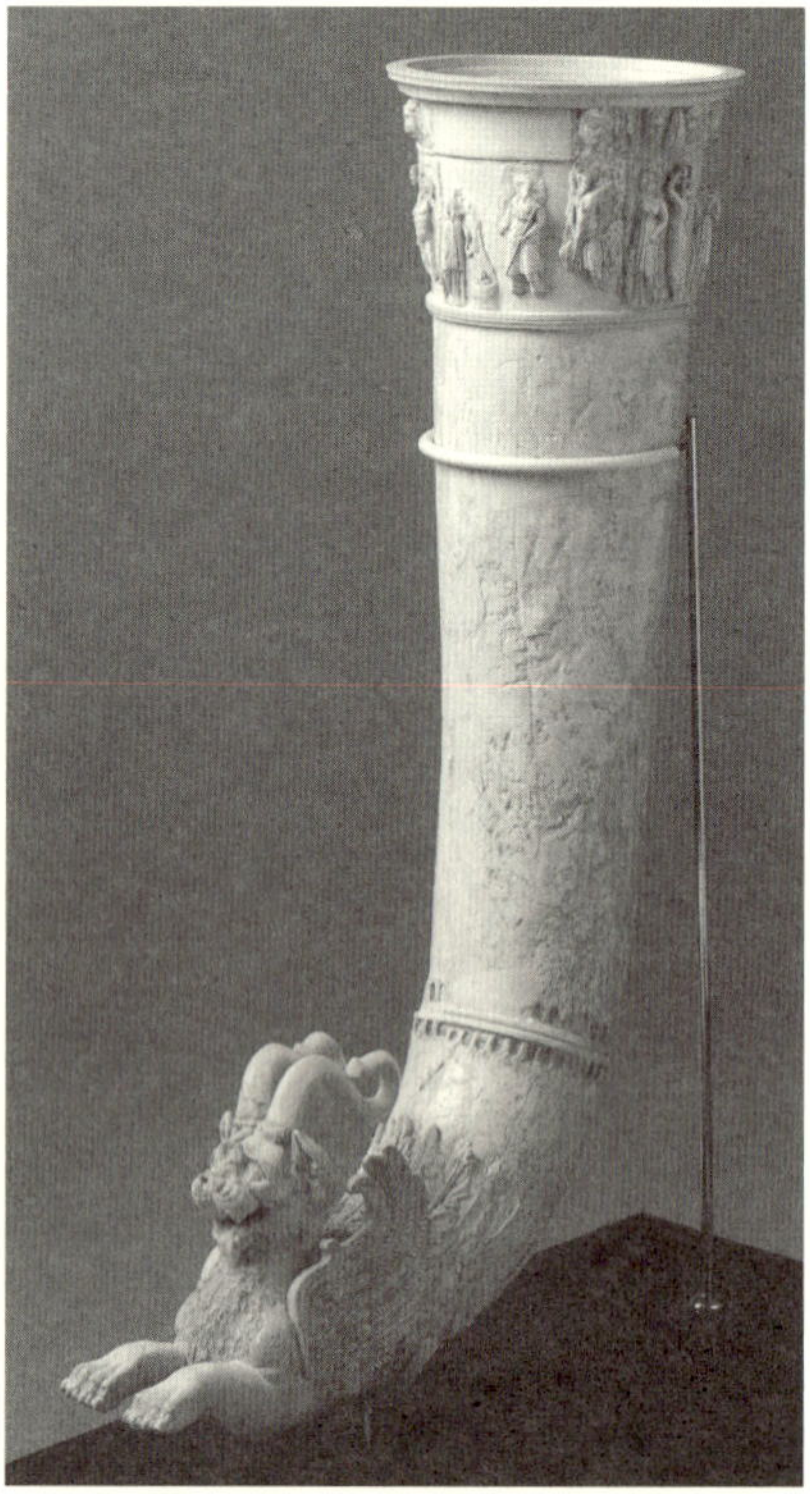

B類　古ニサ遺跡
（トルクメニスタン）

C類　ニムルド出土
（イラン）

D類　韓森寨出土
（中国狭西省西安）

第１図　形態分類図

第１表　角杯の形態分類

遺跡名	地域	時期	形態	装飾	材質
クノッソス出土	ギリシア	前16世紀	1C	牛頭形	凍石製
安陽	中国　河南省	前14～11世紀	2A		青銅製
安陽	中国　河南省	前14～11世紀	2A		象牙製
ジヴィエー出土	イラン	前10世紀	2C	山羊	土器
キャルマーキャッラ出土	イラン	前10世紀	2C	羊	銀製
ハッサンル出土	イラン	前９世紀	C	山羊	青銅
ニムルド	イラク	前８世紀	2C	羊	土器
カフラントゥ出土	イラン	前７世紀	2C	羊	金製
ホッフドルフ	ドイツ	前６世紀	A		鉄製
バイラックル	トルコ	前６世紀	B	羊	テラコッタ
エレブニ遺跡	アルメニア	前５世紀	B	騎士	銀製
エレブニ遺跡	アルメニア	前５世紀	B	馬	銀製
ウリャプ	ロシア　アドゥイゲ自治州	前５世紀	B	豹	金製
ウリャプ・アウール第４号墳	ロシア　アドゥイゲ自治州	前５世紀	B	ペガサス	銀製
セミ・ブラチェフ第４号墳	ロシア　クラスノダール地方	前５世紀	B	犬	金製
７兄弟４号クルガン	ロシア	前５世紀	B	羊	金製
ヴェリカヤ・ズナメンカ村古墳出土	ロシア　ザポロジェ州	前５～４世紀	B	ライオン	金製
フィリッポフカクルガン　宝物坑２	ロシア	前５～４世紀	1B	子牛	銀製
ブラトリュボーフスキー古墳	ロシア　ヘルソン州	前５世紀	B	ライオン	金製
パナギュリシテ墳墓	ブルガリア	前４世紀	B	鹿	金製
パナギュリシテ出土	ブルガリア	前４世紀	1B	山羊	金製
クルオバクルガン	ウクライナ	前４世紀	1B	羊	銀製
古ニサ遺跡	トルクメニスタン	前２世紀	1B	ケンタウロス	象牙
古ニサ遺跡	トルクメニスタン	前２世紀	1B	グリフォン	象牙
南越王墓	中国　広東省広州市	前２世紀	2C	渦文状	玉製
馬王堆１号漢墓	中国　湖南省長沙市	前２世紀	2A		木製
ダマヴァンド出土	イラン	１～２世紀	1B	山羊	土器
縣洞50号墳	韓国　慶尚南道	４世紀	2A		土器(陶質土器)
福泉洞７号墳	韓国　釜山広域市	５世紀	1B	馬	土器(陶質土器)
明地遺跡	日本　山口県	５世紀	2A		土器(土師器)
長坂南遺跡	日本　京都府	５世紀	2A		土器(須恵器)
昌寧校洞７号墳	韓国　慶尚南道	５世紀	2A		青銅製
天馬塚	韓国　慶州市	６世紀	2A		漆器
ネンスリ石室墳	韓国　慶州市	６世紀	2A		土器(陶質土器)
月城路11-1号墳	韓国　慶州市	６世紀	2A		土器(陶質土器)
切畑A遺跡	日本　佐賀県	６世紀	2A		土器(土師器)
隈・西小田１号墳	日本　福岡県	６世紀	2A		土器(須恵器)
金ケ崎窯跡	日本　兵庫県	６世紀	2A		土器(須恵器)
西岩田遺跡	日本　大阪府	６世紀	2A		土器(須恵器)
大耳尾２号墳	日本　京都府	６世紀	2A		土器(須恵器)
高谷古墳群	日本　京都府	６世紀	2A		土器（須恵器）
上久津呂中屋遺跡C地区	日本　富山県	６世紀	2A		土器(須恵器)
興道寺窯跡	日本　福井県	６世紀	2A		土器(須恵器)
獅子塚古墳	日本　福井県	６世紀	2A		土器(須恵器)
天神山遺跡	日本　石川県	６世紀	2A		土器(須恵器)
中村畑遺跡	日本　石川県	６世紀	2A		土器(須恵器)
陽徳寺裏山１号墳	日本　岐阜県	６世紀	2A		土器(須恵器)
韓森寨出土	中国　陝西省西安市	８世紀	2D	鳳凰	唐三彩
李徽墓	中国　湖北省	８世紀	2D	龍	唐三彩
何家村出土	中国　陝西省西安市	８世紀	1C	鹿	玉製

2. 描かれた角杯

角杯はどのような性格の器なのか、また、どのように使用されたのか。角杯が描かれた資料を検討してみよう。角杯が描かれた資料は多くあり、その一覧を第2表に示してある。

A類が表現された資料としては、ウクライナのサフノフカ村古墳出土（紀元前四世紀頃）の額飾りなどがある（第2図―1）。中央に鏡をもって座る女性が描かれ、その前に角杯をもった男性が跪く。女性の背後には二人の人物が顔を近づけ、一つの角杯から何かを飲んでいる場面が描かれる。口縁部から飲んでおり、実際のA類角杯が注口を持たないこととも一致している。スキタイの墓と推定されるクルオバ、ソローハクルガンなど（紀元前四世紀頃）から出土した金飾板にも同様の場面が表現されている。紀元前五世紀の歴史家へロドトスは、スキタイ人が誓約を交わすとき、土製の大盃に酒を注ぎ、これに誓約を交わす当事者の血を混ぜ、飲むという盟約の仕方があると紹介している。これまでも多くの研究者が指摘しているように、二人の人物が一つの角杯からなにかを飲む場面は血盟の場面であろう。

B類が表現された資料としては、ブルガリアボロヴォ出土銀製壺（紀元前四世紀）がある。人物が右手にB類角杯、左手に平たい杯を持っており、角杯から平たい杯に酒を注ぎ、飲んだと考えられる（第2図―2）。

C類が描かれた最も古い資料は、紀元前一五世紀のエジプトの資料である。トトメスⅢ世時代のエジプト・テーベの墳墓の壁画中にはシリア人が貢物を運ぶ場面が描かれており、その貢物のなかにC類角杯が認められる（第2図―4）。C類には口縁部から飲むものと注口から飲むものの両者が表現されている。アッシリアのレリーフに描かれた乾杯の場面で描かれたものでは先端を握るように持っており、持ち方からは先端に注口があるようには考えがたい。つまり、口縁部から飲んだと考えられる。一方、インドのブッディガッラ出土銀製皿では注口部から飲んでいる場面が表現されている（第2図―3）。前者は紀元前八世紀、後者は三、四世紀の例であり、時期による違いの可能性も考えられる。古

1．サフノフカ村古墳出土　額飾り（ロシア　テルカッスィ州）
人物群像の中心に描かれる鏡と丸い壺をもつ肘掛け椅子に座った女性の前に角杯をもった男性が跪く。その後ろには竪琴を奏でる人物、アンフォラから角杯に酒を注ぐ二人の人物が描かれている。女性の後ろには団扇を持つ男性、二人の男性が顔を近づけて一つの角杯から何かを飲む場面と生贄の羊頭を捧げる二人の人物が描かれている。

2．ボロヴォ出土銀製壺
（ブルガリア）

3．ブッディガッラ出土銀製皿
（インド　パンジャブ）

4．ソベクホテプ墓　壁画
（エジプト　テーベ）
シリア人が貢物を運ぶ場面。下段右端の人物がグリフォン形の角杯を運ぶ。

第２図　諸資料にあらわされた角杯

第２表　諸資料にみられる角杯とその用途

文物	地域	時期	角杯	表された場面
ソベクホテプ墓　壁画	エジプト	紀元前14世紀	C類	シリアからの貢物。
ルリスタン出土　矢筒	イラン	紀元前９～６世紀	A類	王のライオン狩りの祝宴の場面。
アッシリアレリーフ	イラン	紀元前８世紀	2C類	４人の人物が乾杯をする場面。
ノヴォヴヴァシリエフカ９号墳　石人	ウクライナ	紀元前５～４世紀	A類	右手に角杯を持つ。
サフノフカ村古墳出土額飾り	ウクライナ	紀元前４世紀	A類	鏡と丸い壷をもつ椅子に座った女性と膝まづく角杯をもった男性、竪琴を奏でる人物、アンフォラから角杯に酒を注ぐ人物、二人の男性が顔を近づけて角杯から何かを飲む場面、羊頭をもつ人物などからなる人物群像。
クルオバ古墳出土金飾板	ウクライナ	紀元前４世紀	A類	二人の男性が、顔を近づけて何かを飲む場面。
チェルトムリク・クルガン出土金飾板	ウクライナ	紀元前４世紀	A類	鏡を手にし、椅子に座る女の前で若者が角杯から何かを飲む場面。
ボロヴォ出土銀製壺	ブルガリア	紀元前４世紀	1B類	右手に角杯を掲げ、左手に平たい杯をもつ。
洛陽前漢墓	中国	紀元前２世紀	A類	獣面の怪神と人物による饗宴の場面。
人像把手付鏡	ウクライナ	紀元前１世紀	A類	両手で角杯を持つ。
エルコラーノ出土　壁画	イタリア	紀元前１世紀	1A類	右手で角杯をかかげて、角杯先端の注口から飲む。
金製首飾り	アフガニスタン	紀元前１世紀～１世紀	1C類	サテュロスがデュオニュソスから角杯に酒を注いでもらい、左手にもった角杯先端の注口から酒を飲む。
ブッディガッラ出土銀製皿	インド	３～４世紀	1C類	右手に角杯を高くかかげて、角杯先端の注口から酒を飲む。
画像石	中国	６世紀	1C類	右手に角杯を高くかかげて、角杯先端の注口から酒を飲む。
李寿墓　石槨線刻画	中国	７世紀	C類	侍女が右手に角杯、左手に灌を持つ。
正倉院　金銀平文錦	日本	８世紀	2A類	琴を聴きながら、飲み物を飲む場面。
人物座像	カメルーン		B類	座った男性が左手でパイプをふかしながら、右手に角杯をもつ。

※類品があるものについては、代表的なもののみを示した。

い時期の実例ではクノッソス例を除き注口が無く、八世紀の何家村出土の玉製角杯は先端に注口がある。紀元前一世紀～一世紀頃の資料とされるアフガニスタン出土の金製首飾りでは注口のある１Ｃ類角杯が描かれており、その頃には注口のある１Ｃ類へと変わっていた可能性が考えられる。

Ｄ類が表現された資料はない。Ｄ類は唐代のみに認められるが、唐の李寿墓の石槨に描かれた線刻画においてもＣ類が描かれている。

角杯の形態分類と資料から知られる角杯の用い方についてまとめておこう。

Ａ類は注口が無く、口縁部から直接飲用したと考えられる。スキタイの結盟場面のように特別な場面でも使用されている。実物のＢ類は注口のあるものが多いが、描かれた資料からその用法を推測すると、直接飲むための器ではなく、別の杯に注ぐための容器であった可能性が高い。Ｃ類は口縁部から飲むものと注口から飲むものの双方が描かれているが、注口の無いものからあるものへという変化を想定した。いずれにしても、Ｃ類角杯はＢ類角杯とは全く異なる用いられ方であったと考えられる。つまり、Ｂ類とＣ類は形態、用法において別系統の器であったといえよう。

3. 分布と伝播の道

ある資料の分布や伝播を解釈するにあたって、先後の決定をおこない、時間を追って分布の展開を詳細に跡づける作業が必要となる。しかし、角杯は時間的、地域的にも広範に分布しており、その全過程を跡づけることは容易ではない。本稿では全時期の角杯の分布を一つの地図にプロットすることにより、分布と展開のおおまかな道程を辿ることにしたい。この基礎的作業を踏まえることで、詳細な検討が必要な地域や時期の抽出も可能となると考える。

管見に及んだ資料の分布を示したのが第3図である。B類は黒海北岸地域に分布が集中する。時期も地域もかなり隔たるが、韓国釜山の福泉洞七号墳からも出土している（第4図―1）。福泉洞七号墳のものは通例のB類のように先端部に注口を持つものではない。この一例のみであり、また、間をつなぐ資料も無いため、中央アジアのものと朝鮮半島のものに直接的な関連を考えることができるかどうかは確証がない。しかし、鶏林路一四号墳出土の装飾宝剣がカザフスタン出土のものと酷似すること（穴沢・馬目一九八〇）や新羅の金冠とユーラシア西方から出土する金冠の関連の指摘（金一九七八、石渡二〇〇一）などを考慮すると、他人の空似ではなく伝播した可能性が高い。さらに、新羅古墳からの出土例が多いローマン・グラスはステップルートに沿って分布することが確認されており（由水一九七六）、角杯の伝播ルートも同様に考えてよいであろう。朝鮮半島と日本列島においてはA類が分布する。その下地も福泉洞七号墳出土のB類角杯と同様にステップルートを通じた情報の伝達にあることは間違いない。朝鮮半島においては慶州から釜山にかけての地域のみに分布しており、西半部には分布しないことが注目される。つまり、新羅、伽耶の地域には分布するが、百済には認められない。日本列島においても畿内に分布が薄く、日本海沿岸に密であるという傾向がある。角杯の

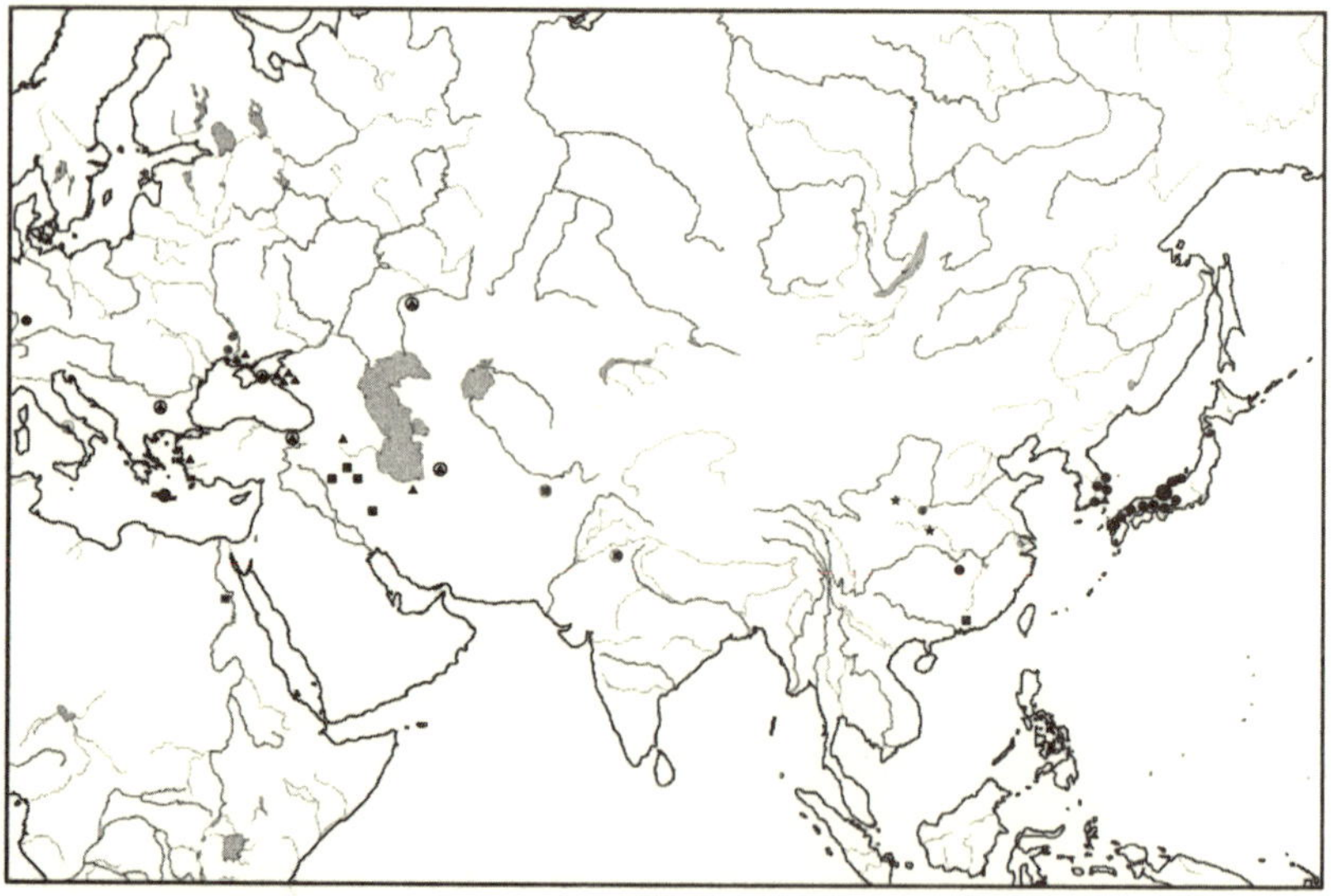

●A類　▲B類　■C類
○で囲んだものは注口のあるもの。●色表示のものは壁画や器物に表された角杯の分布を示す。

第3図　形態別分布図

分布は五～六世紀の東北アジアの二つの地域圏を象徴しているようで興味ぶかい。

C類はイラク、イランを中心に分布している。やや離れて分布しているのが中国広州の南越王墓である（第4図―2）。ただし、南越王墓のものは先端部に明確な獣像表現がなく、渦状の立体造詣がある点で通常のC類とは異なっている。ニムルド出土の角杯と比較すると、南越王墓出土角杯の渦状の造詣は、羊角を誇張して、あるいは、模して表現したものであると理解できる。発掘調査出土例ではないが、故宮博物院蔵品にも同様の資料がある。南越王墓、故宮博物院蔵品ともに口縁部付近に蟠螭文をあしらうなど、外来のものに手を加え、独特の角杯を生み出している。つまり、前漢代に中国ではC類から影響を受けた作例があるということができる。C類の東限は中国南部の広州であり、海上の道を経由した伝播を想定できよう。

おわりに

ユーラシアの東西交流には、ステップルート、オアシスルート、海上ルートの三つの大きなルートがある。ステップルートは前二世紀後半～前一世紀頃に開通したとされるが、南越王墓の玉製角杯は既に紀元前二世紀に海上ルートを介した東西交流がなされていることを示している。また、オアシスルートが開通してもステップルートを介した交流がなされていることが朝鮮半島東岸から出土する角杯、装飾宝剣、金冠などからわかるし、ウズベキスタンサマルカンド市のアフラシャブ都城址壁画の朝鮮人使節は七世紀の交流の様子を具体的に示してくれる（穴沢・馬目一九七六）。ユーラシアの東西交流の道は大きく開かれ、しかも多様であった。

ユーラシア西方においてはザクロス山脈を境として北にB類角杯が、以南にC類角杯が分布している。両者の明確な分布の違いと形態、用法の違いから、B類角杯とC類角杯は全く別系統の器であったと考えられる。南方の海上ルートを通じてはC類がもたらされたが、それは定着することなく、上位階層の人々の嗜好の器としてのみ用いられたようだ。一方、ステップルートを通じて朝鮮半島西部にもたらされた角杯は日本列島にまで展開し、広く定着した。はるか西方での情報の淵源、伝播ルートの違いが東アジア地域での様相に大きな違いをもたらしていたのである。

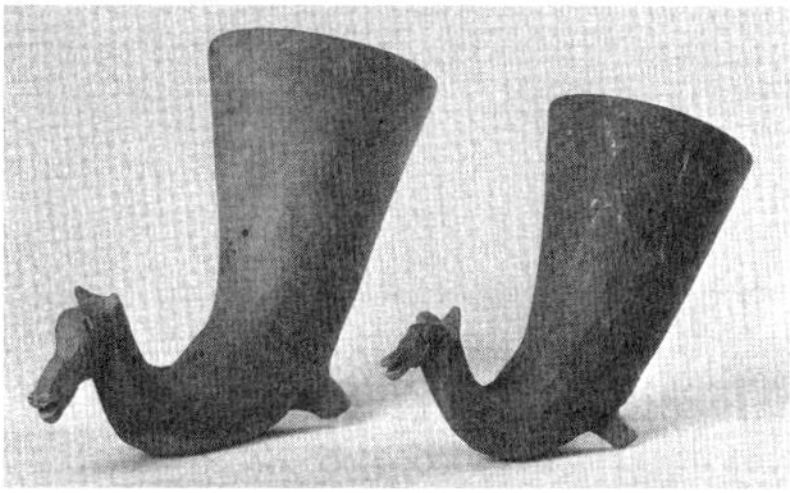

1．福泉洞７号墳（韓国釜山市）

2．南越王墓（中国広東省広州市）

第４図　東方の角杯

本稿をなすにあたって、多くの方々からご教示を頂いた。近藤二郎先生からはエジプトの角杯やそれに関する文献の提供を受けた。末筆ながら、記して感謝申し上げます。

引用・参考文献

朝日新聞社、東映　二〇〇六『ペルシャ文明展　煌く七〇〇〇年の至宝』

穴沢咊光・馬目順一　一九七六「アフラシャブ都城址出土の壁画にみられる朝鮮人使節について」『朝鮮学報』八〇、朝鮮学会、一―三六頁

穴沢咊光・馬目順一　一九八〇「慶州鶏林路一四号墓出土の嵌玉金装短剣をめぐる諸問題〈付〉慶州鶏林路出土の短剣についてのソ連邦・西独の考古学者の諸見解」『古文化談叢』七、九州古文化研究会、二四五―二七八頁

石渡美江　二〇〇一「黄金の帽子飾りから見た東西交渉」『季刊文化遺産』一二、（財）島根県並河萬里写真財団、六二―六五頁

岩崎仁志　二〇〇六「日韓の角杯形土器」『日韓交流史理解促進事業調査研究報告書』、日韓交流史理解促進事業実行委員会、一二六―一三三頁

入江文敏　一九八八「角杯形土器小考」『網干善教先生華甲記念　考古學論集』、網干善教先生華甲記念会、五三一―五五三頁

ウィリアム・キュリカン　一九七一『地中海のフェニキア人』（村田数之亮訳）、創元社

江守五夫　一九九七「《義兄弟の契り》と角杯―北方ユーラシアと日本―」『東京家政大学生活資料館紀要』二、東京家政大学生活資料館、七七―八九頁

加藤九祚　一九九二「鏡を手にした女神像の黄金製品をめぐって」『スキタイ黄金美術展』、日本放送協会　ＮＨＫプロモー

ション、一〇―一八頁
金元龍　一九七八「新羅に潜むスキタイ文化―慶州第九八号墳の木造架構に思う―」『韓国の古代文化』、学生社、二一二―二一七頁
金元龍ほか　一九七九『世界陶磁全集一七　韓国古代』、小学館
曾布川寛・谷豊信編　一九九八『世界美術大全集　東洋編　第二巻　秦・漢』、小学館
高浜　秀ほか編　一九九二『スキタイ黄金美術展』、日本放送協会　NHKプロモーション
巽　善信　一九九七「角杯に見られる西方の影響―リュトン東方伝播試論―」『宗教と考古学』、勉誠社、四七三―四九二頁
一九九六「西北イラン出土の青銅製獣頭飾角杯について」『天理参考館報』九、天理大学出版部、一五七―一六四頁
東京国立博物館、NHK、NHKプロモーション　一九九八『唐の女帝　則天武后とその時代展』、NHK、NHKプロモーション
奈良県立美術館　一九八八『シルクロード・オアシスと草原の道』
林　俊雄　二〇〇六『グリフィンの飛翔―聖獣からみた文化交流―』、雄山閣
林　良一　一九七三「オリエントにおけるリュトンの形式と用法について」『オリエント』一六―一、日本オリエント学会、二五―五〇頁
藤田国雄・桑原佳雄編　一九七三『中華人民共和国出土文物展図録』、朝日新聞社東京本社企画部
門田誠一　一九九三「角杯と牛殺しの盟約」『海でむすばれた人々』、同朋舎出版、一四三―一五四頁
由水常雄　一九七六「古新羅古墳出土のローマングラスについて」『朝鮮学報』八〇、朝鮮学会、三七―七一頁

外国語文献

英語

WILKINSON, C.K. 1960.VESSELS FROM ZIWIYE TERMINATING IN ANIMAL HEADS, A SURVEY OF PERSIAN ART, vol.14, ASIA INSTITUTE of PAHLAVI UNIVERSITY, pp.2979—2980.

WACHSMANN, S.1987. AEGEANS IN THE THEBAN TOMBS, UITGEVERIJ PEETERS LEUVEN

中国語

孫　机　一九九一「論西安何家村出土的瑪瑙獣首杯」『文物』一九九一年六期、文物出版社、八四—九一頁

一九九六「唐李寿石槨線刻《侍女図》、《楽舞図》散記（上）」『文物』一九九六年五期、文物出版社、三三—四九頁

湖北省博物館・鄖県博物館　一九八七「湖北鄖県唐李徽、閻婉墓発掘簡報」『文物』一九八七年八期、文物出版社、三〇—四二頁

陝西省博物館・文管会　一九七四「唐李寿墓発掘簡報」『文物』一九七四年九期、文物出版社、七一—八八頁

図版出典

第１図：馬王堆一号漢墓　藤田・桑原編一九七三『中華人民共和国出土文物展図録』三八

古ニサ遺跡　奈良県立美術館一九八八『シルクロード・オアシスと草原の道』一四八頁、一七二頁

ニムルド出土　奈良県立美術館一九八八『シルクロード・オアシスと草原の道』六八頁、四五頁

韓森寨出土　東京国立博物館、ＮＨＫ、ＮＨＫプロモーション一九九八『唐の女帝　則天武后とその時代展』一一三頁、六三頁

第2図：ソフノフカ村古墳出土　額飾り　高浜ほか編一九九二『スキタイ黄金美術展』一四頁、挿図4
ボロヴォ出土銀製壺　高浜ほか編一九九二『スキタイ黄金美術展』六六頁、リュトン使用図
ブッディガッラ出土銀製皿　孫一九九一「論西安何家村出土的瑪瑙獣首杯」八五頁、図2―3
ソベクホテプ墓　ウィリアム・キュリカン一九七一『地中海のフェニキア人』四五頁、四二頁

第3図：筆者作成。

第4図：福泉洞七号墳出土　金ほか一九七九『世界陶磁全集一七　韓国古代』七二頁、五一頁
南越王墓出土　曾布川・谷編一九九八『世界美術大全集　東洋編　第二巻　秦・漢』一八九頁、一四二頁

古代オリエントにおけるラピスラーズリ交易

近藤二郎

はじめに

中国とヨーロッパとを結ぶ「シルクロード」は、時代とともに変遷を遂げていった。そして、秦による統一後、前漢が出現し、東西交渉は一層盛んなものとなっていった。前漢が中国を支配していた時には、ユーラシアの西方ではローマが急速に発展を遂げていった。所謂「漢とローマ」の時代である。こうした二大文化圏の出現の下でユーラシア大陸の東西交流は促進されていったのであるが、本稿では「シルクロード」が確立する遥か以前の古代（前四千年紀～三千年紀）に、ユーラシア大陸において既に存在していた東西交渉の様相や交流ルートに関して考察・提示するものである。

古代オリエント地域とは、通常、東はインダス川流域から、西はメソポタミア、シリア、エジプトを含む広範な地域を呼ぶものであり、古くから文化的に先進した地域でもあった（杉　一九六九）。近距離の地域間で実施されていた必需品交易は、その社会の質的発展とともに、より遠方へ、そして定期的なものへと進展しながら、拡大していった。その結果、交易品も生活物資に加えて金銀や貴石などの贅沢物資も出現するようになっていった。

メソポタミアやエジプトなどから出土する金、銀、銅製品などから、それらの地域における交易関係を論ずることは、ほとんどできない。しかしながら、産地の限定される物資を使用すれば事情は変化してくる。

古代オリエントの発掘調査で発見されるラピスラーズリ製品は、しばしば考古学者ばかりではなく、他の隣接した分野の専門家の注意を惹いている。そして古代オリエント地域に含まれるこの鉱石の非常に広い分布圏と産地とで囲まれた地域は、かつてこの広範な地域に存在していた経済や文化の結び付きを研究する上で有益な見通しを与えてくれるのである（Сарианиди 一九六八）。本稿では、産地が限定されるラピスラーズリの移動を通して、古代における東西交渉の様相を考察するものである。

一、ラピスラーズリの産地

ラピスラーズリは、硫黄を含む青色の珪酸塩鉱物（ラズライトlazurite、$[NaCa]_4 [AlSiO_4]_3 [SO_4SCl]$）であるという（高宮二〇〇二）。産地としては、アフガニスタンのバダクシャン地方、パキスタンのバロチスタン地方、ロシアのバイカル湖付近、そして南アメリカのチリの四ヶ所が知られている。

中央アジアのブハラ、サマルカンド、タシケント付近の山岳地帯にラピスラーズリの産地があるとする記述が見られるが、サリアニディによれば、これは推測の域を出るものではなく、何らかの具体的な証拠も存在していない（Сарианиди 一九六八）。また、ラピスラーズリが、エジプト自体やあるいは、その近隣のヌビアの地に産地が存在していると主張されたこともあったが、これも先王朝時代のエジプトにおけるラピスラーズリの広範な分布をその論拠としているのである。しかしながら、こうした論拠の背景には、ラピスラーズリが、しばしば銅の青い鉱物と混同される傾向があり、容易にこうした主張を受け入れることは困難である。

前述した四ヶ所の産地の中で、古代オリエント地域に近く、しかも古代から採掘されていたことが明らかなのは、現在までのところ唯一、アフガニスタンのバダクシャン地方があるだけである。こうした事情は、古代オリエント地域のラピスラーズリ製品が、バダクシャン産の材料から作られていると見なす多くの研究者たちの根拠となっている。この論拠を検討してみると、現存の事実と非常に良く合致していることが判明する。

バダクシャン地方のラピスラーズリの坑道は、北アフガニスタンのオクソス川流域のフィルガムで見つかっている。さらに一九世紀にはブット個人の観察によれば、ここでは火を使うという極めて原始的な方法で、金色の黄鉄鉱を含んでいる最も良質なラピスラーズリ鉱石の採掘が行われていた。

古来、ラピスラーズリの採掘は、その地方の支配者によって厳格に統制されていた。第二次世界大戦後においても、ラピスラーズリの採掘は、アフガニスタンのエミールの特権と見なされ、国外へラピスラーズリを搬出する唯一の手段は密輸によって出来るだけであったとされる。

このバダクシャン地方のラピスラーズリの坑道に関する記述は、中世のマルコ・ポーロの『東方見聞録』の中にも見られる。この採掘場所に関しては、アッシリアのスパイの報告にも言及されている。このスパイは、アッシリアの王が、ラピスラーズリを求めるために、ある山岳地帯に派遣された者である。このように、古代オリエント地域における確実なラピスラーズリの産地であるバダクシャン地方に関する数世紀にわたる文献資料が存在している。

ヒンズークシュ（Hindukush）山脈の北麓に展開するバダクシャン地方の今日知られているサル・イ・サンのラピスラーズリの坑道は、ケラノ・ムンジャン（Kerano-Munjan）渓谷にあり、海抜約二三〇〇ｍもある。ラピスラーズリは、このバダクシャン地方から古代オリエント地域の隅々へと伝播していったのである。

二、古代交易のメカニズム

交易というものをある場所、または個人から他の場所または個人へ、そしてその代理人によって行われる原料や商品の相互交換として理解することが可能である。カール・ポランニーは、交換を①「互酬」、②「再分配」、③市場を形成する「交換」の三形態に分類した。また、ポランニーは、①二つの側、②商品（物資）、③人員、④運搬の四つの要素に分類し、交換を考える枠組みを設定した（Polanyi 1957）。さらに、ランバーグ＝カルロフスキーは、ポランニーの要素を考慮することで、遠隔地交易における以下の三種類の形態、即ち①直接交易、②交換、③中継地交易を提示している（Lamberg-Karlovski 1972b）。

「直接交易」は、A地とB地という二地点間で直接的接触が確立されている。特に価値の高い商品の交易のためにB地にA地の（あるいはA地にB地の）人間によって構築された交易植民の存在をも含んでいる。この形態の交易は、通常、中央で組織化された複雑な原理に基づく。

商品（物資）の伝播において、「交換」という形態は、一定の組織や規格化された特別な物資の価値などが欠如していることで、「直接交易」とは異なっている。商品（物資）は、場所から場所への特別な目的なしに流通していく。A地からB地への商品（物資）の移動は、随意的な「交換」を表している。しかしながら、その商品（物資）が交換を通じてもたらされたものなのか、あるいは様式や機能的形態の波及によって独自に生産されたものかどうかを判断することは困難である。

「中継地交易」は、商品が生産されるか、あるいは資源が存在する場合に、商品が流通する中間点で実施されるものである。A地とB地の影響が及ばぬ中間地点のC地において、A地とB地が望む商品や資源の量が調整される。中継地としての役割を演じるC地は、他の地点で生産された商品を積み換えたり、C地自身が必要とする商品や資源を輸入している。商品や資源の積み換えは、A地やB地の人間の管理と指示の下に委ねられていたかもしれない。この結果、中継地であるC地とA地またはB地との間には、直接交易が存在している。これら三つのシステムは、相互に排他的なものではなく、全てが共存していた可能性もある。重要な点は、遠隔地交易において、運搬費用が高価なために、地理的に限定された範囲内で物資あるいは商品が高価であるか有益であるものに限定された（近藤　二〇〇四）。

三、メソポタミアのラピスラーズリ

後期ウバイド期に、ラピスラーズリ交易が開始したのであるが、これは、この時期に贅沢品を取引するだけの生活の余裕が出来たことを示しているように思われる。ウバイド期以前の交易は、フリントや黒曜石といった利器を製作するために必要な材料に限られていた（Mallowan 1965）。しかしながら、ガウラⅩⅢの時期になると広範な地域間の贅沢品交易が開始される（Herrmann 1968）。この種の贅沢品交易としては、貴石のビーズ類の交易が最初であったらしい。貴石としては、トルコ石、紫水晶（アメジスト）、ヒスイ、エメラルド、ラピスラーズリなどがある。これらの鉱石のほとんど全てが、イラン高原産のものであるが、唯一ラピスラーズリだけが、イラン産のものではなく、アフガニスタンのバダクシャン産のものである。このように、北メソポタミアから約二五〇〇キロも離れたバダクシャン地方から沙漠や山岳地帯を横切る長距離交易がこの時期にはじまったことを示している。それでは時期を追ってメソポタミア地域におけるラピスラーズリの分布を見ていくことにしよう。

（一）後期ウバイド期からウルク期

現在まで知られているメソポタミアで最も初期のラピスラーズリ製品の例は、ガウラⅩⅢ（前三六〇〇～三五〇〇年頃）

の時期のものである（Tobler 1950）。この時期のラピスラーズリは、北メソポタミアのテペ・ガウラ（Tepe Gawra）、アルパチヤ（Arpachiyah）、ニネヴェ（Nineveh）の三つの遺跡から知られている。この時期の南メソポタミア地域からラピスラーズリが出土していないということは、北部地域が当時、長距離のラピスラーズリ交易を独占していたと考えられる。ガウラⅩⅢからガウラⅪ（前三三〇〇年頃）の時期のラピスラーズリの存在は僅かなものである。ガウラⅩ（後期ウルク期）になると、ラピスラーズリの供給は豊富になってくる。特に、テペ・ガウラの一〇九、一一〇、一一四号墳からは、金や琥珀金（エレクトロンとも呼ばれる金と銀との自然合金）製の豪華な副葬品とともに、多数のラピスラーズリ製品が出土している。種類としては、ビーズの他、ペンダント、半球状のスタンプ印章、ラピスラーズリ片による象嵌製品などがある。同じ後期ウルク期でも、次のガウラⅨの時期になるとラピスラーズリの量はかなり減少していく（Tobler 1950）。

（二）ジェムデト・ナスル期（Jemdet Nasr Period）

ジェムデト・ナスル期に入ると南メソポタミア地域でもラピスラーズリ製品が見られるようになってくる。この時期、ウルク（Uruk）、カファジャ（Khafajah）、ウル（Ur）、テロー（Teloh）、そしてシリアのテル・ブラク（Tell Brak）からもラピスラーズリ製品が出土している（Herrmann 1968）。北メソポタミア地域においては、この時期（ガウラⅧC）にラピスラーズリ製品が前の時期と比較して非常に少なくなっていることは注目すべきことである（Tobler 1950）。

ウルクから発見されている二つのラピスラーズリ製印章は、ウルクⅢの後期の層から出土したものであるが、その形態や表面に刻された図像などから、これらの印章がウルクⅣの時期に作られた可能性があるという意見がある（Herrmann 1968）。

この意見に従って、もしこの印章が、ウルクⅣの時期のものであると仮定すると、これは南メソポタミア地域における、後期ウルク期で唯一のラピスラーズリ製品となり、極めて重要である。しかしながら、今のところ形態から確実にウルクⅣのものであるとされない以上、現時点ではウルクⅢの時期やジェムデト・ナスル期のものとみなしておく方がよさそうである。

ウルにおいては、ウーリー卿（Sir C. L. Wooley）が、発掘したジェムデト・ナスル期の三七〇基の墳墓のうち、三二の墳墓でラピスラーズリ製のネックレスが出土している。これらの墳墓の時期に関しては、若干の異論も存在しているが、ジェムデト・ナスル期の典型的な土器を伴っていることから、ウーリー卿の見解を採用することは妥当であると思われる。

テローのジェムデト・ナスル期の層位からは、ラピスラーズリ製の魚の形をした護符や、数多くのビーズが出土している。また、その表面に刻された図像表現からジェムデト・ナスル期に属するものと判断された三〇点のラピスラーズリ製円筒印章の中で確実にジェムデト・ナスル期のものは五点程度しかないようである（Herrmann 1968）。

このようにジェムデト・ナスル期までのメソポタミア地域におけるラピスラーズリ製品の分布を見ると、後期ウバイド期までは北部地域が独占していたラピスラーズリ交易は、ウルク期を経てジェムデト・ナスル期に入ると南部地域がそれにとって代わったように思える。

テペ・ガウラが、後期ウバイド期（ガウラＸⅢ）のラピスラーズリ交易の開始から、ガウラＸⅠ期の南部地域からウルクの人々に移入を経て後期ウルク期（ガウラⅨ）に至るまで、このラピスラーズリ交易を管理していたように思われる。ところが、ジェムデト・ナスル期（ガウラⅧＣ）になるとガウラ自体の供給は減少し、北部地域から南部地域へと交易の中心が移動していった。そして南部の諸都市は、このラピスラーズリ交易を利用することで再び勢力を盛り返すことに成功し、後の時期の繁栄の基礎を築いたのである。これら諸都市は、ラピスラーズリを自らだけで利用したばかりではなく、エジプトまで輸出出来るほど、この時期にはこの鉱石の余剰を生み出したのであった。

このエジプトに対するメソポタミアからラピスラーズリの移動が、どの時期に開始されたのか、あるいはまたその経路がどのようなものであったのかは、後述するが、少なくともジェムデト・ナスル期には確立されていたようである。

（三）初期王朝時代（The Early Dynastic Period）

ラピスラーズリは、ジェムデト・ナスル期には各地からの出土例が相対的に増加するが、ＥＤＩの時期に入ると、ラピスラーズリ製品の数が極端に減少していく。このことからＥＤＩの時期に、ラピスラーズリの交易が、それ以前のものと比して崩壊したと思われる。この交易関係の断絶は、エジプトにおいても明らかである（Herrmann 1968）。後述するが、エジプトにおいては、前三千年紀の初めの約二〇〇年間は、ラピスラーズリが使用されなかった時期であるとされているからである。

このようにメソポタミアにおいては、この一五〇年に及ぶＥＤＩの時期から知られているラピスラーズリ製品の例はほとんどない。この時期のわずかな使用例としては、キシュから発見された印章と幾つかのビーズに限定されている。これらのビーズはキシュのＹ埋葬地と北メソポタミアのテペ・ガウラ、チャガール・バザールのニネヴェＶ層（Ninevite V）から発見されたものである。しかしながら、このニネヴェＶ層はジェムデト・ナスル期末からＥＤⅡ期にかけての層であり（Porada 1965）、これらの北メソポタミア地域のビーズが、ＥＤＩの時期に属さない可能性も十分に存在している。

ラピスラーズリ交易は、ＥＤＩの時期の断絶の後、ＥＤⅡ期に回復したと考えられる。この時期に関しては、エンメルカルの長編叙事詩の中に記されている。

ウルクの王、エンメルカル（Enmerkar）は、金、銀、建築資材、その他の貴石などを彼の美しい神殿、特にエリドゥにあるアプス神殿を飾るために欲していた（Roux 1964）。そこで彼はウルクへこれらの物資を送るように彼の使者をある山岳地方の領主であるアラッタ（Aratta）のもとへ派遣したのである。叙事詩によれば、ラピスラーズリはこの山岳地方にあるばかりではなく、その地方の住民たちによって採掘されていた。一体どこにアラッタの国が存在していたかという疑問が生じる。

アラッタの国は、非常にしばしば、様々なシュメールの物語の中に記されているが、現在までのところ、正確な位置は定まっていない。専門家たちは一致してこの国をシュメールから東方に置いている。それは叙事詩の中で、エンメルカルの使者が、アラッタの所へ行く途中、高い山々を越えて行かなければならなかったということ、そして最も重要なことは、エラムの都市スーサやアンシャンの地を通過しなければならなかったことが繰り返し述べられている点である（Канеба 1965）。

この記述は、別のシュメールの叙事詩の中でも明らかである。英雄ルーガルバンダ（Lugalbanda）は、アラッタの所へ行く途中、山岳地方を横断し、アンシャンの領域を隅から隅まで通過している（Kramer 1956）。

研究者のあるものは、条件付でアラッタの国を南イランの山岳地帯、現在のルリスタン地方に置いている。また別の者は中部イランに、また他にもエラムの東方の山岳地方に置いている（Сарианиди 1968）。

これらの予想を全て拒否することなしに、この山岳地帯にあるアラッタの国を北アフガニスタンのバダクシャン地方に置くことが可能であるように思える。実際に「ラピスラーズリの塊」、「岩から得られラピスラーズリ」、「そこがラピスラーズリの産地…」といった表現を考慮しても、この地がラピスラーズリ坑道の存在していたバダクシャン地方にほぼ間違いないことが判る。

結局のところ、エンメルカルによって送られた穀物の代わりにアラッタはウルクへ金、銀、ラピスラーズリなどを送っている。この『エンメルカルと最高神官アラッタ』と題する長編叙事詩は、メソポタミア地域とラピスラーズリの産地、バダクシャン地方との直接交易を記録した数少ない歴史的資料のひとつである。

ひとたびエンメルカルが、東への交易ルートを再開するとラピスラーズリは再びEDⅡの短い過渡期を経て、メソポタミアに輸入され多くの遺跡から出土するようになる。キシュのY埋葬地の五一七号墓からは、ラピスラーズリ製印章とビーズが出土している。カファジャのラピスラーズリは、象嵌細工として使用されている。またマリ（Mari）のイシュタール神殿においては、ラピスラーズリが広範に基礎の敷石として使用されていたとされる。ビーズや象嵌細工と同様に、EDⅡの時期に属する数多くのラピスラーズリ製印章が存在している。

EDⅢ期は、シュメール文化が最も繁栄した時期である。そして、ラピスラーズリが最も広範に、そしていろいろな品物に使用された時代であった。ラピスラーズリの最も豪華な富の蓄積は、有名なウルの王墓で発見されている。ウルと同様に、ラピスラーズリはキシュの後期のEDⅢ期とディヤラ渓谷やマリのEDⅢB層から出土している。またマリからは、ウルのメス・アンニ・パッダ（Mes-anni-padda）王によって、マリの王へ贈られた宝飾品の中にラピスラーズリが含まれていたのである。

（四）ウルの王墓

有名なウルの王墓は、「王」の墓と「死の竪穴」の二つより成っており、EDⅢの時期に属していると考えられている。マローワンは、メス・カラム・ダグ王墓は、おそらくシン神殿X層と同時代のEDⅢAのものと見なしている（Mallowan 1970）。ウル第一王朝の支配者たちの墓は、その破壊の痕跡だけが残されているのであるが、少し後のEDⅢBの時期のものと推定できる。そしてマローワンは、この破壊の理由を第一王朝がラガッシュのエアンナトゥムによって征服した結果であるとしている（Mallowan 1971）。

これらの埋葬の中には、ラピスラーズリ製品を副葬品として伴っているEDⅢの時期からウル第三王朝に至るまでの墓は、三〇〇基を数える（Herrmann 1968）。ウーリー卿のウルの王墓の年代に関しては、再検討をすることによってラピスラーズリを伴う二二一の墓のうち、ブキャナンは八九基、一方、ニッセンは六四基の墓が初期王朝時代のものであるとしている（Buchanan 1954）。

この初期王朝時代に属する約九十基の墓から得られたラピスラーズリ製品の中には、ラピスラーズリを大きな塊で使用している例がかなり見られる。この時代に、ラピスラーズリは様々な種類の品物に広く使用され、この時期には最も一般的な貴石のひとつであった。

何千という様々な異なるカットを施したビーズが発見されている。これらのビーズの量は、他の時期と比較して群を抜いて多い。またたくさんの見事なネックレスや髪飾りにも紅玉髄（カーネリアン）や貝殻とともにラピスラーズリが使用されている。

極めて精巧なラピスラーズリの象嵌細工の例としては、ＰＧ一一三三墓とＰＧ一一三三墓から発見された極めて美しい二つのペンダントが知られている。その他、金とラピスラーズリを使用した腕輪など数え切れないほどの装身具が存在している。

また、ラピスラーズリは、護符のための材料として広く使用されていた。彫刻の題材としては、蛙、魚、子牛、牡牛、牡羊、山羊、猿、鷲、蝿などが好んで用いられた。ＥＤⅢＡからＥＤⅢＢの時期にかけて一三八個のラピスラーズリ製の印章が知られている。そのほとんどがウルから出土したものである。この一三八個という数は、他の廉価な材料で作られている印章と比較すると、とりたてて多い数ではない。

その他のラピスラーズリの使用例としては、有名な「王のスタンダード」（楽器の伝響版と思われる）や竪琴の牡牛の頭部、縦溝入りの鉢の把手、金製の短剣の柄と鞘など非常に多くの例がある。

ウルにおけるラピスラーズリやその他の贅沢な材料の豊富な発見は、ウルが初期王朝時代に特に富裕な都市国家であったことを示している。この富は、結果としてシュメール全体の王権を握ったウルの第一王朝のメス・アンニ・パッダによって、その基礎が確立された。

しかしながら、前述のごとく第一王朝がラガシュのエアンナタムによって征服された後、ウルは衰退していった。このことと関連して、メス・アンニ・パッダ王が、外交関係を維持していた。マリは別として他の南メソポタミア地域の諸都市から出土するラピスラーズリ製品は、普通、後期E.D.IIIのものである。これはウルだけに集中していた富が、第一王朝の崩壊に伴って、その富が拡散した結果であると思われる。カファジャにおいても、オヴァル神殿などからラピスラーズリ製のビーズが発見されている。

(五) アッカド王朝時代

初期王朝時代を通じて、ウルはシュメールにおいて、つねに中心的都市であり、首都であった。しかし、アッカドのサルゴン大王は、彼自身の都であるアガデをユーフラテス川沿岸に建設した。それ故、この時代のウルの人々の埋葬は非常に簡素であったが、これは別に驚くに値しない。金、銀、銅、錫、ラピスラーズリで、豪華に飾られていたと言われている王都アガデは、現在までのところ位置も確定されていない。おそらく、バビロンの近郊で、これから発見されることであろう。

アガデの位置が決定され、発掘されるまでは、この時代のラピスラーズリの使用に関連して、他の都市におけるアッカド時代の層に頼らなければならない。これらは、割に多く分布しており、ウル、キシュ、ディヤラ渓谷、テペ・ガウラ、そしてアッシリアのヌジ、シリアのテル・ブラクなどのアッカド時代層からラピスラーズリ製品が出土している。

政治的に見て、勢力的に多大の打撃を受けたのにもかかわらず、ウルは、なおも前時代に引き続いて、かなりの量のラピスラーズリを我々に提供してくれる。これは、ウルの王墓中にたくさんのアッカド時代の墓が混在しているからである。約五五基の墓がラピスラーズリ製ビーズあるいは、ネックレス、印章を伴っている。これらの墓の埋葬は、極めて簡素であり、初期王朝時代の複合層と異なり、全て一体ずつしか遺体が含まれていない。

アッカド人の埋葬の例も、キシュで知られている。キシュのA埋葬地の後期と赤色土層墓（Red Stratum Tombs）から、アッカド時代のラピスラーズリ製の円筒印章とビーズが出土している。これらの円筒印章は、おそらくE.D.IIIB末期に製作されたものと思われる。

ディヤラ渓谷においては、テル・アスマル（Tell Asmar）で、銀のキャップのついた大きなラピスラーズリ製ビーズのネックレスとラピスラーズリの胴体と銀の頭部を持ったライオンの頭をした鷲の護符などが、見つかっている。

北部地域においては、テペ・ガウラのアッカド時代の層（ガウラⅥ）から、紅玉髄とラピスラーズリからできているネックレスが出土している。またヌジでは、この時代に相当する層で、ラピスラーズリ製ビーズが発見されている。

メソポタミア地域の外側では、シリアのテル・ブラクにある、ナラムシンの宮殿や、アッカド時代の住居址からも、ラピスラーズリ製品が見つかっている（Mallowan 1954）。

キシュにおいても、ラピスラーズリ製品が出土しているが、量的にはあまり多いものではなく、ビーズや護符のカットは質の悪いものである。

アッカド時代を通してのメソポタミアにおけるラピスラーズリの総量は、前の初期王朝時代と比較すると、著しい減少傾向を示しているが、これはアッカド時代に属する、いかなる王墓も、現在のところまだ発掘されていないという事実によると思われる。

アッカド時代を通じて、ラピスラーズリが象嵌細工、装身具、そして特に円筒印章の材料としては、ほとんど使用されていないというガッドの意見や、ウーリー卿が「この時代（アッカド期）に、交易は衰退した。」と述べていることは、当然のことながら否定されるであろう（Gadd 1971）。何故このような説が提起されたのかというと、それは、ウルの王墓に含まれている、アッカド期や、後アッカド期の墓を初期王朝時代のものとして、ウーリー卿が分類したことと、アッカド王国の王墓が、いまだに発掘されていないという点を見落としているからである。

アッカド王朝の創始者である、サルゴン大王は、シュメール体制に対して、セム族の政治体制のもとに、初めてメソポタミアの広大な地域（西は、地中海沿岸からキプロス島まで、東は、ペルシア湾沿岸からアンシャン地方に至る地域）にわたる政治的支配を確立したのである（Roux 1964）。このような巨大統一王朝の出現は、交易圏の外側への膨張を促し、商業の飛躍的発展を用意に生み出したものと思われる。ラピスラーズリ交易も、初期王朝時代と比べて、それほど衰退した様子はなく、かえって初期王朝時代よりも遠隔地との交易が行われていたと予想される。

いずれにせよ、アッカド時代のラピスラーズリを含めた商品の交易については、その王都であるアガデが発掘されない以上、どれも推測の域を出ないものと思われる。

マローワンが、「アガデの発見が、その発見者に対して、大変な褒賞を待っている。」と述べたのと同様に、アガデの発見は、我々にこの時代の交易のメカニズムをとく、貴重な鍵を提供してくれるものと思われる（Mallowan 1970）。

(六) ウル第三王朝時代

約百余年にわたるアッカド王朝の支配は、西イラン山地の比較的後進性を反映した野蛮な遊牧民族であるグティ族の侵入によって終止符を打たれた。

その後、ラガシュのグデア王によって始められた新シュメールの復興は、ウルナンム（Ur-Nammu）とシュルギ（Shulgi）の時代になり、頂点に達した。そしてこの二人の支配者により、ウルとウルクは、壮麗なシュメールの都市として、再び生まれ変わった。また、この時期に伝統的な泥レンガに代わって、最高級の窯で焼かれたレンガがしようされるようになった。

そしてこの王朝の君主たちは、アッシュル（Assur）の上に直接的な権限を樹立し、イランのスーサにおいても、最古権威者として君臨していたのである。そして高価な宝石、彫像、金、その他の金属製装身具などが蓄積されていった。ウルにおいては、PG一四二二号墓から大きな円筒印章が、そしてPG一八五〇号墓から小さな円筒印章の付いた金やカーネリアン、ラピスラーズリでできているネックレスが見つかっている。

この時期、北イランのテペ・ヒッサールとの間に、ラピスラーズリの交易ルートが存在していたと思われる。この北イラン地方間との陸路の他、ペルシア湾を中心とする海上交易がこの時期に頂点に達したと考えられる。そして、ラピスラーズリもアッカド王朝から、このウル第三王朝、次のイシン・ラルサ朝時代にかけて、バハレイン島を中継地として、インダス文明圏（おそらく、バルチスタン地方からマクラン海岸を経由して）から、南メソポタミア地域に流入したものと推定される（Oppenheim 1954）。

四、イラン

イランは、地理的にラピスラーズリの産地であるバダクシャン地方とこの鉱石の最大の消費地であるメソポタミアを結ぶ位置にあるばかりでなく、インダス文明とメソポタミア文明という高度に発達した二大都市文明圏の緩衝地帯として古代オリエントの交易を考える上で重要な役割を果たした地域であった。

イランにおける最古のラピスラーズリ製品の例は、南イランのテペ・ヤフヤ（Tepe Yahya）より出土したビーズである。層位的にみるとヤフヤⅤBの時期のものであり、前三六〇〇年頃のものと推測できる（Lamberg-Karlovsky 1971, 1972a）。この年代はガウラⅩⅢの時期のものと同時代か、あるいはやや古い時期のものと思われ、ウバイド４（Ubaid 4）の時期に属している。

テペ・ヤフヤ遺跡は、メソポタミアとバルチスタンを結ぶ中間に位置し、ステアタイト（凍石）の交易地として知られている。またテペ・ヤフヤは、前三千年頃には原エラム（Proto-Elamite）文化の東の地域として繁栄している。前述したように、ジェムデト・ナスル期に入るとラピスラーズリ交易の中心は、北メソポタミアから南メソポタミアへと移動するのであるが、この影響はイランの諸遺跡においても明らかに見られる。

テペ・ガウラは、後期ウバイド期にはイランの諸地域と接触を持っていたということが土器型式や出土遺物の類似性から明らかである。テペ・ガウラⅩⅢ—ⅩⅠは、テペ・ギヤン（Tepe Giyan）ⅤC、テペ・シアルク（Tepe Sialk）Ⅲ4-5、テペ・ヒッサール（Tepe Hissar）ⅠBなどと関係がある。

これらの諸遺跡は、戦略的にもメソポタミアから東への主要路上に位置しており、このルートは後の時代まで長く続いた。後期ウルク期（ガウラⅩ-Ⅸ）には、イラン高原の諸都市が独立的に成長することによって（ギヤンⅤD、シアルクⅢ6-7、ヒッサールⅠC）、ガウラとこれらの地域との間の接触は一時減少した。しかしながら、この時期、これらの地域（ヒッサールを除く）は、ラピスラーズリをメソポタミアに供給していたと思われる。

テペ・ギヤンにおいては、ギヤンⅤCの時期から二つのラピスラーズリ製印章が発見されている（Ghirshman 1933）。またテペ・シアルクにおいてもシアルクⅢの時期のラピスラーズリ製のビーズが知られている（Ghirshman 1938）。ジェムデト・ナスル期に入るとイランの諸都市の状況に変化が見られるようになる。テペ・ギヤンは、ジェムデト・ナスル期から初期王朝時代の末まで、遺跡が見られない。つまりギヤンⅤDからギヤンⅣAまで実に四〇〇年間の長い断絶の時期が存在するのである（Dyson 1965）。

そして、テペ・シアルク遺跡においても、シアルクⅢの最上層の住居址は、略奪・破壊された痕跡が残されていた。このシアルクの破壊が、エラム民族の勢力の拡大と関連があるものと推定されている。即ち、ラピスラーズリ交易などの交易路を支配するために、北への交易路の拠点を占領した結果であるとしている。この説は、その後のスーサとシアルクとの関係を考える上でも納得できる説である。

スーサCとシアルクⅣとの類似は、非常に大きい。スーサCとシアルクⅣとの間の結び付きは強く、土器、円筒印章、原エラム文字を刻した粘土板などの存在が知られている。これはイランの都市が、南部の直接の影響下に置かれた唯一の時期であり、スーサの強力な支配の下に広範囲にわたる中継地が設立されたのであった。

シアルクⅢの時期においては、ラピスラーズリ製品は、前述のビーズ一例しか知られていないが、シアルクⅣの時期になると数多くのラピスラーズリ製品が出土するようになる。この時期、スーサならびに南メソポタミア地域へラピスラーズリはシアルク経由でもたらされたようである。

北イランにおいては、この時期（ヒッサールⅡA）のテペ・ヒッサール遺跡の墳墓から、幾つかのラピスラーズリ製ビーズが出土しているが、テペ・ヒッサール遺跡から出土した三二のラピスラーズリ製品のうち、ヒッサールⅡの時期に属するものは八点しかなく、ヒッサールⅢAが五点、ⅢBが一一点、ⅢCが八点と大半がヒッサールⅢの時期のものである（Schmidt 1937）。

マローワンは、ヒッサールⅢBを前二一〇〇年頃に、ヒッサールⅢCを前二〇〇〇年か少し後の時期としている。このようにテペ・ヒッサールが、ラピスラーズリ交易の北イランにおける一大中継地として繁栄したのは特に前二〇〇〇年前後のことである。テペ・、ヒッサールに集積されたラピスラーズリは、エルブルズ山脈の南側を通りハマダンを経由し、ディヤラ渓谷からウル第三王朝頃のメソポタミアに運搬されたと思われる（Mallowan 1970）。

また、タル・イ・バクン（Tall-i-Bakun）では、バクンⅢAの層（前三五〇〇年頃）からラピスラーズリ製のビーズが出土している。

アフガニスタンとの国境近く、イランのシスターン地方のシャル・イ・ソフタ（Shahr-i-Sokhta）の前三千年紀の初期（Shahr-i-Sokhta II）より、実に三五〇個以上にも及ぶラピスラーズリ片が出土している（Tosi 1969）。また約三六個のラピスラーズリ製品があり、ネックレスが主体でありペンダントや印章なども含まれている。

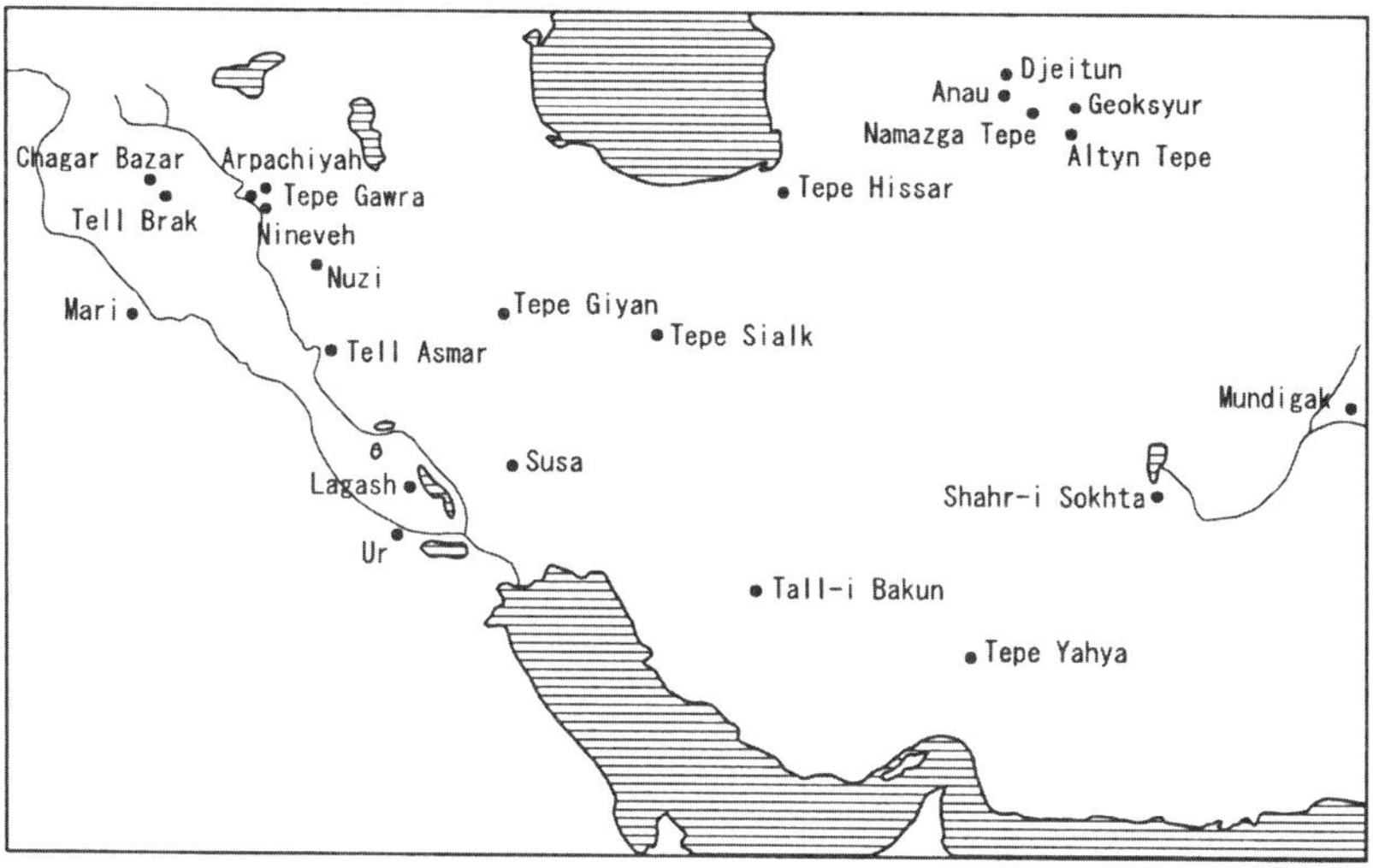

図1　メソポタミア・イラン・トルクメニア遺跡地図

シャル・イ・ソフタ遺跡のラピスラーズリは、ヒルマンド（Hilmand）渓谷を通って、南アフガニスタンのムンディガク（Mundigak）より流入したものと見られる。このようにシャル・イ・ソフタは、テペ・ヒッサールがラピスラーズリ交易で栄える以前から、メソポタミアでエラム地域のラピスラーズリやアラバスター（雪花石膏）といった鉱石の大消費地への供給のための中継基地として繁栄したのであった（Lamberg-Karlovsky 1972b）。（図1）

五、トルクメニア、バルチスタンおよびインダス渓谷

トルクメニア地方、バダクシャン地方とも距離的にも近くラピスラーズリも前四千年紀の中頃の遺跡より見つかっている。南トルクメニアのゲオクシュール（Geoksyur）のものが最も古く、この他、ナマズガ・テペ（Namazga Tepe）、アナウ（Anau）、アルティン・テペ（Altyn Tepe）、ジェイトゥーン（Djeitun）などの遺跡から、数多くのラピスラーズリ製ビーズやペンダント、護符などが発見されている。南トルクメ

ニア地域において発見されるラピスラーズリは、オクソス（アム・ダリヤ）川沿いにもたらされたものであり、これらの鉱石は、さらにこの地域を経て北イランのテペ・ヒッサールなどに運ばれていった。

南トルクメニア地域は、産地であるバダクシャン地方と距離的にも近くラピスラーズリの経由地として重要な位置を占めていた。

アフガニスタンのムンディガク遺跡では、ムンディガクⅠ４（前三二〇〇〜三二〇〇年頃）の層からラピスラーズリが出土しており（Dales 1965）、第七層まで広く分布している（Сарианиди 1968）。ダム・サダート（Damb Sadaat）、ナル（Nal）、クリ（Kulli）、メヒ（Mehi）などのバルチスタン地域の遺跡においては、前二五〇〇年頃の層位からラピスラーズリ製ビーズなどが出土している。

インダス渓谷においても、最古のラピスラーズリは、バルチスタンと同様、前二五〇〇年頃のものである。彩文土器の土器型式や表面に施された図像から判断して、ラピスラーズリはインダス渓谷地域にはカイバル峠越えのルートより、むしろムンディガク方面から流入したと考えられる。（図２）

バルチスタン地方は、彩文土器の土器型式、文様などから推測すると取るトルクメニアやテペ・ヒッサール、シアルクなどといった西方の諸遺跡とも密接な文化的関連があったものと思われる。

マクラン海岸に位置するハラッパの外港として知られたストカゲンドールやソトカ・コーといった遺跡にもバルチスタンの影響が強く見られる。こうしたことから、ラピスラーズリは、バルチスタン地方からマクラン海岸のインダス文明圏の西方への窓口であったストカゲンドールやソトカ・コーといった港湾都市から海上交易の物資としてメソポタミア地域に運ばれたと考えられる（Dales 1962）。一般的にいって、これらの交易は「交換」という形態をとってはいるが、ラピスラーズリという物資は、高い価値をもっていたと考えられ、やはりエラム、メソポタミア地域という奢侈品の二大消費地とバダクシャンという産地との中間に位置した広大な地域全体を大きなひとつの中継地として実施された中継

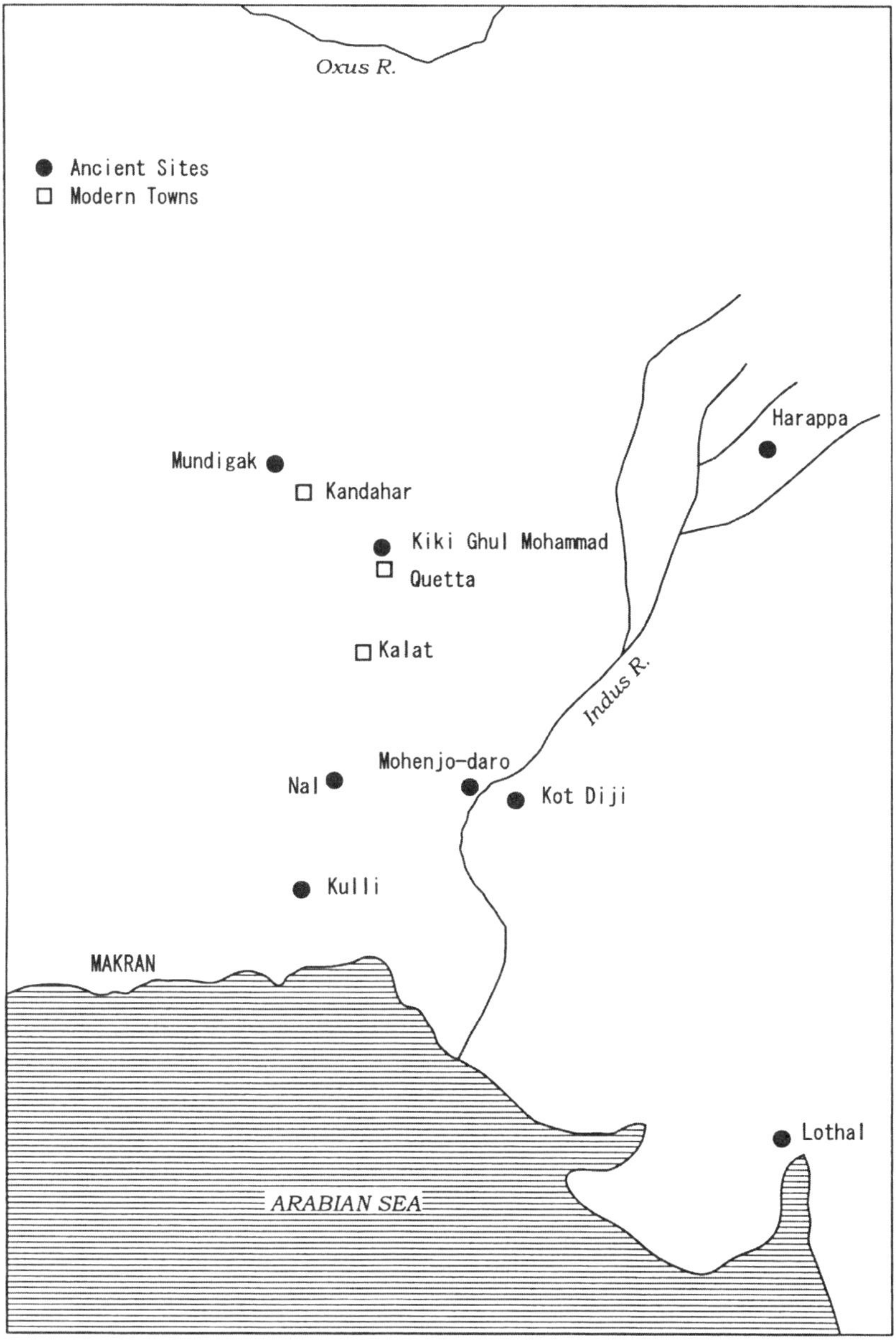

図２　インダス文明圏主要遺跡地図

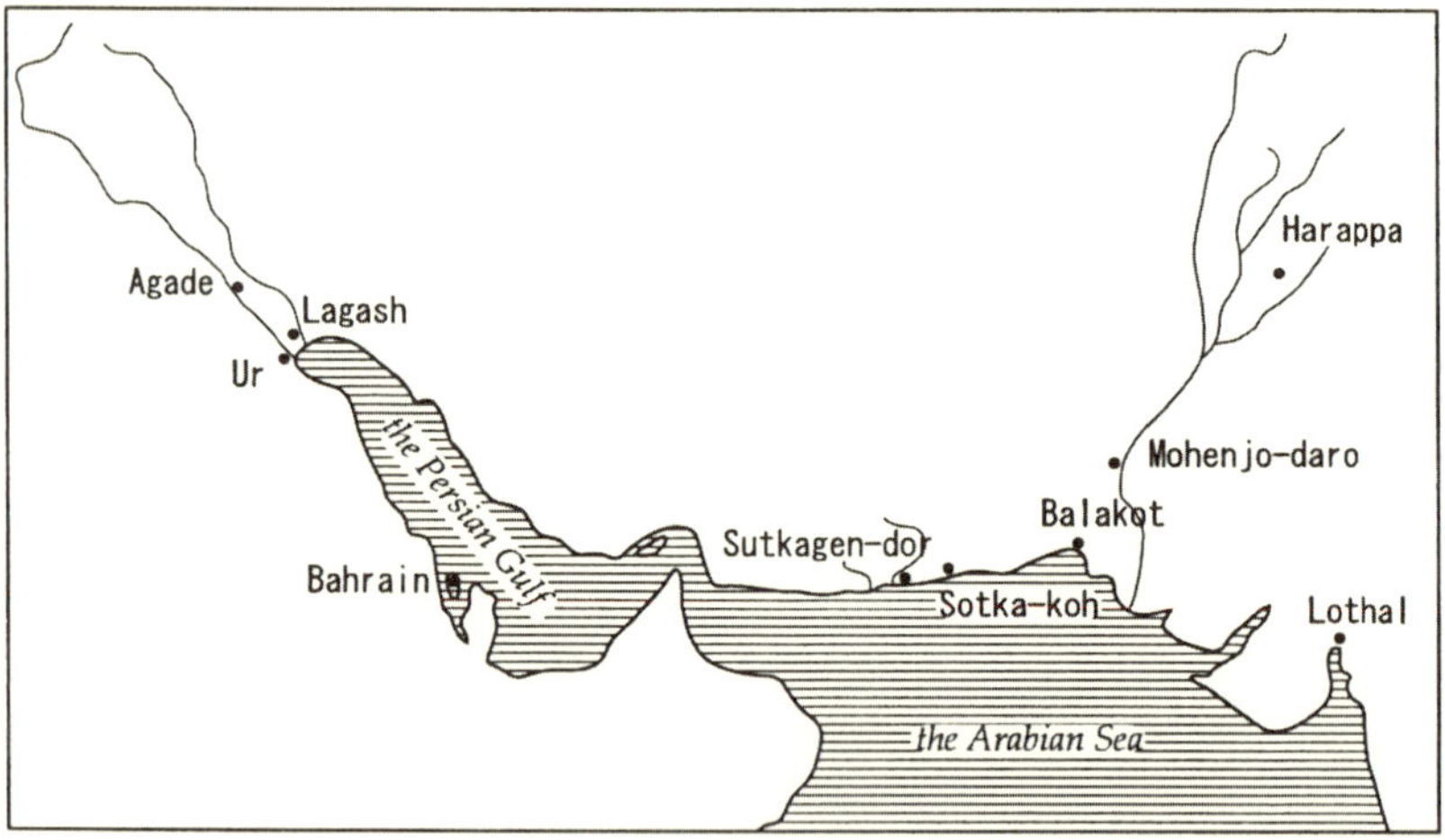

図３　古代オリエントの海上交易（前2000年頃）

地交易であると見なすこともできる。

しかしながら、中継地交易としてはテペ・ヒッサールやシャル・イ・ソフタなどの陸上交易の中継拠点よりも、より明確な形での中継地として商品の積換えや輸出で繁栄した場所としてペルシア湾の海上交易の中継地バハレイン島におけるものがある。（図３）

六、バハレイン島

ペルシア湾に浮かぶ周囲一二〇キロの小さな島であるバハレイン島が、歴史的に重要な場所として学会の注目を集めるようになったのは、一九五三年にデンマークの考古学調査隊が発掘調査を実施してからである。このデンマーク隊の発掘調査により、ペルシア湾式印章をはじめとする非常に多くのシュメールやインダス流域と関連があると思われる重要な遺物が得られた（Bibby 1969）。そして、この地が、かつてシュメールの叙事詩に「生命の国」とか「不滅の国」、「パラダイス」と謳われたディルムン（Dilmun or Telmun）の地であることが判明した。ディルムンが、今日のバハレイン島であるとする説は、現在一般に記録認められている。

「ディルムン」の名は、叙事詩の他、いろいろなメソポタミアの記録に登場している。古くはラガシュ（Lagash）都市国家の強力な王朝の基礎を築いたウル・ナンシェ王（Ur-Nanshe）の記念碑（前二六〇〇年頃）にディルムンの船が、王のために貢納として、外国から木材を運んで来たことが記されている。短い期間ではあったが、古代近東の大部分の地域を征服支配したアッカド（Akkad）のサルゴン大王（Sargon）がニップール（Nippur）に建てた碑文（前二三五〇年頃）にも、ディルムン、マガン（Magan）、メルハ（Melukha）の船が、アッカドの都アガデ（Agade）に入港したとあり、さらにまたラガシュのグデア（Gudea）王の時代（前二一〇〇年頃）に、ディルムン、マガン、メルハ、グビ（Gubi）の船が、木材を運んで来たことが知られている（Kramer 1963）。

マガン、メルハ、グビの位置に関しては、現在までのところ定説がない。しかしながら、おそらくマガンは現在のオーマン、メルハはインダス文明圏を指すものと思われる。

メソポタミアとディルムンとの間の交易は、その後も千数百年間にわたって存続したが、どのような商品が、交易品として取引されたのであろうか。ウルや古バビロニア時代の数多くの手紙や記録によれば、木材の他、金、銅製品、ラピスラーズ、魚の眼（おそらく真珠）、紅玉髄などの貴石のビーズ、象牙などである71。

クレーマー（S. N. Kramer）は、象牙と象牙製品が、メソポタミアにディルムンから輸入されたという事実から、ディルムンとインダス文明圏との接触を説いているが、この説は、甚だ不十分である。何故ならば象牙や黄金などは、インダス地域以外であってもよく、むしろアフリカ東海岸地域において主要交易品であったからである。

ところが、より重要なことは、交易目録にラピスラーズリの名が見られる点である（Kramer 1963）。ラピスラーズは、北アバハレイン島から出土しており、この事実は考古学的調査から裏付けられている。前述の如くラピスラーズリは、北アフガニスタンのバダクシャン産のものであり、このことからバハレイン島が、かつてインダス川流域地方（マクラン湾岸）と接触していたものと思われる。

このように、前三千年紀の後半に、バハレイン島はメソポタミアとインダスを結ぶペルシア湾、アラビア海の海上交易の中継地交易の基地として大いに繁栄した。この海上交易は、バハレイン島におけるインダスの錘、インダスのロタール（Lothal）におけるペルシア湾式印章の存在からも明らかにされるであろう（Bibby 1969）。

ランバーグ＝カルロフスキー（C.C. Lamberg-Karlovsky）は、海上交易の進展が、敵対していたエラム人の領域を通過しなければならなかった陸上路を迂回する必要性から、メソポタミアで生じた可能性があると述べている。そして前三千年紀のペルシア湾のイランの海岸沿いに港の遺跡が存在しないことが、敵対したエラム人との関係から説明できるかもしれないとしている（Lamberg-Karlovski 1972b）。

七、エジプトのラピスラーズリ（図4）

（一）ナカーダⅡ期

エジプトにおいて、最古のラピスラーズリの例は、ナカーダⅡ前半（初期ゲルゼ期）のマトマール遺跡の三〇〇五号墓出土のビーズでS.D.40の時期のものである（Payne 1968）と考えられていたが、その後の検討によりナカーダ期後半と見なされている（高宮　二〇〇一）。

ナカーダⅡ期において、ラピスラーズリは、北はゲルザから南はヌビアのブヘンに至るまで広範に分布しており、他の時期と比較しても、非常に豊富な出土状況を示している。ナガ・アル＝ディール、マハスナ、アル＝アムラ、アバディヤ、ナカーダ、アルマントなど上エジプトに多くの分布を見ている。

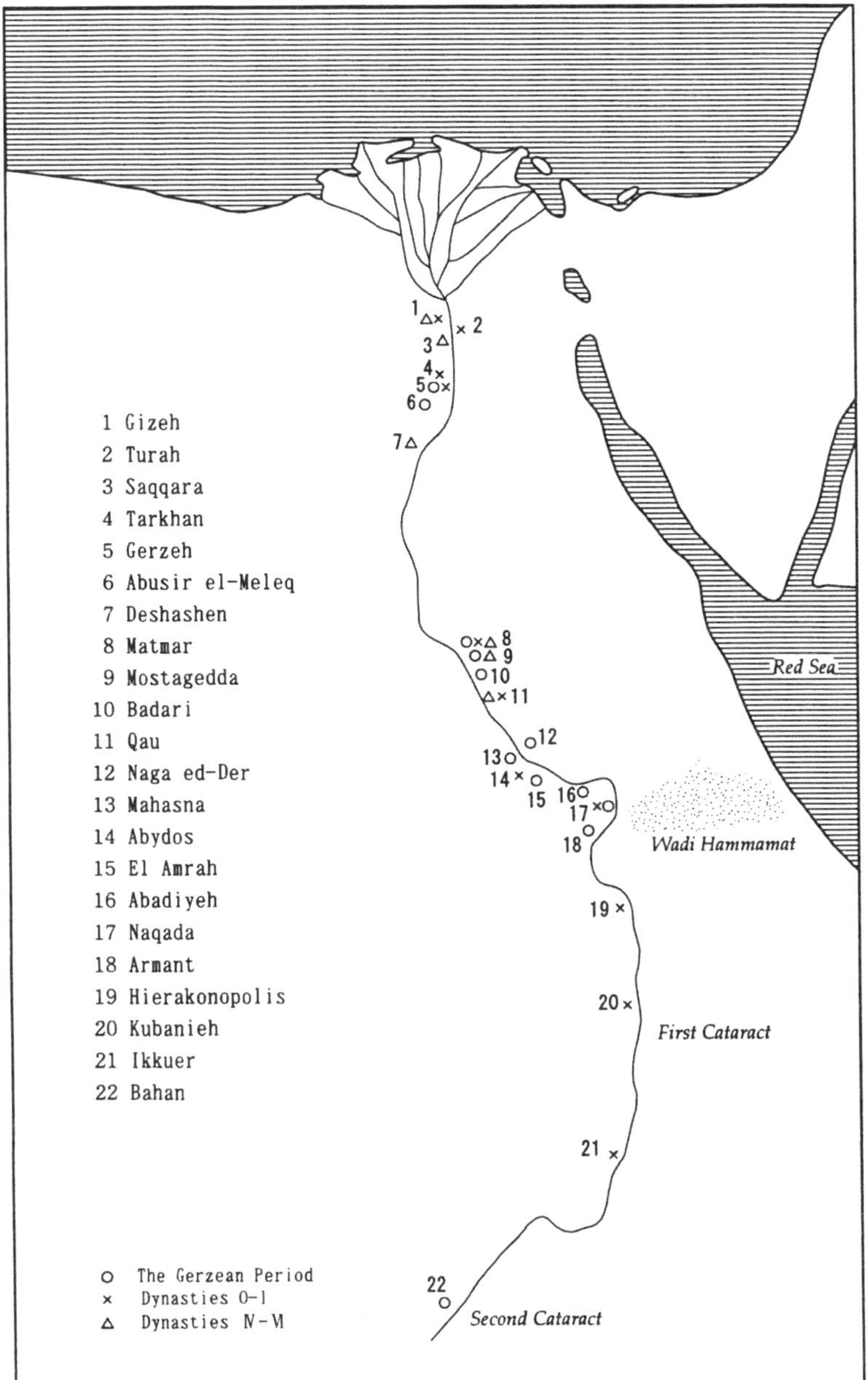
1 Gizeh
2 Turah
3 Saqqara
4 Tarkhan
5 Gerzeh
6 Abusir el-Meleq
7 Deshashen
8 Matmar
9 Mostagedda
10 Badari
11 Qau
12 Naga ed-Der
13 Mahasna
14 Abydos
15 El Amrah
16 Abadiyeh
17 Naqada
18 Armant
19 Hierakonopolis
20 Kubanieh
21 Ikkuer
22 Bahan
○ The Gerzean Period
× Dynasties 0-I
△ Dynasties Ⅳ-Ⅵ
Red Sea
Wadi Hammamat
First Cataract
Second Cataract

図4　ナイル川流域における初期のラピスラーズリ分布

（二）原王朝、第一王朝時代

ゲルゼ期と同様に、下エジプトからヌビアに至る各地に分布している。第一王朝初期のジェル（Djer）王のアビュドス（Abydos）にある王墓より発見された王妃のものと思われる腕についていた四組のブレスレットのうち三組は、見事な細工の施された金・トルコ石・ラピスラーズリ・紫水晶よりできているものであった。この腕は、亜麻布にくるまれて壁の裂け目に隠されていたものであり、他の副葬品は古代の墓泥棒の手によって盗掘されていた。

（三）第四～六王朝時代

前述の第一王朝のジェル王以降、即ち第一王朝の大部分、そして第二、第三王朝時代にかけてラピスラーズリ製品は、エジプトにおいては現在までのところ一例も発見されていない。第四、五、六王朝時代のラピスラーズリ製品は、下エジプトおよび中エジプト地方からだけしか発見されておらず、ゲルゼ期から第一王朝の初期までラピスラーズリ製品の豊富な出土例を持つ上エジプトやヌビア地方にその例を見ないことは興味深いことである。

（四）エジプトへの流入ルート

どのようなルートでラピスラーズリは、エジプトに流入したのであろうか。産地であるアフガニスタンからメソポタミア地域を経由して流入したことはほぼ間違いない。メソポタミアからエジプトへの流入ルートとしては、以下の二つのルートが考えられる。一つはメソポタミアからパレスティナ経由で下エジプトに至るルート、そしてもうひとつは南メソポタミアからペルシア湾、アラビア半島を経由し、ワディ・ハンママートを通り上エジプトに入るルートである。これらのルートの可能性を検討してみよう。

ナカーダⅡ期においては、上エジプトのゲベル・アル＝アラク出土のフリント製ナイフの柄に刻されたメソポタミア風の二頭のライオンを従えた英雄の図像やメソポタミアのベレム船に似た船の図像。「オックスフォード・パレット」に描かれた空想上の二頭の長い首を持ったネコ科の動物意匠は、第一王朝の有名な「ナルメルのパレット」の図像とも共通するなどメソポタミアからの示すと思われるものが存在している。ライオンを従えた英雄の図像は、ヒエラコンポリスのナカーダⅡ期の墓の壁画にも見ることができる。

さらにナカーダⅡ期の土器と南メソポタミアの土器との類似、ナカーダⅡ～Ⅲ期の上エジプトで発見された円筒印章など南メソポタミアと上エジプトとを結び付ける資料は確かに多く、フランクフォートが提唱した南メソポタミアの文化が、ワディ・ハンママートを経由して上エジプトに流入したとする説は非常に魅力的ではあるが、このルートが実際に使用されたかどうかは推測の域を出ない。上エジプトへの流入ルートとしては、アラビア半島を迂回するルート以外にもシリア・パレスティナからシナイ半島の東南部などを経由して紅海岸からワディ・ハンママートに至るルートも今後十分に検討する必要があろう。

原王朝から第一王朝時代になると状況の変化が見られる。上エジプトやヌビア地域からもラピスラーズリ製品は出土するものの、量的には集中した分布は見られない。アビュドスの第一王朝の王墓から出土しているこの時期の水差し類は、パレスティナ起源とされており、イスラエルのテル・ガト（Tell Gath）から発見されたナルメル王のセレク（王名枠）を持った土器片などとともに、この時期のエジプトとパレスティナとの密接な関係を示している。死海の瀝青やレバノン杉材などもおそらくこの時期から本格的にエジプトに流入したと思われる。

このようにエジプトの対外交渉ルートは、シリア・パレスティナ経由が主力となり、いつしか紅海からワディ・ハンママートを通るルートは、徐々に使用されなくなったのではないかと想像できる。

第一王朝中期から第三王朝時代にかけて、ラピスラーズリ製品がエジプトにおいて見られないことは、この時期の対外交渉が少なかったことを意味しているのであろうか。しかしながら、前述したようにメソポタミア地域においても

EDIの時期に約一五〇年間にわたりラピスラーズリ製品の使用例がほとんど知られていないことを考慮すると、エジプトの対外交渉が少なかったと見なすよりもラピスラーズリ自体が極めて少量でエジプトまではもたらされなかったと考えた方が妥当であると思える。

このことは、以下のことからも説明できる。即ち、ビブロスにおいて発見されたアラバスター製容器の断片にエジプト第二王朝の王カセケムイのセレクが刻してあり、ビブロスとエジプトとの海上交通による交渉がすでに第二王朝末期には存在していたことを明らかとしている。

第四王朝時代に入ると再びラピスラーズリ製品が見られるようになる。その分布は下エジプト、中部エジプトに限られ、上エジプトならびにヌビアからの出土例は知られていない。第四王朝初代の王スネフェルは、造船のために四十隻分の杉材を輸入していることが知られている。これらの杉材はレバノンのものであると考えられ、この時期のラピスラーズリ製品は、杉材や他の物資とともにビブロスから海路エジプトにもたらされたと考えられるであろう。

第五王朝から第六王朝時代にかけての時期は、メソポタミアにおいて西は地中海から東はペルシア湾におよぶ巨大統一国家であるアッカド王国の出現した時期にあたっている。このためエジプトのラピスラーズリもアッカド王国の誕生によって生まれた交易圏の拡大に伴って流入したのであろう。

八、アナトリア、黒海沿岸地域のラピスラーズリ

アナトリア地域においては、トロイとドラクの墳墓からラピスラーズリ製の装身具が発見されており、時期的にはトロイⅡの層より出土したものであり、メソポタミアのアッカド期のものであると考えられる。黒海沿岸のマイコープで発見されたラピスラーズリも、この時期（アッカド期）のものであり、メソポタミアにおける最初の統一国家であるセ

ム系のアッカド王朝の出現によって交易圏が非常に広範なものへと拡大していったことを示している。現在のところトロイⅡは、前三千年紀においてラピスラーズリが出土する最も西に位置する遺跡である。こうしたラピスラーズリは、北シリアのテル・ブラクを経由して北メソポタミアから流入したものと思われる。

まとめ

前四〜三千年紀の古代オリエントにおけるラピスラーズリの分布を調べることで、漠然とではあるが、かつてオリエント地域に存在していたラピスラーズリ交易のアウトラインを捉えることができたように思える。

前三五〇〇年頃に開始されたラピスラーズリの伝播は、驚くべき速さでこの鉱石を産地であるバダクシャン地方から北メソポタミアに運んでいる。また、その分岐として南イランへと伝播している。このことは南イランを含むトルクメニアから北メソポタミアに至る広範な地域がラピスラーズリを介して密接な関係にあったことが窺える。一方、南メソポタミア地域は、北への拡大という過程でラピスラーズリを入手するようになったと思われる。やがて、ラピスラーズリ交易は南メソポタミアにより管理されるようになる。また、エラム人のように拠点となる交易地を占拠、破壊した例も存在している。（図５）

初期王朝時代になると南部のシュメールの都市国家間の争いが激化し、交易路は乱れ、その影響でラピスラーズリ交易は中断される。このことはエジプトでも認められている。再開されたラピスラーズリ交易は初期王朝Ⅲの時期に頂点に達する。ウルの王墓からの出土品からこのことは明らかである。次のアッカド王朝の出現で、広範な交易圏が作り出される。海上交易が本格化し、次のウル第三王朝、イシン・ラルサ朝の時期まで続き、ラピスラーズリも海路ペルシア湾からメソポタミアに、もたらされるようになる。そして、陸路においては、前二〇〇〇年前後、テペ・ヒッサールが

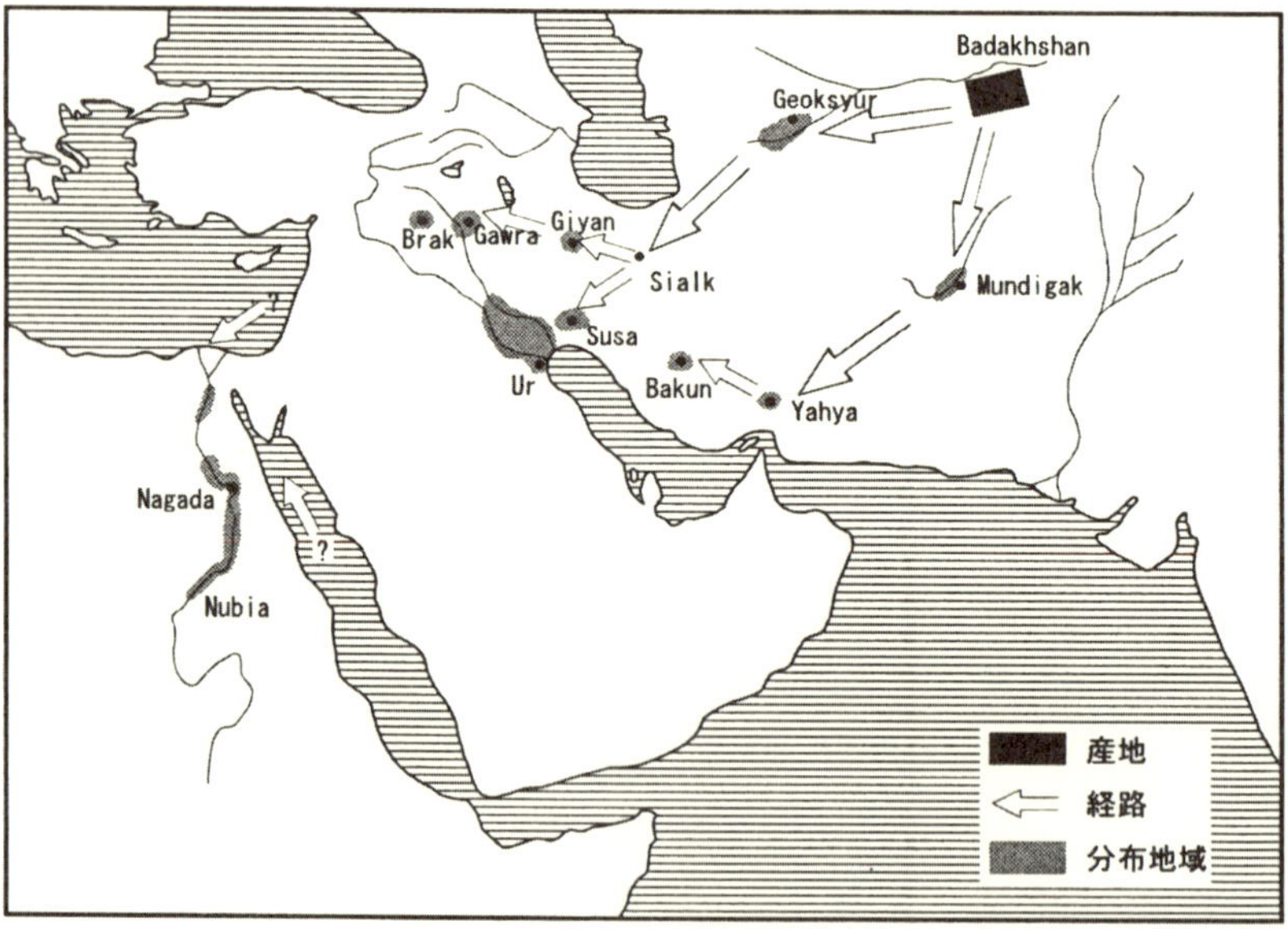

図５　前４千年紀の古代オリエントのラピスラーズリ交易

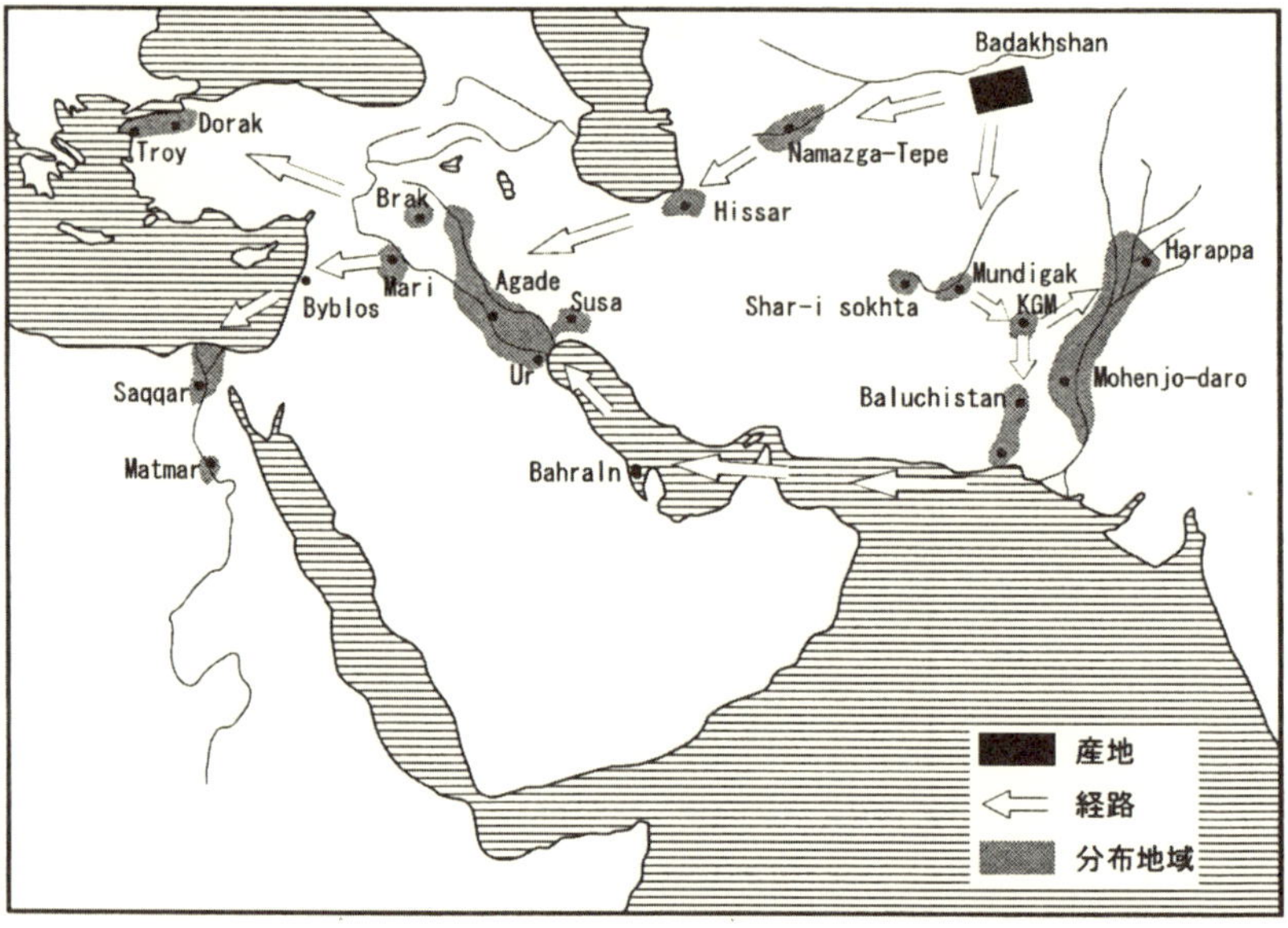

図６　前３千年紀の古代オリエントのラピスラーズリ交易

ラピスラーズリなどを中心とする中継地交易によって繁栄する。（図6）

メソポタミアとインダス、メソポタミアとエジプトといった二つの高度に発達した地域間に存在する地域、例えば、前者ではバルチスタン、シスターン、トルクメニア、イラン高原、ペルシア湾岸地域など、そして後者では、シリア、パレスティナ。アラビア半島、紅海沿岸の調査なしでは、二つの地域間の交易関係を明らかにすることは困難である。これまでの当該地域における調査研究によって、概要を把握することができてはいるが、依然として調査が進展していない地域も多く残されている。

ユーフラテス地域で「シルクロード」が形成され東西交渉が盛んになっていく遥か以前に存在していた交易ルートを検討することで、その変遷をたどることが可能となったとなった。

参考文献

近藤二郎
二〇〇四「古代の交易と交易ルート」日本オリエント学会（編）『古代オリエント事典』岩波書店、一三八～一三九。

杉　勇
一九六九「一つの歴史的世界としてのオリエント」『世界歴史一、古代一』総説、岩波書店

高宮いづみ
二〇〇一「前四千年紀ナイル河下流域におけるラピスラーズリ交易について」、『西アジア考古学』2号、西アジア考古学会

Aldred, C.
1965 *Egypt to the end of the Old Kingdom*, London.

（邦訳）屋形禎亮訳『エジプト古王国』一九七一年、創元社

Bibby, G.

1969 *Looking for Dilmun*,

Buchanan, B.

1954 "The date of the so-called Second Dynasty graves of the Royal Cemetery at Ur", *Journal of American Orient Society*（JAOS）74, 147-153.

Crawford, H. E. W.

1998 *Dilmun and its Gulf Neighbours*, Cambridge.

Cukican, W.

1966 *The First Merchant Venturers*, London.

（邦訳）村田数之亮訳『地中海のフェニキア人』一九七一年、創元社

Dales, G. F.

1962 "Harappan Outposts on the Makran Coast", *Antiquity* 36, 86-92.

Dyson, R. H.

1965 "Problems in the Relative Chronology of Iran", in *Chronologies in Old World Archaeology*, ed. by R. W. Ehrich, 249.

Fairservis, W. A.

1971 *The Roots of Ancient India*,

Frankfort, H.

1951 *The Birth of Civilization in the Near East*, Bloomington.

(邦訳)『古オリエント文明の誕生』一九六二年、岩波書店

Gadd, J. C.

1971 "The Dynasty of Agade and the Gutian invasion", *CAH* I part Ch.XIX, 452, IIIrd ed.

Ghirshman, R.

1933 *Fouilles de Tepe Giyan*, Paris.

1934 *Fouilles de Sialk*, Paris.

Herrmann, G.

1968 "Lapis lazuli: the early phases of its trade", *Iraq* 30, pp.21-57.

Kantor, H. J.

1952 "Further Evidence for Early Mesopotamian Relation with Egypt", *Journal of Near Eastern Studies* 11, 239-250.

1965 "The Relative Chronology of Egypt and Its Foreign Correlections before the Late Bronze Age", in *Chronologies in Old World Archaeology*, ed. by R. W. Ehrich, Chicago, 1-46.

1992 "The Relative Chronology of Egypt and Its Foreign Correlections before the First Intermediate Period", in *Chronologies in Old World Archaeology*, ed. by R. W. Ehrich, Chicago, 3-21.

Kramer, S. N.

1956 *From the Tablets of Sumer*, Philadelphia.

1963 "Dilmun: Quest for Paradise", *Antiquity* 37, 111-115.

Lamberg-Karlovsky, C. C.

1971 "The Proto-Elamite Settlement at Tepe Yahya", Iran IX, 87-96.

1972a "Tepe Yahya 1971; Mesopotamia and the Indo-Iranian Borderlands", Iran X, 89-104

1972b "Trade Mechanisms in Indus-Mesopotamian Interrelations", *JAOS* 92, 222-29.

Lloyd, S. L.

1961 *The Art of the Ancient Near East*, London.

Mallowan, M. E. L.

1956 *Twenty five years of Mesopotamian Discovery*, London

1965 "The Mechanics of Ancient Trade in Western Asia", *Iran* III, 1-7.

1970 *Early Mesopotamia and Iran*, .

1971 "The Early Dynastic Period in Mesopotamia", *CAH* I part 2, Ch.XVI

Oppenheim, A. L.

1954 "Seafaring Merchans of Ur", *JAOS* 74, 6-17.

Payne, J. C.

1968 'Lapis lazuli in Early Egypt', *Iraq* 30, pp.58-61.

Piggot, S.

1943 "Dating the Hissar Sequence - the Indian Evidence", *Antiquity* XVII, no.68, 169-182.

Polanyi, K.

1957 "The Economy as Instituted Process", in *Primitive, Archaic and Modern Economies*, ed. by G. Dalton.

Porada, E.

1965 "The Relative Chronology of Mesopotamia", in *Chronologies in Old World Archaeology*, ed. by R. W. Ehrich, 177-179.

Roux, G.

1964 Ancient Iraq

Schmidt, E. F.

1937 *Excavation at Tepe Hissar*, Damghan.

Tobler, A. J.

1950 *Excavations at Tepe Gawra.*

Tosi, M.

1969 "Excavations at Shar-i-Sokhta, a chalcolithic Settlement in the Iranian Sistan, Preliminary Report on the First Campain", *East and West* 118, 9-66.

Канеба, И.Т.

1964 "Шумеррийскийгеороическийэпос",ВДИ.

Сарианиди, В. И.

1967 "О великом лазуритвом пути на древнем Востоке", *Краткие Сообщения Института Археологии*, Академия Наук, С.С.С.Р., Москва.

ベトナム出土の漢・六朝系瓦

山形眞理子

一．はじめに

海のシルクロードを舞台に活躍したのは、船に乗りこんで荒海に出ていった勇敢な人々である。『漢書』地理志によれば、募集に応じてきた希望者たちと、黄門という名の役所に属する通訳たちが、交易のために中国南部の港から南海へと乗り出していった。彼らは金や絹の類を持っていき、真珠やガラス、貴石その他を買ってきた。暴風雨にあって溺死する者も多く、それを免れた者も数年がかりでようやく帰国することができた。

海のシルクロードの東の基点は現在の広州市、古くは番禺と呼ばれた都市であった。現在の広東、広西からベトナム北部にかけての地域は粤地と呼ばれ、そこは海に近く、犀、象、瑇瑁、珠機、銀、銅、果、布などの産物が集まる港があり、中国から商売に行く者の多くが富を得たという。

この道はまた、商売や交易に携わる者のみならず、政治的な使命を帯びた官吏や使節が往来した道でもあり、時には軍隊が進む道ともなった。経済と政治は相互に関係しながら隣国との関係を形づくっていく。東南アジアにおいては、特にベトナムの歴史が中国との強い関係を示している。ベトナムは常に、北に隣接する大国・中国から甚大な影響を受けてきた。

ベトナム北部には、前一一一年に漢の郡県が設置されている。その後、九三八年に南漢の軍勢を退けた呉権が、翌年に即位して中国の支配を脱するまで、ベトナムは千年以上にわたって中国の支配を受けた。この時代をベトナム史は「北属期」と呼ぶ。

筆者は、海のシルクロードの開通をみた時代に、交易の利を求めて南下する中国の存在が、東南アジア各地の考古文化の中にいかに反映されているか、興味をもっている。本稿ではベトナムで出土する漢・六朝系瓦に注目し、当時の中国の南境で何が起こっていたか、考古学の面から追求する手がかりとしたい。

二　中国の南下と嶺南の動向

中国の南部は嶺南と呼ばれる。雲南省にはじまって東方に延び、福建省におわる南嶺山脈の、南に広がる地域である(図1―1)。

嶺南は温暖多雨の丘陵地帯がひろがる地域で、長江流域や黄河流域とは異なった風土をつくっている。古来この地域に住んでいたのは漢民族ではなく、文献に「越」という名で登場する異民族であった。彼らは様々な習俗をもつ部族に分かれていたため、百越とも称される(工藤二〇〇六)。この嶺南の地に初めて中国の勢力が及んだのは、前二一四年、秦の始皇帝が軍勢を送り、桂林・象・南海という三郡を設置したことに始まる。

その目的は南方の財物、すなわち犀角、象牙、翡翠(かわせみの羽)、珠璣(真珠)であったといわれる(『淮南子』)。

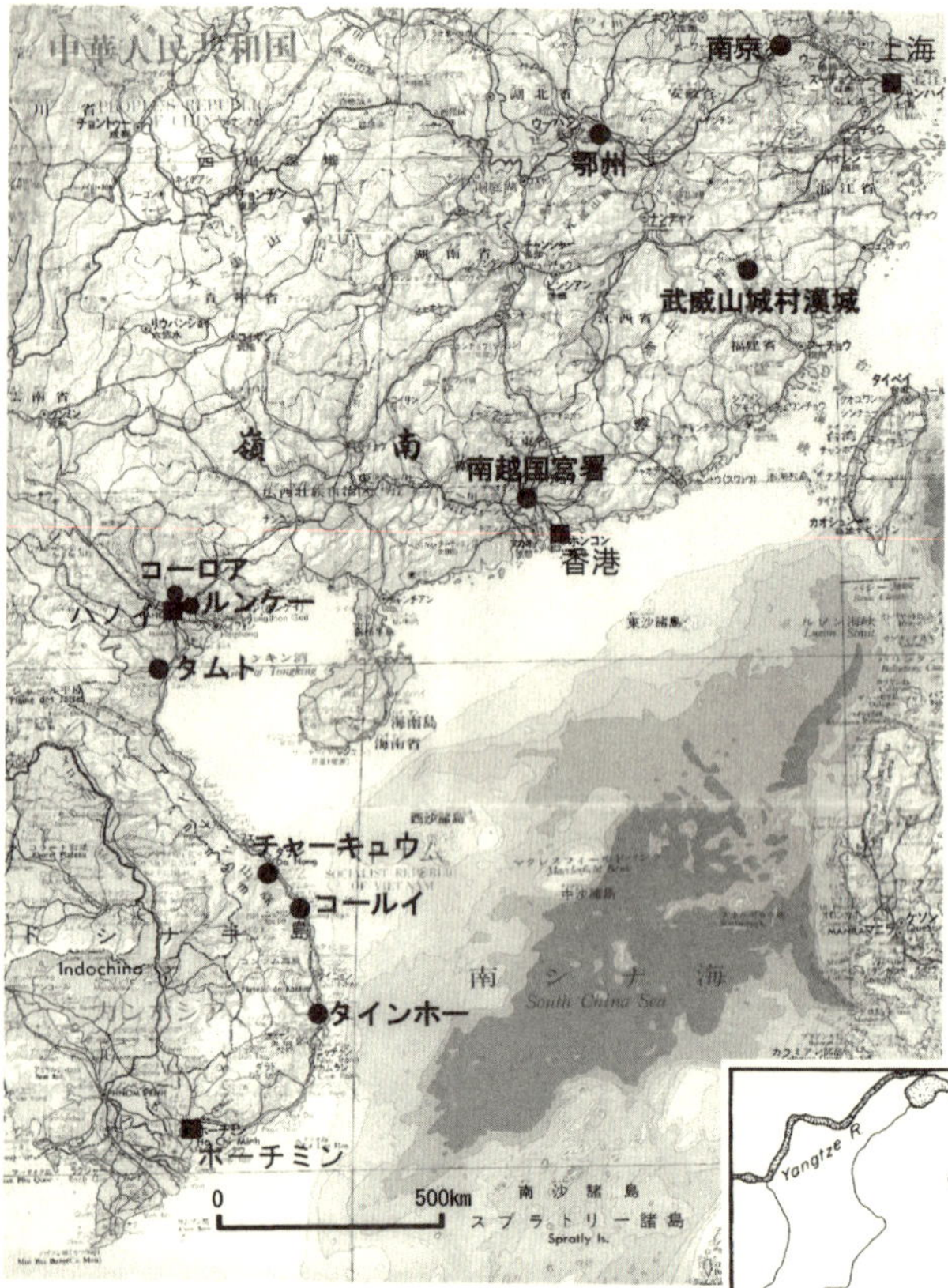

1

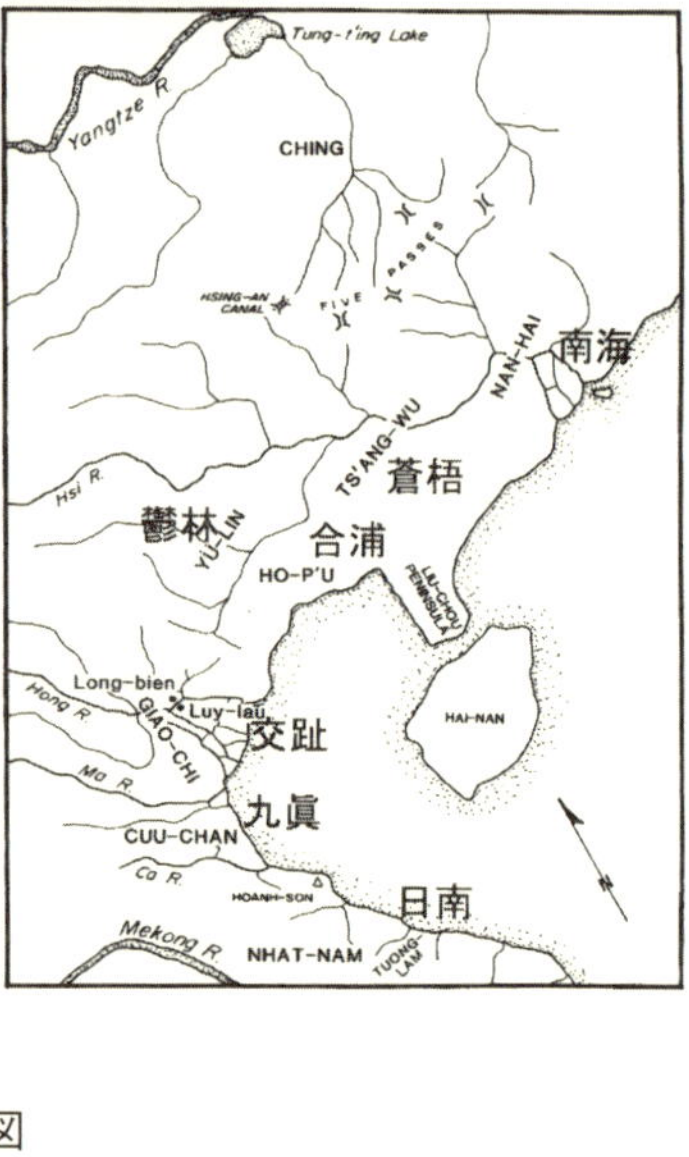

2

図1　関連地図

1　本稿で言及した瓦出土地点（●）と現代の都市（■）

2　漢の七郡の位置

ただし南方の珍貴な物産は、秦よりも古くから中原の人々に知られていた。春秋期の楚国の特産に、翡翠・瑇瑁・犀角・珠機があったというが（『左氏伝』）、それらは長江中流に根拠をおく楚の特産ではなく、実は南海産であって、楚が南嶺の山々を越えて越人から輸入していた可能性が高い（松田一九六六）。

嶺南では秦の滅亡後、秦の軍隊に従って南海郡にきていた趙佗が自立して南越を建国した。趙佗は秦の南海郡治があった番禺を都として武王を名乗った。創業してまもない漢は南越と争わず、平和政策をとり、趙佗を南越王に封じた。趙佗は漢に対しては王を称しながらも、国内に対しては帝号を称していた。漢の武帝の時代、南越政権中枢の内紛に乗じて十万の大軍が発せられた。番禺は焼かれ、九三年間にわたり存続した南越は滅亡したのである。

南越の都番禺は、南海交易と珠江水系の河川を利用した内陸交通を結びつける、絶好の位置にあった（西谷一九九五）。一九八三年に広州市内で発見され、ただちに発掘調査された南越王墓は、番禺の繁栄をものがたる豊富な副葬遺物を出土した（広州市文物管理委員会・中国社会科学院考古研究所・広東省博物館一九九一）。趙佗のあと即位した南越文王、趙胡（趙眜）の墓であると認められている。絲縷玉衣をまとって埋葬された墓主の胸元から、「文帝行璽」金印が発見されている。文王は前一三七年に趙佗が没したのち即位し、在位十余年で没したとされるから、その埋葬年代は前一二〇年頃となろう。したがってこの南越王墓とその副葬品は、年代が限定できる基準資料として大変に重要である。

南越王墓は象崗という丘を二〇ｍの深さで掘り込んだ大規模な石室墓で、平面凸形の墓坑の南北長が一〇・八五ｍ、面積が一〇〇㎡である。墓の入口となる墓道、衛士が殉死していた外蔵槨、雲気紋を描いた扉、その内側に前室、楽器と楽人が殉葬されていた東耳室、様々な器物が納められた西耳室、墓主の棺がおかれた主棺室、その東に四人の妻妾が殉葬された東側室、一〇人のおそらく使用人が殉葬された西側室、厨房関連用具をまとめた後蔵室と、九つの部分に分かれる。総数一千点以上という豊富な副葬遺物をもち、そのうち二四四点を玉器が占めていた（吉開一九九八ａ）。

ベトナムとの関係では、南越王墓から合計九点が出土した桶形青銅容器（提筒）の存在が注目される。これはベトナム北部のドンソン文化に特徴的にみられる器物である。東耳室から発見された三個体は入れ子になっており、最も内側に入っていた容器の側面には、羽人戦士が乗り込んだ船の紋様が鮮明に描き出されている。同種の船紋は、ベトナム北部出土の桶形青銅容器に見られ、「ドンソン銅鼓」と呼ばれる青銅製の太鼓の側面にも頻出する。この時期の銅鼓は中国の領内からも出土しているが、分布の重心はベトナム側にある。南越王墓に副葬された桶形容器は、ベトナム北部で製作され、なんらかの理由で南越王のもとに運び込まれた可能性が高い（吉開一九九八ａ）。

南越がベトナム北部まで支配を及ぼしていた可能性は、ベトナム北部・タインホア省で出土し、現在はブリュッセルの王立美術歴史博物館に収蔵される銅印が、南越の官印と認定されたことによって証明されたと言えよう（吉開一九九八ｂ）。タインホア省マー川流域には、ドンソン文化の標式遺跡となったドンソン遺跡があり、そこから一㎞と離れていないところにティウズォン遺跡もある。両遺跡では、その墓葬と副葬遺物に、典型的な在地のドンソン文化の中に漢文化が徐々に影響を及ぼしていく、その経緯を読みとることができる（Chu Van Tan ed. 1994、Le Trung 1966）。

始皇帝による郡県化の範囲は嶺南方面までにとどまり、北部ベトナムを含まなかったと考えられ、その意味ではベトナム北部にとって、南越時代こそが中国内地の文化の流入期であった（吉開二〇〇二）。

旧南越の領域を引き継いで九郡を設置した武帝は、中国の境域をベトナム方面まで拡げることができた。九郡とは南海、蒼梧、鬱林、合浦、交趾、九眞、日南、珠崖、儋耳の各郡であり、海南島におかれた珠崖、儋耳はまもなく廃されている（図１―２）。残りの七郡のうち、交趾郡がベトナム北部の紅河デルタ地帯、九眞郡がタインホア省マー川流域、最南端の日南郡の範囲については諸説あるが、現在のクァンビン、クァンチ、トアティエンフエの各省、さらに南下してハイヴァン峠を越えたクァンナム省まで、南境は延びていた可能性もある。

三．ドンソン文化の衰退

中国支配が及んだ頃のベトナム北部には、華やかな青銅器で知られるドンソン文化が繁栄していた。『水経注』巻三七が引くところの交州外域記逸文がその社会に言及している。「中国侵略以前のベトナムの地には雒田と呼ばれる水田があり、これは潮の干満を利用して河水の調節をしながら灌漑するもので、この水田を耕作する民は雒民と呼ばれた。その雒田・雒民を支配する有力者がすでに存在していたが、中国はベトナムを支配して郡県体制を確立すると、この有力者である雒王・雒侯に郡県のことを担当させ、県のことは多く雒将につかさどらせだ。そして雒将には銅印青綬を与えた」（片岡一九七二）。

この文章が言及しているのは潮水灌漑田で、多少の塩分が含有されても十分生育可能な品種が、紅河デルタ東端の沿海部の開拓のために使われた。それが記録に残された「雒田」であったと考えられる（桜井一九七九）。この逸文が記すように、紅河デルタには雒将と呼ばれる有力者が成長していた。ベトナムの史書『岭南摭怪』あるいは『大越史記全書』によれば、北部ベトナムには「甌貉」という国があり、この名は『史記』にも登場している。甌貉を建国したのは蜀の王子であった安陽王で、螺城といわれる城を建設して都とした。螺城は、現在もハノイの北に残る大規模な城址コーロアに否定される。雒将とは民族名または国家名としての「甌貉（雒）」の将の意であろう（桜井一九七九）。雒将に率いられた部族の連合体としての甌貉は、結局、南越の趙佗に滅ぼされることになる。南越の支配を引き継いだ漢は、在地有力者の伝統的な支配権をみとめたまま、南海の産物の獲得をねらったと考えられる（後藤一九七五）。

後四〇年、後漢の光武帝の建武一六年であるが、交趾郡朱鳶県にて徴姉妹が蜂起する。徴姉妹は麊冷県の雒将の娘で、姉の徴側は朱鳶の雒将詩索という人物の妻となっていた。この詩索が交趾郡の官憲に殺されたことをきっかけに、趙側は妹の徴弐とともに決起した。『後漢書』南蛮伝によれば「ここにおいて、交趾はもとより、九眞・日南・合浦の蛮夷、みなこれに応ず。およそ略するところは六十五城。側、自立して王と為る。交趾の刺史・諸郡の太守は、わずかにみずからを守りたるのみ。」この叛乱がたちまち四郡に広がり、中国の郡県官僚を震撼させた様子を語っている（後藤一九七五）。

光武帝は四二年、伏波将軍馬援に一万余の軍勢を従わせて遠征させた。馬援の遠征軍は水陸両方から叛乱の中心地を目指し、南方独特の風土に悩まされながらも徴姉妹の軍を破った。姉妹は捕らえられて翌四三年に斬首された。徴姉妹はベトナム民族の英雄として現在も尊敬を集めている。

この徴姉妹の叛乱（起義）と馬援による鎮圧は、ベトナム北部の社会に画期をもたらしたようだ。考古学的には、ドンソン文化は後一世紀の後半には衰退する。それと反比例するかのように、後二～三世紀に、漢式の磚室墓が紅河デルタとマー川流域に広範囲に分布するようになる（Nishimura 2005）。

一九三〇年代にスウェーデン人考古学者ヤンセは、タインホア省すなわち漢の九眞郡に集中する漢墓の調査を実施した（Janse 1947,1951）。ハーヴァード大学ピーボディー博物館でヤンセ発掘資料の再調査をおこなった宮本一夫と俵寛司によれば（宮本・俵二〇〇二）、ヤンセが調査した九眞郡の漢墓は後二世紀から後三世紀半ばまでの年代的範囲におさまる。これらの漢墓に埋葬された人々について、郡県支配下で中国内地から移住し、交趾や九眞の地に定着した漢人層が想定されている（後藤一九七二）。

馬援は交趾において雒越の銅鼓を集め、鋳つぶして銅馬にしたという（『後漢書』馬援伝）。この記事は在地社会にとって銅鼓がもっていた特別な意味をよく示している。馬援はまた軍を南に進め、西屠国との境に銅柱を建てて漢の南界を示したという。この時期のベトナム中部は、考古学的に言うならばサーフィン文化の時代である。サーフィン文化の人々は、漢の軍事力を間近に見たかもしれない。

四．南にもたらされた前漢鏡

サーフィン文化の遺跡は海岸沿いに多く、また河川にそって内陸深くまで分布している（Yamagata 2006）。海と川、両方をつないだのは船であり、サーフィン文化の人々が船をあやつって内陸の産物を河口に運び出した様子を想像することができる。中国の商人と通訳を転送したという「蛮夷の賈船」（『漢書』地理志）には、サーフィン文化の船も含まれた可能性がある。クァンナム省のトゥーボン川流域では、サーフィン文化の甕棺墓の中から前漢鏡が出土する遺跡が三カ所知られている。それらの鏡は中国との交易がもたらしたものと理解するのが自然である（Yamagata et al. 2001）。トゥーボン川流域では、内陸のビンイェン遺跡で前漢日光鏡が一面（図2―1）、ビンイェンから直線距離で一七kmほど川を下った地点にあるゴーズア遺跡で前漢獣帯鏡一面（図2―2）、そして河口の町ホイアンに近いライギ遺跡では、保存状態が良くないが少なくとも三面の漢鏡が出土しており、そのうち一面は明らかに日光鏡である。日光鏡は中国での製作年代が前五〇～七〇年に限定され、獣帯鏡はそれより新しく、前漢終末期の鏡である（岡村一九八四）。日光鏡を含む前一世紀中頃の連弧紋銘帯鏡は、西はアフガニスタンから東は日本列島まで、東西に爆発的な広がりを見せている（岡村一九九八）。ビンイェン遺跡と同様の小型の日光鏡は、北部九州の弥生甕棺（三雲南小路遺跡二号甕棺墓、東小田峯遺跡一〇号甕棺墓など）、韓半島の慶州市朝陽洞遺跡三八号墓（崔一九八三）、雲南の石寨山M七号墓（雲南省博物館編一九五九）、ベトナムではタインホア省のティウズォン遺跡M一三、M一四墓からも出土が報告されている。ティウズォンは九眞郡の中心地と目される遺跡で、一九六〇年の発掘で一八基の漢墓が発見されている（Le Trung 1966）。タインホア省の南、ゲアン省のドンソン文化の遺跡ランヴァクからも、踏査で発見された日光鏡の存在が報告されている（量・今村一九九〇）。

なお、前漢鏡はベトナム南部ビンズォン省フーチャイン遺跡でも出土している（Yamagata et al 2001, Bui Chi Hoang

図2　ベトナム出土古代瓦と前漢鏡
1（径6.4cm）ビンイェン遺跡出土日光鏡　2（径10.4cm）ゴーズア遺跡出土獣帯鏡　3a,b ゴーカム遺跡出土平瓦　4（参考資料）沖縄で使われていた平瓦製作用の桶型　5（径14.0cm）・6（径14.7cm）ルンケー遺跡出土瓦当

2004)。ここでは前漢末の鏡である四乳虺龍紋鏡が、ヘーガーI式銅鼓の中から発見された。鏡は割られて四つの破片になっており、銅鼓墓に副葬されたものと考えられる。さらに、タイの最南部、ナコンシータマラート県チャワンから発見されたという連弧紋銘帯鏡が報告されている(Amara Srisuchat 1996)。南海交易のルートが横断したはずのマレー半島から漢鏡が出土していることは、この鏡が交易によってもたらされたことを物語っている。

五. 激動の二、三世紀の遺跡

中国では後一八四年に黄巾の乱が始まり、騒乱の時代となるが、ベトナム北部にはそれとは対照的に平和な時期が訪れていた。これは黄巾の乱が始まったころ交趾郡太守に任じられた士燮が、中国内地の混乱に乗じて半ば自立し、四〇年にも及ぶ長期政権を維持したからに他ならない(後藤一九七二)。

士燮は弟たちを九眞、合浦、南海郡の太守に任じ、北部ベトナムから広東にまたがる範囲が士氏一族によって実効支配されることとなった。士燮が本拠地としたのは、紅河デルタのバックニン省ルンケー(ルイラウ)城遺跡であると認められている。ルンケー城中央には士燮の廟が残されている。遺跡をめぐる城塁の規模は北側六八〇m、南側五二〇m、東側三二〇m、西側三二八mとされ、城塁の基底部の最大幅が二〇m、比高差も五m前後に及んでいる(Trinh Cao Tuong et al. 1986、西村二〇〇一)。

漢の最南端・日南郡は、南海経由で中国を訪れる使節が最初に到達する地点であった。最も有名な使節は後一六六年、桓帝の延熹九年に、日南徼外からやって来た大秦王安敦すなわちローマ皇帝マルクス・アウレリウス・アントニヌス(在位一六一―一八〇)の使者である。天竺国もまた後一五九年、一六一年と相次いで日南徼外から来献している。

日南郡の中でも南端に位置したと考えられる象林県では、後漢末の一九二年頃、県の功曹の息子区連に率いられた叛乱が起き、ついに林邑という国の成立に至った（『水経注』『晋書』）。

林邑は一般に、インドの影響を強く受けた国家チャンパと同一視される。クァンナム省トゥーボン川流域のチャーキュウ遺跡は、この林邑の王都典冲、碑文にシンハープラという名前で登場する王都に比定されている。チャーキュウには東西約一・五km、南北約五五〇mの規模で、ほぼ方形にめぐる土塁が残存している。最も残りがよい南壁の基底部幅約三三m、周囲の水田面との比高差三mで、土塁の上には民家が点在している。

筆者を含む越・英・日共同発掘調査の成果によれば、チャーキュウ遺跡では最初の居住が後二世紀前半にさかのぼる。チャーキュウが位置するトゥーボン川流域では、先述の通り、サーフィン文化の甕棺から前漢鏡が出土する。その年代から推定するに後一世紀にはサーフィン文化が存続している。サーフィン文化衰退の直後に、チャーキュウに人が住み始めたことになる（Yamagata Mariko 2005）。

チャーキュウ遺跡では文化層の最下部から瓦とレンガが出土している。つまり、チャーキュウの地に初めて居住した人々は木造瓦葺の建築物を建てた。実際にチャーキュウ遺跡ホアンチャウ地点からは、木柱が建てられた柱礎と考えられる遺構が検出されている（山形・桃木二〇〇一）。

チャーキュウ遺跡の東南三・五kmに位置するゴーカム遺跡は、チャーキュウ遺跡の最下層すなわち最も早い居住の層と同じ内容の遺物を、まとまって出す遺跡である。よって、両者はおおむね同時期に居住が開始された遺跡であるとして間違いない。

ゴーカムでは大量の布目瓦と、様々な漢系遺物が出土している。なかでも、筆者を含むチームが二〇〇〇年に実施した試掘で、ベトナムで初めての封泥が出土したことは特筆に値する。封泥は破片であるが、印面は「黄神使者章」と復元された。黄神とは道教の神である。封泥の背面には紐の圧痕が明瞭に残っていた（山形・桃木二〇〇一）。ゴーカムでは、ベトナム考古学院が実施した二〇〇一、二〇〇二年の発掘調査で、焼けた木造建築址が検出された。建物の規模は一四m×七・五mで、床材であると思われる長い板が敷き詰められ、木柱痕が発見されている（Nguyen Kim Dung 2005, Nguyen Kim Dung et al. 2006）

チャーキュウとゴーカムの瓦は明らかに中国の様式と技術に従って製作されている。ベトナム北部では、交趾郡の範囲で、先述のコーロア城とルンケー城で中国系の瓦が出土する。九眞郡でも、タインホア省のタムト窯址で瓦の出土が報告されている。今までに確認されている中国系の瓦の南限は、チャーキュウよりさらに直線距離で約三三〇km南に位置する、フーイェン省のタインホー遺跡である（山形二〇〇五）。

ベトナム南部のメコンデルタ地域では、オケオ文化の遺跡から瓦が出土する。ただしオケオ文化の瓦は中国の瓦とは異なり、古代インドに由来する瓦であるとみられる（平野二〇〇六）。つまり、中国の瓦と西方の瓦、その境界線がベトナムの中部と南部の間に存在している。

次章では、ベトナム出土の漢・六朝系瓦に焦点をあて、中国南境の瓦とその提起する問題点について掘り下げて考えてみたい。

六、ベトナム出土の漢・六朝系瓦

（一）チャーキュウ遺跡・ゴーカム遺跡の布目瓦

チャーキュウ遺跡のホアンチャウ地点は、発掘した面積が約五六㎡と小さいにもかかわらず、重複する建築基壇遺構が確認され、同じ地点で少なくとも三度の建て直しがあったことが知られた。層位は複雑であったが、しかしその層位と関連させて、遺物の組み合わせの変遷を明らかにすることが可能であった。筆者はそれを古い方から、チャーキュウ遺跡ホアンチャウ地点最下層、同下層、同上層という三段階に編年している（山形・桃木二〇〇一）。

瓦についてみると、最下層・下層に布目瓦が伴う。対照的に、上層では布目圧痕がない瓦が大量に出土する。前者には瓦当が伴わず、後者には人面紋瓦当が伴う。どちらにも、丸瓦と平瓦が存在している（山形一九九八）。瓦の凹面に残る布目圧痕は製作手法と関連しているので、チャーキュウには二つの異なる製作手法があり、しかもそれが年代差をもっていることが明らかである。

ホアンチャウ地点最下層は、卵形尖底瓶という特徴的な土器を伴っている。ゴーカム遺跡は卵形尖底瓶と布目瓦という組み合わせをまとまって出土しているので、チャーキュウ遺跡ホアンチャウ地点最下層とほぼ同時代と考えてよい。グエン・キム・ズンは両遺跡の遺物の詳細な比較検討から、ゴーカム遺跡の居住のほうが、チャーキュウ遺跡より古く遡ると考えている。ゴーカムの遺物には、チャーキュウ遺跡ホアンチャウ地点で確かめられたような変遷がみられないので、遺跡の存続期間は短かったと考えられる。瓦に混じって、印紋陶、灰釉陶の破片、五銖銭の押圧紋様がある土器片、封泥、耳當、青銅製鐔、断面三角形の青銅製鏃、環頭刀子など、多様な漢系遺物が出土している（Nguyen Kim Dung 2005, Nguyen Kim Dung et al. 2006）。

先述のように、ゴーカムでは焼失木造建築址が確認された。チャーキュウとゴーカムの両遺跡において瓦葺木造建築を建てた人々は、外来者、すなわち中国の文化を身につけて南下してきた人々であったと理解するのが自然である。両遺跡の出現に先行する時代、後一世紀のこの地域はサーフィン文化の時代であり、トゥーボン川に沿う砂丘や段丘上にサーフィン文化の埋葬遺跡が発見される。ゴーカム遺跡は砂丘上の遺跡であり、その立地はまさしくサーフィン文化の遺跡と同じである。実際に、隣接する砂丘にはゴーマーヴォイというサーフィン文化の遺跡が立地している。サーフィンの物質文化の内容は、甕棺墓にせよ、副葬された土器や装身具にせよ、ホアンチャウ地点最下層やゴーカムから出土する遺物の組み合わせとは全く異なる。サーフィン文化の中から木造瓦葺建築が出現したとは到底考えられない。

サーフィン文化の衰退とチャーキュウ、ゴーカム両遺跡の出現の間には、時間的には近接しているものの大きな画期があり、在地社会が急激な変化に見まわれたのではないかと考えられる。それは後一世紀末から後二世紀前半の出来事であったろう（Yamagata 2007）。

チャーキュウ遺跡ホアンチャウ地点最下層・下層とゴーカムの瓦が、桶すなわち模骨を用いて製作されたことは明らかである。ゴーカムの平瓦の凹面には、布目圧痕とともに、使用された木桶を構成する細長い「枠板」と、それらを綴じあわせたり、周囲から巻き締めていたりした紐の圧痕も鮮明に残っている（図2―3b）。この桶のまわりに布をかぶせ、その外側に粘土を巻き付ける。粘土円筒が木桶から離脱しやすくするために布を被せる、いわゆる平瓦桶巻作りである（佐原一九七二）。丸瓦も同じように、細い円筒の木桶を用いて成形された。この技法は中国・朝鮮半島では漢代から現代に至るまで連綿と受け継がれ、沖縄にも同じ技法による瓦作りがみられる（図2―4）。

桶の周囲に巻き付けた粘土を外側から叩き締める時に、羽子板状の叩き板を使用する。その叩き板に縄が巻き付けられていると、瓦の凸面に縄蓆紋が残る。また、叩き板に集合沈線や、格子目が刻まれている場合もある。チャーキュウとゴーカムの瓦の凸面にも、縄蓆紋、幅広の集合沈線、格子目の三種類の叩き紋様が残る。

中国古代の造瓦技法についてみると、瓦が出現した西周時代より、丸瓦と平瓦は円筒を分割して作られている。円筒の製作法には、陶器と同様に粘土紐で円筒を作り、叩き板と当て具で成形する方法、もう一つは模骨つまりは円筒形の型の周囲に粘土を巻き付け、その周囲を叩く方法がある。布目瓦は模骨を用いた、いわゆる桶巻作りによる瓦と考えてよい。布目瓦は洛陽や邯鄲では戦国時代にある程度用いられているが、秦では出土数が少ない。本格的に普及したのは後漢に入ってからであるという（谷一九八二）。

チャーキュウ遺跡ホアンチャウ地点上層段階の瓦は、布目圧痕がないので、桶巻き作りではないと考えられる。おそらくは粘土紐で円筒をつくり、円筒外面に集合沈線を引き、それから不要部分を半截している。その意味ではチャーキュウは、いったん採用した模骨法という技術を、次の段階で放棄していることになる。

（二）チャーキュウ遺跡と南京市内出土の人面紋瓦

チャーキュウ遺跡の軒丸瓦を特徴づけるのは人面紋である。人面紋の他に、収集資料ではあるが、漢の瓦当で最も多い紋様であるC字紋（ベトナム考古学では雲紋と呼ぶ）をもつ資料が数点採集されている。ただしその雲紋はかなり崩れている。

チャーキュウ遺跡の人面紋瓦当は様々な容貌を呈しているが、その中でも、杏仁形の目・眉・鼻が大きく描き出され、額に条線が入り、それらが全体として一つの樹木のようなデザインで表現され、大きい口と顎髭をもつ一群の人面紋は、古い意匠であるとみられる（図3―1、2、3）。類例は紅河デルタのルンケー（ルイラウ）遺跡（Trinh Cao Tuong et al. 1989）（図3―4）、タインホア省のタムトⅠA窯址（Janse 1947）（図3―5）からも出土している。既に述べた通り、ルンケーは交趾郡の中心的な城郭であり、士燮が拠点としたと伝えられ、交趾郡治龍編城に比定される重要な遺跡である（西村二〇〇一）。タムト窯址は九眞郡の官僚層に供給する印紋陶を生産した窯であると考えられる。

二〇〇三年に至り、これらベトナム出土の人面紋瓦当と酷似する資料が、江蘇省南京市で出土していることが報告された（賀二〇〇三、二〇〇五）（図4）。南京市では近年の大規模な都市開発に伴って、従来は不明な点が多かった六朝建業（建康）城関連遺跡が調査されるようになった。それに伴って大量の瓦が出土し、「南朝屋瓦の実態は皆目わからないのが実状」（井内二〇〇二）という認識が、にわかにくつがえされる状況になった。

南京出土瓦の瓦当紋様については、雲紋（後漢から三国呉）→人面紋（呉から西晋）→獣面紋（東晋から南朝）→蓮華紋（東晋晩期以降）という流れが把握されている（賀二〇〇三）。つまり、人面紋瓦当は呉から西晋すなわち三世紀の瓦であるとされる[1]。

製作手法の面から見ると、南京市出土の人面紋軒丸瓦は、先に丸瓦円筒を半截し、半截された丸瓦を瓦当円板の背面に接合しているように見受けられる。谷氏による軒丸瓦製作技法B一技法である（谷一九八四）。一方、チャーキュウの

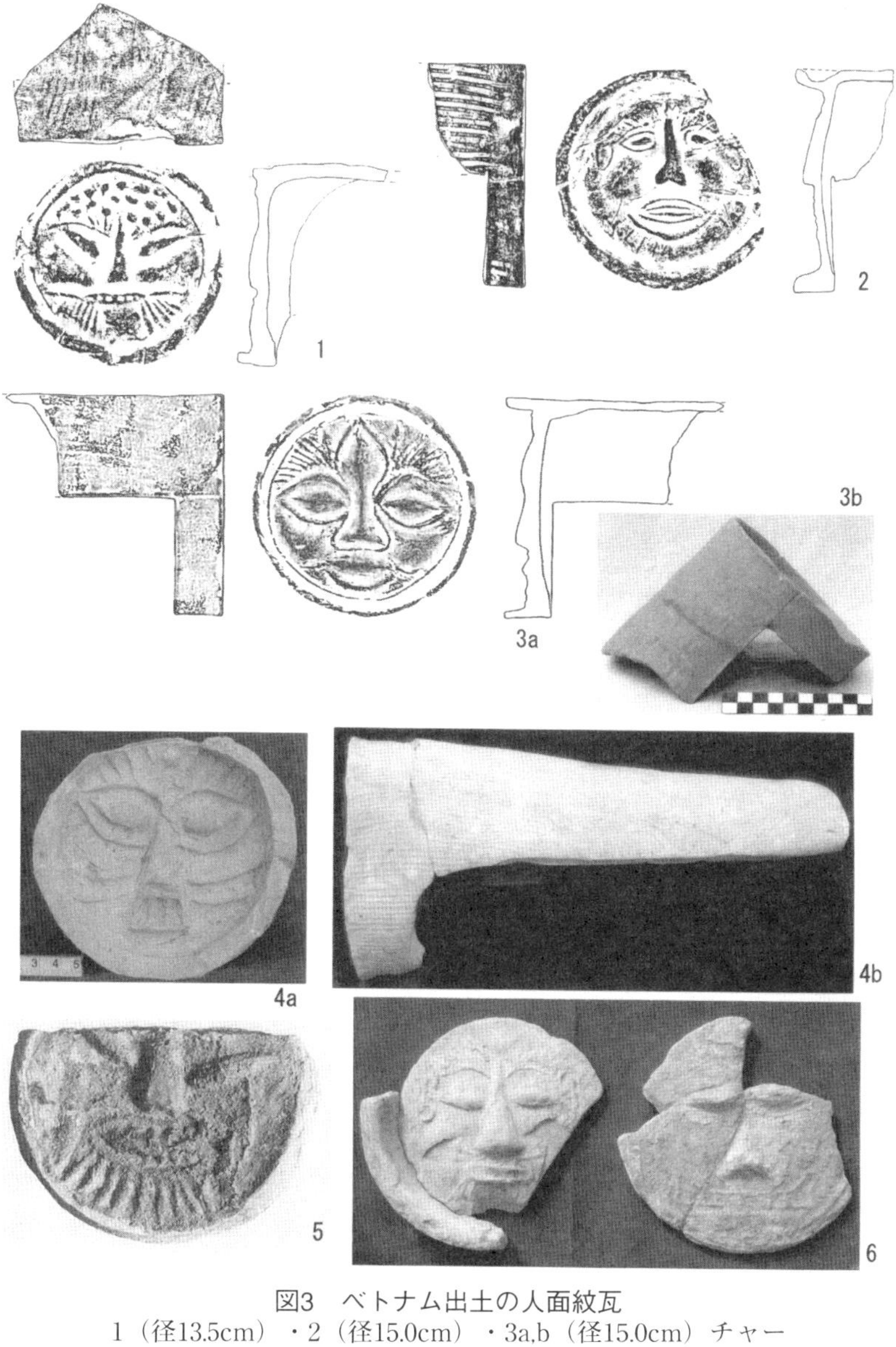

図3　ベトナム出土の人面紋瓦
1（径13.5cm）・2（径15.0cm）・3a,b（径15.0cm）チャーキュウ　4a,b（径12.5cm）ルンケー　5（径12.0cm）タムト　6　(左の復原径16.0cm)タインホー

図4　南京市内出土人面紋瓦当（上から径14.2cm,13.8cm,12.5cm,14.4cm,15.4cm）

軒丸瓦は、瓦当円板背面に丸瓦円筒を接合したのち、不要となる半分を取り除いている。取り除くときの目印の横線が残っている（図3―3b）。谷氏のA一技法にあたると考えられる。なお、チャーキュウの人面紋軒丸瓦に布目圧痕がつかないのに対し、南京のそれは布目瓦である。

つまり、チャーキュウの瓦工人が、呉のモチーフを採用し同種の瓦当を出現させることに成功したものの、そこに至る過程すなわち製作手法はかなり異なっていたことがわかる。

南京の年代観を考慮して、チャーキュウの人面紋瓦当の年代を三世紀、孫権の建業遷都の後と考えるならば三世紀第2四半世紀以降とするのが妥当である。ただし、チャーキュウの人面紋はかなりヴァラエティに富んでいるので、南京で人面紋瓦当が作られなくなった後も長く続いて、独自の展開を示した可能性が高い（Yamagata 2007）。

（二）南端の人面紋瓦

チャーキュウよりさらに南、クァンガイ省コールイ遺跡、フーイェン省タインホー遺跡からも人面紋瓦当が出土している。どちらも城壁を伴う遺跡であり、タインホー遺跡の城壁は特に残りがよい。一辺七〇〇ｍの正方形を示す。ここでは二〇〇三年に地元のフーイェン省博物館が発掘調査を実施し、レンガ建築の基壇などの遺構が検出され、人面紋瓦当の出土が報告された。筆者らが二〇〇六年二月に踏査した時点でも、道路が開通したため壊された城壁の周囲で、多数の人面紋瓦当破片を確認することができた。丸瓦・平瓦ともに凹面に布目がなく、凸面に集合沈線が入る、チャーキュウのホアンチャウ上層段階の瓦と全く同種としてよい（図3―6）。

タインホーの瓦当は、人面がつく瓦当円板が、瓦当周縁からはずれてしまっている例が多い。瓦当円板と丸瓦円筒の接合の仕方が、チャーキュウとは異なっていた可能性がある。ここでも遺跡による製作手法の違いが観察される。

チャーキュウはトゥーボン川流域、コールイはチャークック川流域、タインホーはダーラン川流域で、いずれもベトナム中部の主要河川に沿い、その水系の拠点となる都城遺跡であったと考えられる。ベトナム中部の海岸に連なる沖積平野ごとに初期の政治的統合が成長し、それらが相互に結びついて、全体として林邑という連合体を形成したのではないか。チャンパの構造は、それぞれの地域に成長した地方王権群のゆるやかな連合体であったと理解され、しばしば「マンダラ」にたとえられる（桃木一九九六）。「マンダラ」とはすなわち「王たちの輪」の意であり、各地方に王がいて、それらの上に大君主がいるという構造をイメージしている、

三世紀の人面紋瓦当は、林邑の地方王権が互いに結びついたことの一つの証左であるように思われる。

（四）ルンケー遺跡の人面紋瓦

ベトナム北部のルンケー遺跡では瓦の出土量が多く、瓦当紋様もまたヴァラエティに富んでいる。一九八六年の発掘調査では一一五〇一片の瓦が出土し、そのうち一八点の瓦当に紋様が残っていたと報告される。六枚から七枚の花弁からなる蓮華紋、人面紋、雲紋、さらには「萬歳」「位至三公」「君宜高官」といった文字瓦もある。

ルンケー遺跡の人面紋は、全体に硬い表現であるような印象を受ける。ハノイ国家大学人文社会科学大学博物館が展

示している軒丸瓦は、丸瓦部分の途中までよく残っている（図3―4a、b）。これは凸面が集合沈線、凹面に布目圧痕が無いという、チャーキュウと同じ種類の人面紋瓦である。胎土と色調もチャーキュウの例に似ている。

ただしルンケーでは布目瓦のほうが卓越している。人面紋をもつ瓦でも布目が残り、桶巻き作りで製作されたことが明らかな瓦もある。筆者自身が一九九六年に旧ハバック省博物館で観察し写真撮影した人面紋瓦は、凸面が集合沈線であることはハノイ国家大学の資料と同じであるが、凹面には布目圧痕が残る。つまりルンケーの人面紋瓦については、丸瓦円筒の製作手法として模骨を使用するものと、使用しないものとが共存していたらしい。

旧ハバック省博物館収蔵資料も、ハノイ国家大学収蔵資料も、丸瓦円筒を瓦当背面に接着してから、下半分を取り除いている。谷氏によるA一技法である。A一技法では、瓦当背面の下半分に丸瓦円筒の一部が取り残されて高くなっている例が多いが、ルンケーの人面紋瓦当では特に高く残されている。

筆者は二〇〇六年二月にバックニン省博物館にてルンケーの丸瓦と平瓦を実見することができた。観察した瓦の全てが模骨法すなわち桶巻き作りに従って製作されていた。ハノイ国家大学収蔵資料のような、チャーキュウ類似のなめらかな凹面をもつものは、ルンケーでは稀な例である。なお、ルンケーの瓦の凹面には布目圧痕と重なるように、糸切り痕が残っているのが観察された。この糸切り痕は、糸を使って粘土角材から粘土板を切り取った痕跡である。粘土角材から切り取った粘土板を、桶の周囲に巻き付けるのである。よって、瓦の凹面に糸切り痕と布目痕が重なることになる（佐原一九七二）。ルンケーの瓦の内面にはその特徴がよく現れている。

ルンケー遺跡は後二世紀に築城され、五世紀末から六世紀前半に終末を迎えたとされる（西村二〇〇一）。ルンケーの人面紋瓦の年代は、チャーキュウのそれと同じく南京の年代を基本として、三世紀第2四半期以降と考えておきたい。ルンケーの人面紋瓦に二種類の製作手法がみられることは、粘土板桶巻き作り主流のルンケーの中で、チャーキュウと同じく粘土紐巻き上げ作りも稀に実施されたことを物語る。

ルンケーの瓦については検討課題が多い。その人面紋瓦を三世紀とするならば、ルンケーの二世紀すなわち後漢期の瓦当は何であろうか。雲紋あるいは文字瓦（図2―6）であるのか。あるいはルンケーでは蓮華紋（図2―5）が二世紀から使用された可能性もあるのだろうか。

（五）コーロア遺跡の雲紋瓦

現在までのところ、ベトナム国内で発見されている最も古い瓦は、コーロア遺跡出土のものである。コーロアはハノイの北一五㎞に位置する大規模な城址で、甌駱国の安陽王が築城した螺城にあたるという説がある。三重の城壁と、各々の外側に接する環濠に囲まれる。不正方形の外城の周囲の長さが八〇〇〇m、不整形の中城の長さが六五〇〇m、方形の内城の長さが一六五〇mという規模を誇る。城壁の盛り土層に瓦片を敷いた層が挟まり、城壁以外の地点からも多くの瓦が発見されている。一九六九年の論文で、コーロア出土瓦当の雲紋が、中国の陝西や洛陽の瓦当紋様と比較され、前漢から後漢に平行する時期の所産と考えられている（Tran Quoc Vuong 1969、Truong Hoan Chau 1969）（図5―6）。

コーロアでは二〇〇二年以降、ベトナム考古学院による発掘調査が進行している。二〇〇四年に遺跡の中心に位置するデントゥオンで行われた発掘では、青銅製の断面三角形鏃を鋳造した遺構が確認された。この発掘で、瓦当が完全に残り（径一六・〇㎝）、丸瓦部分も半分ほど残存している良好な軒丸瓦が発見された。瓦当紋様は二本一組の界線で四分割され、その界線の端にC字の雲紋が配される。中央の円形部分には四つ葉紋がおかれている。雲紋の余白にも何らかの紋様が見えるが、その形状ははっきりしない。

丸瓦部分の観察によれば、丸瓦円筒は輪積みもしくは巻き上げで作られ、凹面、凸面ともに縄が巻かれた叩き板で叩き締められる。凹面の縄蓆紋のほうがよく残っている。つまり、ルンケー遺跡で普遍的であった桶巻き作りは、コーロ

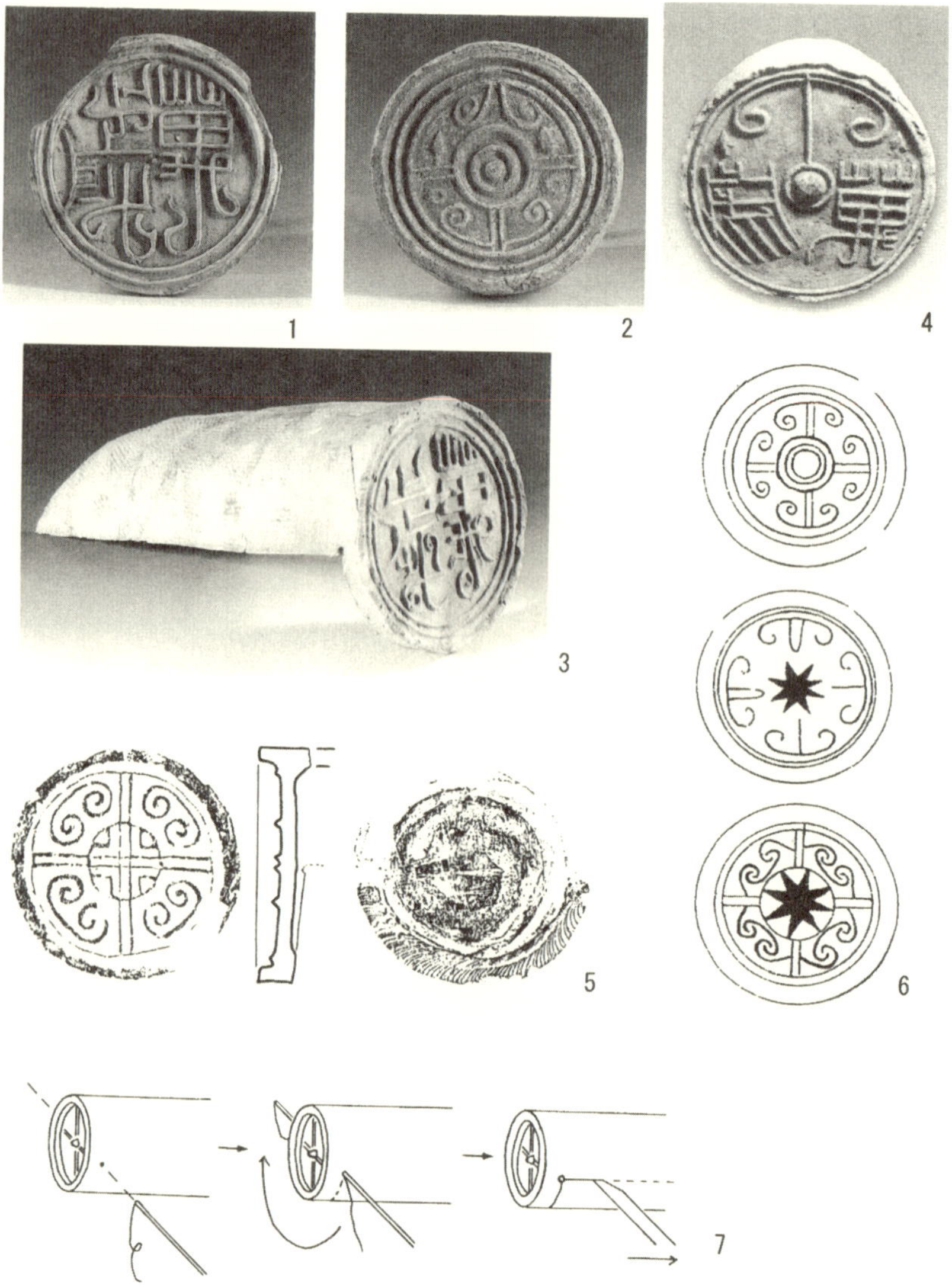

図5　中国南部・ベトナム北部出土古代瓦
1（径16.0cm）・2（径15.0cm）・3（径17.5cm）南越宮署　4（径16.5cm）武威山城村漢城　5（径15.0cm）東京国立博物館所蔵　6（径不明）コーロア　7（参考資料）棒と糸を使用して軒丸瓦の不要部分を取り除く方法

アの瓦には採用されていない。丸瓦円筒を瓦当背面に接着したあと、不要な下半分を半截しているのは、谷氏のA一技法にあたる。

注目すべきは、コーロアの瓦当背面下半に残る糸切り痕である。谷氏によれば、瓦当と丸瓦円筒を接合したのち、先端に糸をつけた径三㎜ほどの棒を瓦当の背面よりやや後ろの所で円筒の外から反対側へ貫通させ、糸を下へまわして瓦当背面下半を切る。そして棒と糸を抜き、棒が穿った孔の位置から分割截線を入れる。乾燥させてのち打撃を加えて二分し、軒丸瓦と丸瓦各一個を得る（谷一九八四）（図5—7）。この糸切り痕と、棒を突き通した孔が、コーロアの瓦当に明瞭に残っている。

その二つの特徴は、谷氏が紹介した東京国立博物館所蔵資料にもみられる（谷一九九四）（図5—5）。これらは陝西省の前漢期とくに景帝の頃に用いられた可能性が高いという。前二世紀中葉の瓦である。

同じ特徴は、南越の瓦にも見られる。広州市の中心で一九九五、九七年に調査された南越国御苑遺跡からは、池や水路状の遺構など、南越の王宮に付随する苑地が発見された（広州市文化局一九九九）。この周辺一帯が南越国宮署遺址と呼ばれ、保護区域となっている。ここから大量の瓦が出土しており、「萬歳」瓦当と雲紋瓦当がある（図5—1、2、3）。丸瓦・平瓦ともに巻き上げ手法で作られ、丸瓦は凸面に縄紋、凹面は「素面」、ただし少量に「突圓点紋」（「拍圓点紋」とも呼ばれる叩きによる紋様）がつくという。平瓦は凸面が縄紋、凹面は大部分が突圓点紋、少量が素面であるという（広州市文物考古研究所一九九八）。一般的な瓦当径は一六～一七㎝である。南越の瓦の特徴として、文字のスタンプ（あるいは文字が彫り込まれた叩き板）を押圧した印紋がつく。

瓦当背面の写真によれば、下半の縁の部分に糸切り痕がみられる。また、丸瓦円筒の下半分を半截する前に細い棒を突き刺した孔も残っている。これら南越王宮の瓦は、前二世紀と考えられる。

コーロアの瓦は、南越の瓦と同じく、中国中央の前漢瓦の製作技法をよく受け継いでいると言うことができる。それではコーロアと南越の瓦は、如何なる関係にあったのか。

既述の通り、南越はベトナム北部に支配を及ぼしていた（吉開一九九八b）。ベトナムと中国の史書によれば、螺城に拠った安陽王を、南越の趙佗が滅ぼした。趙佗の息子仲始を愛した安陽王の娘が、仲始に言われるまま城を守っていた神弩をこわしてしまい、結局は父王の国の滅亡を招いたという悲話が残る。

コーロアの築城年代については、前一世紀から後一世紀の間に入るという意見がある（西村二〇〇一）。コーロア出土瓦の最も古い年代を、南越の時代すなわち前二世紀までさかのぼらせることができるだろうか。

しかし南越の瓦当の多数を占める「萬歳」瓦は、コーロアから出土していない。ルンケーには「萬歳」と記す文字瓦があるが、ルンケー自体が後二世紀以降に出現した遺跡であり、瓦もそれ以降の年代に属する（図2―6）。コーロアが南越の瓦を模したならば、「萬歳」瓦を製作しなかった理由が問題となる。よって現時点では、コーロアの雲紋瓦は南越滅亡の後の前漢期、すなわち交趾郡が置かれた前一世紀の瓦と考えておくのが妥当であるかもしれない。後一世紀半ば、徴姉妹の起義を鎮圧した馬援がコーロアの城壁を築いたとする説も勘案する必要があるが、ここではコーロアの最も古い瓦の年代として、前一世紀の可能性を提示しておく。

南越とコーロアの瓦の類似は気にかかるところである。現時点では南越の瓦について出土状況や製作技法などの詳細を知ることができないし、コーロアの瓦の全体像も把握されていない。今後の調査研究の深化がおおいに期待される(2)。

七．結語

表一は、本論の中で言及した各遺跡の瓦の特徴をまとめたものである。時期によって瓦の製作技法にまとまりがあったことが見て取れる。問題となるのは、後一世紀に属する瓦の存在が不明であること、二世紀にはベトナム中部のチャ

		瓦当紋様	円筒部製作技法		瓦の凹面の特徴			瓦の凸面の特徴		瓦当背面の特徴
			巻上げ	模骨	布目圧痕	叩き紋様	素紋	叩き紋様	集合沈線	下半部の糸切り痕
前2世紀	南越	雲紋	●			●		●		●
前2一前1世紀？	コーロア	雲紋	●			●		●		●
後2世紀	ゴーカム	瓦当は無かった？		●	●			●		
	TK最下層下層	瓦当は無かった？		●	●			●		
後3世紀	南京	人面紋		●	●			●		
	ルンケー	人面紋		●	●			●		
	ルンケー	人面紋	○				○		○	
	TK上層	人面紋	○				○		○	
	コールイ	人面紋	○				○		○	
(TK＝チャーキュウ)	タインホー	人面紋	○				○		○	

表1　ベトナム出土古代瓦の特徴
(比較資料として南越宮署、南京市内出土瓦を含む)

ーキュウとゴーカムで瓦が出現しているのに対し、北部の交趾郡と九眞郡の瓦が確かめられていないことが挙げられる。ただし二世紀の交趾郡の瓦が、交趾郡治と目されるルンケー城に存在するはずだと思われるので、ルンケー出土瓦の詳細な研究が待たれる。

最後にもう一度、中国が求めた南海の物産について述べておきたい。前漢の時代に南海に求められた奢侈品として名があげられたものに、象牙、犀角、瑇瑁、カワセミの羽、真珠、ガラスがあった。後漢の時代の史料になると、それに香料が加わる。たとえば『後漢書』賈琮伝には「交趾は珍宝を産し、明機・翠羽・犀・象・瑇瑁・異香・美木の類が多い」とある。この交趾に出る異香とは、沈香を中心とする香料と考えられる。三国呉の萬震による『南州異物志』には、沈水香は日南に出るとあり、日南郡の沈香が呉の人々に知られていたことがわかる。さらに『梁書』林邑国条は、林邑の山間住民が沈香を採取する方法について述べている(山田一九七七)。

南海の物産の多くは道教と関係があった(大西一九八八)。西晋の頃までに成立したとされる書物『列仙傳』には、象林県の人である桂父という仙人に関する記述があり、それによれば桂父は桂林に棲み、つねに肉桂を服用して得道した(本多他訳一九七三)。肉桂の他にも明珠・犀角・丹砂など、中国が渇望した仙薬の材料は多く南に産した。

後二世紀に入るとベトナム中部では、チャーキュウ遺跡とゴーカム遺跡に瓦葺木造建築が忽然と出現する。それらは、山間部に産する物産の集荷と出荷をコントロールする目的で南下した人々が建てたものではないだろうか。その森林物産の中には、既に沈香や肉桂も含まれていたかもしれないと想像している。ゴーカム遺跡出土の封泥が、道教に関係する印文をもっていたことも示唆的である。

コーロア城のベトナム最古の瓦も、初期の中国支配と関係して出現したことは明らかであろう。南越の時代か、あるいは前漢の交趾郡の時代かもしれないが、紅河デルタの重要拠点であるコーロアに初めて瓦葺の木造建築が建てられた。

後漢が滅亡して三国の時代になると、北からルンケー、タムト、チャーキュウ、コールイ、タインホーの各遺跡が、呉の瓦当モチーフである人面紋を共有した。交趾、九眞、林邑の拠点となる都城で、中国の都と同じ紋様の瓦当が軒先を飾ったのである。

ベトナム出土の瓦に関する研究は、中国をとりまく古代の国際関係の、文献からは知られざる一面を考古学的に明らかにする可能性を秘めている。その調査研究は緒についたばかりであり、今後の課題はあまりにも大きい。それだけに大変に楽しみな分野である。

註

（1）南京以外でも近年、湖北省鄂州市で人面紋瓦当の出土が確認された（南京大学賀教授からの情報）。鄂州は二二九年に呉が南京に遷都する以前の孫権の居城であり、孫権が皇帝に即位した地でもある。人面紋が呉の瓦当紋様であるという説（賀二〇〇三）を補強する証拠となった。

（2）南越と酷似する瓦は、福建省武威山城村漢城（一九五九年に初めて調査された時点では、崇安城村漢城）から出土している（福建博物院・福建閩越王城博物館編二〇〇四）。この遺跡を前二〇二年に劉邦によって閩越王に封じられた無諸が修復したという「閩越王城」に比定する説がある。閩越王城は前一一〇年、武帝が派遣した大軍によって破壊されている。調査報告によれば丸瓦と平瓦は巻き上げ法で円筒を作ったあと、分割している。凸面には縄紋と「凹弦紋」つまり縄紋と直交するような方向で凹線（沈線）が入り、凹面は多くが「凸麻点紋」であるというが、これは南越の突圓点紋と同じである。要するに叩き手法による紋様である。印紋が見られるのも南越と同じ特徴である。

瓦当は七〇〇件以上出土し、紋様は雲紋が最も多い。樹紋と呼ばれる矢尻状の紋様と雲紋が組み合わされる場合は、雲樹紋と呼ばれる。樹紋は南越の瓦当にも見られる。文字瓦当は「萬歳」「常楽」「常楽萬歳」「楽未央」の四種があり、雲紋や樹紋が共に描かれる場合もある（図5―4）。

前漢の攻撃により南越・閩越が滅亡し、百越世界もまた東アジア世界の秩序に組み込まれた（工藤二〇〇六）。ベトナム北部もその世界の南端に位置していた。漢、南越、閩越の瓦の類似性を念頭に置いて、コーロアの瓦の年代や歴史的意義を考える必要がある。今後の課題として提起しておきたい。

謝辞

本稿を執筆するにあたり、吉開将人氏（北海道大学）、谷豊信氏（東京国立博物館）から貴重な資料をお借りし、また助言をいただいた。渡辺慎也氏（早稲田大学大学院修士課程）には、筆者の二〇〇六年ベトナム調査に同行していただき瓦の観察と実測をお願いした。ベトナムでの調査においては、ファム・ミン・フュエンPham Minh Huyen氏（ベトナム考古学院）、ラム・ミー・ズンLam My Dung氏（ハノイ国家大学人文社会科学大学博物館）、クァンナム省博物館、クァンナム省ズイスエン県文化情報室、フーイェン省博物館、バックニン省博物館のご協力を得た。二〇〇四年に訪れた南京大学では、賀雲翺教授のご好意で南京出土瓦資料を実見することができた。記して感謝申し上げる。

なお、本論文は一九九九年度トヨタ財団研究助成（研究題目「チャンパ王国（林邑）の出現と形成に関する考古学的研究」）、二〇〇四年度高梨学術奨励基金研究助成（研究題目「人面紋瓦当の研究：三国呉と林邑の比較」）を得て実施した調査研究の成果の一部である。

参考文献

日本語

井内潔二〇〇二「中国南朝屋瓦の変遷」『藤沢一夫先生卒寿記念論文集』帝塚山考古学研究所：三三一—四七
大西和彦一九八八「北属期ベトナムの産物と道教」東方宗教七一：四四—六九
岡村秀典一九八四「前漢鏡の様式と編年」史林六七—五：一—四二
岡村秀典一九九八「秦漢帝国の対外交渉とその美術」『世界美術大全集東洋編』二　秦・漢、小学館：三二三—三二八
片岡穣一九七二「中国支配下のベトナム（一）—中国諸王朝の収奪に関する試論的考察—」歴史学研究三八〇：一七—三六
工藤元男二〇〇五「東アジア世界の形成と百越世界—前漢と閩越・南越の関係を中心に—」『アジア地域文化学叢書Ⅱ　アジア地域文化学の発展』雄山閣：二九—六三
後藤均平一九七一「二世紀の越南」史苑三一—二：一—三七
後藤均平一九七二「士燮」史苑三二—一：一—三〇
後藤均平一九七五『ベトナム救国抗争史』新人物往来社
崔鍾圭一九八三「慶州市朝陽洞遺跡発掘調査概要とその成果」古代文化三五—八：一—一七
桜井由躬雄一九七九「雒田問題の整理—古代紅河デルタ開拓試論—」東南アジア研究一七—一：三—五七
佐原真一九七二「平瓦桶巻き作り」考古学雑誌五八—二：三〇—六四
谷豊信一九八三「西晋以前の中国の造瓦技法について」考古学雑誌六九—三：七〇—九七
谷豊信一九九四「戦国秦漢時代の軒丸瓦製作技法」Museum519: 4-24

西谷大一九九五「南越国と番禺」『古墳文化とその伝統』勉誠社：七六九―七九八
西村昌也二〇〇一「紅河デルタの城郭遺跡、Lung Khe城址をめぐる新認識と問題」東南アジア―歴史と文化―三〇：四六―七一
量博満・今村啓爾一九九〇「ヴェトナム考古学の近況」東南アジア考古学会会報一〇：七九―八二
平野裕子二〇〇六「港市オケオの文化交流ネットワークの展開―メコンデルタの考古文化からみた扶南像への一視点」東南アジア考古学会研究報告四『東南アジアの都市と都城Ⅱ』：二七―三九
本多済・沢田瑞穂・高馬三良訳一九七三『抱朴子　列仙伝・神仙伝　山海経』平凡社
松田寿男一九六六「東西絹貿易」『古代史講座』一三、学生社：一四五―一八〇
宮本一夫・俵寛司二〇〇二「ベトナム漢墓ヤンセ資料の再検討」国立歴史民俗博物館研究報告九七：一―一九二
桃木至朗一九九六『歴史世界としての東南アジア』山川出版社
森郁夫二〇〇一『瓦』法政大学出版局
山形眞理子一九九八「林邑国の形成に関する考古学的考察―外来・在地の両要素から考える―」東南アジア考古学一八：五―一八九
山形眞理子・桃木至朗二〇〇一「林邑と環王」『岩波講座東南アジア史』一原史東南アジア世界：二二七―二五四
山形眞理子二〇〇五「林邑の都城」東南アジア考古学会研究報告三『東南アジアの都市と都城』：三三―五二
山田憲太郎一九七七『香料の道』中公新書
吉開将人一九九八a「南越王の文化世界―広州南越王墓」『世界美術大全集東洋編』二秦・漢、小学館：三一六―三二二
吉開将人一九九八b「印からみた南越世界―嶺南古璽印考―（前篇）」東洋文化研究所紀要一三六：八九―一三五
吉開将人二〇〇二「歴史世界としての嶺南・北部ベトナム―その可能性と課題―」東南アジア―歴史と文化―三一：七九―

英語

Amara Srisuchat 1996 Merchants, Merchandise, Markets: Archaeological evidence in Thailand concerning maritime trade interaction between Thailand and other countries before the 16th century A.D. ***Ancient trade and cultural contacts in Southeast Asia***, The office of the National Culture Commission, Bangkok: 237-266

Janse, O.R.T. 1947,1951 ***Archaeological research in Indo-China***, Volume I, II. Harvard University Press. Cambridge.

Nguyen Kim Dung, Glover, I. and Yamagata, M. 2006 Excavations at Tra Kieu and Go Cam, Quang Nam Province, Central Vietnam. Bacus, A., Glover, I. and Piggot, V. (eds) ***Uncovering Southeast Asia's Past***, NUS Press, Singapore: 216-231

Nishimura, M. 2005 Settlement patterns on the Red River Plain from the Late Prehistoric period to the 10th century AD. ***Bulletin of the Indo-Pacific Prehistory Association*** 25: 99-107

Tailor, K. 1983 ***The Birth of Vietnam***. University of California Press, California

Yamagata, M., Phan Duc Manh, Bui Chi Hoang 2001 Western Han bronze mirrors recently found in central and southern Vietnam. ***Bulletin of the Indo-Pacific Prehistory Association*** 21: 99-106

Yamagata, M. 2006 Inland Sa Huynh Culture along the Thu Bon River Valley in Central Vietnam. Bacus, A., Glover, I. and Piggot, V. (eds) ***Uncovering Southeast Asia's Past***, NUS Press, Singapore: 168-183

Yamagata, M. 2007 The early history of Lin-i viewed from archaeology. ***Acta Asiatica*** 92: 1-30

ベトナム語（ベトナム語独特の声調記号等は省略している）

Bui Chi Hoang 2004 Khu di tich Phu Chanh (Binh Duong)- tu lieu va nhan thuc（ビンズォン省フーチャイン遺跡—資料と認識）. *Mot so van de khao co hoc o mien nam* Viet Nam: 163-195

Chu Van Tan (ed) 1994 *Van Hoa Dong Son o Viet Nam*（ベトナムのドンソン文化）. Nha Xuat Ban Khoa Hoc Xa Hoi, Ha Noi.

Nguyen Kim Dung 2005 Di chi khao co hoc Go Cam va con duong tiep bien van hoa sau Sa Huynh khu vuc Tra Kieu（ゴーカム遺跡とチャーキュウ遺跡周辺地域におけるサーフィン文化後の文化変遷の道筋）. *Khao Co Hoc* 2005(6):35-65

Le Trung 1966 Nhung ngoi mo tang thoi thuoc Han o Thieu Duong（ティウズォンの漢代の墓葬）. *Mot so bao cao ve khao co hoc Viet Nam*, Doi khao co, Bo van hoa, Ha Noi: 277-328

Tong Trung Tin, Le Dinh Phung 1986 *Bao cao nghien cuu di tich Luy Lau*（ルイラウ遺跡の研究報告）. Tu lieu thu vien, Vien khao co hoc.

Tran Quoc Vuong 1969 Co Loa: nhung ket qua nghien cuu vua qua va nhung trien vong toi（コーロア：最近の研究結果と今後の展望）. *Khao Co Hoc* 1969(3-4): 100-127

Truong Hoan Chau 1969 Gom Co Loa（コーロア土器）. *Khao Co Hoc* 1969(3-4) : 135-137

Trinh Cao Tuong, Tong Trung Tin, Le Dinh Phung 1989 Luy Lau - mua khai quat 1986（ルイラウ—1986年の発掘）. *Khao Co Hoc* 1989(4):74-86

Yamagata Mariko 2005 Su chuyen tiep tu Sa Huynh sang Lam Ap (Champa): voi su de cap dac biet den thung lung song Thu Bon (Transition from Sa Huynh to Linyi(Champa): with special reference to the Thu Bon River Valley).*Mot The Ky Khao Co Hoc Viet Nam Tap II*. Nha Xuat Ban Khoa Hoc Xa Hoi, Ha Noi: 622-634

中国語

福建博物院・福建閩越王城博物館編二〇〇四『武威山城村漢城遺址発掘報告』福建人民出版社
広州市文化局編一九九九『広州秦漢考古三大発現』広州出版社
広州市文物管理委員会・中国社会科学院考古研究所・広東省博物館一九九一『西漢南越王墓』上・下、文物出版社、北京
広州市文物考古研究所一九九八「広州西漢南越国宮署遺址的発掘」広州市文物考古研究所編『広州文物考古集』文物出版社、北京:二一九〇―二一九九
賀雲 翺二〇〇三 南京出土的六朝人面紋与獣面紋瓦当 文物二〇〇三年七期:三七―四四
賀雲 翺二〇〇五『六朝瓦当与六朝都城』文物出版社、北京
雲南省博物館編一九五九『雲南晋寧石寨山古墓群発掘報告』文物出版社、北京
中国社会科学院歴史研究所一九八二『古代中越関係史資料選編』中国社会科学出版社、北京

図の出典

図1―2：Taylor1983 p31 Map3を筆者改変
図2―1、2（クァンナム省ズイスエン県文化情報室蔵）筆者撮影
図2―3（クァンナム省ズイスエン県文化情報室蔵）筆者撮影
図2―4：森二〇〇一
図2―5、6 :Tong Trung Tin, Le Dinh Phung1986
図3―1、2、3（クァンナム省ズイスエン県文化情報室蔵）、4（ハノイ国家大学人文社会科学大学博物館蔵）、六（フー

イェン省博物館蔵）筆者作図・撮影
図3―5：Janse1947
図4：賀二〇〇三
図5―1、2、3：広州市文化局編一九九九
図5―4：福建博物院・福建閩越王城博物館編二〇〇四
図5―5：谷一九九四
図5―6：Truong Hoan Chau 1969
図5―7：谷一九八四

あとがき

本書は、二〇〇六年三月より刊行が開始されたアジア地域文化学叢書の第七集である。アジア地域文化学叢書は、21世紀COEプログラム「アジア地域文化エンハンシング研究センター」の五年間にわたる研究成果の公表を目的に企画された。第三集以降は、各研究チームごとの研究成果を報告することとなっており、第七集にあたる本書「中国シルクロードの変遷」は、シルクロード調査研究所を母体とした研究チームの研究成果である。

さて、シルクロード調査研究所は、早稲田大学内のプロジェクト研究所として二〇〇〇年四月の設置以来、主に中国西北地域で現地調査活動を続けてきた。設置規定により今年度三月三十一日をもって、いったん完了する予定になっていたが、早稲田大学総合研究機構による高い評価を得て、事業を継続することになった。これによりシルクロード調査研究所は二〇〇七年四月一日から、新たな出発を迎えることになる。

これからの本研究所の研究対象としては、中国西北地域にとどまらず、中原や東北地域、西南地域、東南アジア、朝鮮半島、日本列島と広く東西・南北交流を扱い、将来的にはユーラシア全体を視野に捉えることを試みたい。本書は、その節目として、第一部において西北地域の調査成果を発表し、第二部ではさらに中国周辺地域を含めた論考を収め、現在までの研究活動の総括を行うとともに、今後の研究所の視点や方向を示すことができたと考える。今後ともユーラシアの東西・南北交流について、調査研究と研鑽とを重ねていきたい。

最後になったが、本書の出版に際してお世話になった、雄山閣社長の宮田哲男氏に厚く御礼申し上げる。また、本書の刊行には、早稲田大学より学術出版経費補助を受けたことを付記する。

岡内三眞
持田大輔

執筆者紹介（掲載順）

①生年　②所属・職名　③専門　④主要論著

後藤　健（ごとう・けん）

①一九七二年生
②早稲田大学文学学術院・非常勤講師
シルクロード調査研究所・客員研究員
③中国先史考古学
④『図説中国文明史1　文明への胎動』（翻訳、創元社、二〇〇六年）
『社会考古学の試み』（共著、同成社、二〇〇五年）

艾克拜尓尼牙孜（アクバル・ニヤーズ）

①一九六九年生
②新疆ウイグル自治区文物考古研究所・副研究員
シルクロード調査研究所・客員研究員
③シルクロード考古学
④「尉犂県営盤墓地一九九五年発掘報告」（『新疆文物』二〇〇一年一期）
「新疆早期墓葬概述」（『新疆文物』一九九九年三、四期）

岡内三眞（おかうち・みつざね）

①一九四三年生

②アジア地域文化エンハンシング研究センター・事業推進担当者
早稲田大学文学学術院・教授
シルクロード調査研究所・所長
③アジア考古学
④「中国トルファン出土の五銖銭」（『有光教一先生白寿記念論叢』、財団法人高麗美術館、二〇〇六年）
『社会考古学の試み』（編著、同成社、二〇〇五年）
『生態考古学でみる歴史の復原』（早稲田大学文学部、二〇〇三年）

中條英樹（ちゅうじょう・ひでき）
①一九七三年生
②国立歴史民俗博物館・機関研究員
シルクロード調査研究所・客員研究員
③東アジア考古学
④「鉄製f字形鏡板付轡の編年とその性格」（『帝京大学山梨文化財研究所研究報告』第十一集、二〇〇三年）
「馬具副葬行為における表象考察のための基礎作業」（『第七回鉄器文化研究集会　表象としての鉄器副葬』二〇〇〇年）

持田大輔（もちだ・だいすけ）
①一九七九年生
②早稲田大学文学学術院・客員研究助手
アジア地域文化エンハンシング研究センター

③日本考古学
④「倭装大刀の装飾化と半島系装飾大刀の導入」（『古代武器研究』第七号、古代武器研究会、二〇〇六年）
「龍鳳文環頭大刀の日本列島内製作開始時期と系譜」（『早稲田大学大学院文学研究科紀要』第五二輯、二〇〇七年）

米澤雅美（よねざわ・まさみ）
①一九七八年生
②早稲田大学大学院文学研究科・博士後期課程
③日本考古学
④「塚山系円筒埴輪の系統関係」（『溯航』第二三号、早稲田大学大学院文学研究科考古談話会、二〇〇五年）
「下毛野の中期大型古墳と古式群集墳」（『早稲田大学大学院文学研究科紀要』第五一輯、二〇〇六年）

菊地有希子（きくち・ゆきこ）
①一九七六年生
②早稲田大学文学学術院・非常勤講師
③日本考古学
④「弥生時代の米収穫量について―復元水田における実験考古学的研究―」（共著、『古代』第一二〇号、早稲田大学考古学会、二〇〇七年・印刷中）
「北島式と集落」『埼玉考古別冊7　埼玉考古学会シンポジウム　北島式土器とその時代―弥生時代の進展開―』、埼玉考古学会、二〇〇三年）

宮里　修（みやざと・おさむ）

①一九七三年生
②早稲田大学文学学術院・非常勤講師
シルクロード調査研究所・客員研究員
③朝鮮考古学
④「朝鮮半島の銅剣について」（『古代』第一〇九号、早稲田大学考古学会、二〇〇一年）
「無文土器時代の集落構成」（『韓国考古学報』第五六輯、韓国考古学会、二〇〇五年）

山田俊輔（やまだ・しゅんすけ）
①一九七五年生
②早稲田大学會津八一記念博物館・助手
③日本考古学
④「上方作系浮彫式獣帯鏡の基礎的研究」（『早稲田大学會津八一記念博物館研究紀要』七、二〇〇六年）
「古墳時代中期群集墓分析の新視角」（『考古学ジャーナル』五二八号、ニューサイエンス社、二〇〇五年）

近藤二郎（こんどう・じろう）
①一九五一年生
②アジア地域文化エンハンシング研究センター・事業推進担当者
早稲田大学文学学術院・教授
シルクロード調査研究所・研究員
③エジプト考古学
④『エジプトの考古学』（同成社、一九九七年）

『ものの始まり50話』（岩波書店、一九九二年）
『ヒエログリフを愉しむ』（集英社、二〇〇四年）

山形眞理子（やまがた・まりこ）
①一九六〇年生
②早稲田大学文学学術院・客員助教授（専任扱い）
　シルクロード調査研究所・研究員
③東南アジア考古学
④「林邑の都城」（『東南アジア考古学会研究報告』三、二〇〇五年）
「林邑と環王」（共著、『岩波講座東南アジア史』第一巻、二〇〇一年）

Preface

This volume is the summary of the research activities for the past seven years, and indicates future ways and perspectives of research and studies. We have carried on researching for the history and culture of East-West and North-South interregional interaction in Eurasia.

As mentioned above, research areas include not only of the Silk Road, but Japan, Korea, China, the Western Asia, the Southeast Asia and others. The identity of this institute is that experts in diverse area of study belong. This characteristic is expressed in each chapter of this book which handled grand Eurasia continent.

This book contains eleven chapters about the history and local cultures from the archaeological perspective in northwest and central China and neighboring regions. The contributors for this volume are researchers, research assistants and doctoral students belonging to Silk Road Research Institute, Waseda University. These studies were conducted in Silk Road Research Institute, a part of the 21st century COE Program "The Research Center for Enhancing Local Cultures in Asia" in Waseda University.

This book has divided into two parts according to the regions. The first part contains the six chapters about history in Xinjiang Uygur Autonomous Region that the institute has advanced the research up to the present time. These chapters have deal with the various problems about the formation of northwest region culture and the adoption of central region culture in China from the 1st century B.C. to the 10th century A.D in Turfan area. The second part contains five chapters about the history of cultural exchange between China and Korean Peninsula, the Western and the Southeast Asia.

The essays of the latter, the half of the books, have an expanse in comparison with the first part in terms of time and space.

本書は早稲田大学学術出版補助費の助成を得て出版されたものである。

平成19年３月30日初版発行　《検印省略》

アジア地域《ちいき》文化《ぶんか》学叢書《がくそうしょ》Ⅶ

中国《ちゅうごく》シルクロードの変遷《へんせん》

編　者　©シルクロード調査研究所
発行者　宮田哲男
発行所　㈱雄山閣
〒102-0071　東京都千代田区富士見２－６－９
ＴＥＬ　03-3262-3231㈹　FAX 03-3262-6938
振替：00130-5-1685
http://www.yuzankaku.co.jp

組　版　創生社
印刷・製本　吉田製本工房

Printed in Japan 2007
ISBN978-4-639-01974-9　C3020